国际贸易
金融服务全程通（第二版）

GUOJI MAOYI JINRONG FUWU QUANCHENGTONG（DIERBAN）

主　编　郭党怀
副主编　张丽君　张　贝

中国海关出版社

图书在版编目（CIP）数据

国际贸易金融服务全程通／郭党怀主编．—2版．—北京：中国海关出版社，2012.1
（乐贸系列丛书）
ISBN 978-7-80165-864-7

Ⅰ.①国⋯ Ⅱ.①郭⋯ Ⅲ.①国际金融—商业服务 Ⅳ.①F831

中国版本图书馆 CIP 数据核字（2011）第 276059 号

国际贸易金融服务全程通（第二版）
GUOJI MAOYI JINRONG FUWU QUANCHENGTONG（DIERBAN）

主　　编：郭党怀	
副 主 编：张丽君　张　贝	
策划编辑：马　超	
责任编辑：刘　倩　马　超	
责任监制：王岫岩	

出版发行：中国海关出版社

社　　址：北京市朝阳区东四环南路甲 1 号　　邮政编码：100023
网　　址：www.hgcbs.com.cn；www.hgbookvip.com
编 辑 部：01065194242-7554（电话）　　　　01065194234（传真）
发 行 部：01065194242-7540/42/44/45（电话）　01065194233（传真）
社办书店：01065195616/5127（电话/传真）　　01065194262/63（邮购电话）
　　　　　北京市建国门内大街 6 号海关总署东配楼一层
印　　刷：北京京都六环印刷厂　　　　　　　经　销：新华书店
开　　本：710mm×1000mm　1/16
印　　张：19.25　　　　　　　　　　　　　　字　数：274 千字
版　　次：2012 年 1 月第 2 版
印　　次：2012 年 1 月第 1 次印刷
书　　号：ISBN 978-7-80165-864-7
定　　价：43.00 元

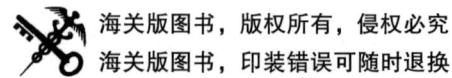

海关版图书，版权所有，侵权必究
海关版图书，印装错误可随时退换

本书编委会

主　编：郭党怀
副主编：张丽君　张　贝
编　委：钱　平　赵晓文　王　颖　康鸿阳　焦　楠
　　　　常　莉　白茹冰

Preface 前言

  全流程的金融服务是商业银行以客户为中心的战略选择。国际贸易尤其以流程中跨境资金流、货物流、信息流环环相扣为重要特征，商业银行通过为企业提供涵盖国际贸易全流程的金融服务，实现与企业共同成长，分享经验。作为中信银行总行营业部国际业务的创业者，我有幸见证了中信银行总行营业部国际业务由小到大，直至成为北京市场领跑者的发展历程。早在2007年，中信银行总行营业部在北京市场率先提出了以"专业、快捷、灵活"为核心的国际贸易金融"全程通"服务，历经四载，深受好评。《国际贸易金融服务全程通》一书的出版正是这一理念的具体体现，开创了商业银行在贸易金融全流程服务方面出版物的先河，自出版以来，市场反响良好，并已售罄。

  随着人民币国际化推进和人民币利率市场化的渐进，国际贸易金融创新产品迭出，跨境人民币结算、境内外代付等产品及产品组合对企业吸引力逐步显现。

  人民币国际化进程随着跨境贸易人民币结算在全国范围内开展到达一个新的里程碑，人民币境外直接投资完善了人民币的流出和回流体系，这些进展都为人民币逐步成为国际贸易结算货币作出了重要贡献。自2009年以来，人民币跨境使用的市场需求在政策的推动以及企业对降低汇率风险、节约汇兑成本方面的要求驱动下逐步增强，跨境人民币结算规模显著扩大。跨境贸易人民币结算对商业银行的金融服务提出了更高要求，同时，跨境人民币结算也无疑为企业提供了更多的选择。商业银行通过渠道和网络优势，在利率和汇率方面，关注国际、国内两个市场的变化，为企业在贸易各环节寻求最佳的市场做法，帮助企业降低财务成本和规避汇率风险。

人民币利率市场化是金融深化的重要内容之一。稳步推进利率市场化改革，加强金融市场基准利率体系建设是"十二五"规划中金融工作的重要内容之一。商业银行资金定价体系的建立是利率市场化的微观基础，随着监管机构对资本硬约束逐渐增强，商业银行的资金定价体系相应逐步建立，并开始指导实际业务，引导资源配置发挥作用。本币、外币的代付业务在企业降低融资成本、优化资金配置的市场需求推动下，逐步显示出其吸引力。一方面，为企业及时有效地提供了融资便利；另一方面，对商业银行提高资金使用效率，优化资源配置发挥了积极作用。

为更全面、专业的服务市场，分享最新经验，我们组织重新撰写了《国际贸易金融服务全程通》一书。本书力求从全景展现国际贸易每个环节的金融服务，共分为五章，第一章为国际贸易概述，阐述国内企业开展进出口业务需要打交道的相关机构，并且着重介绍了银行功能。第二章主要介绍企业开展国际贸易中常见风险以及规避方法。第三章和第四章是本书重点章节，在国际贸易全流程的每个环节上详细列举了银行能够为企业出口和进口提供的国际业务产品，并且逐一介绍了这些产品的功能以及业务流程。此次新增内容主要在第三章和第四章，新增了跨境人民币结算、本外币代付、最新清算和汇率产品。第五章是我们根据长期从业经验对不同企业在选择银行产品时提出的一些实用性建议。

本书编写团队成员均为来自中信银行总行营业部国际业务第一线的资深经理。他们在国际结算、贸易融资、清算、现金管理等领域都有着丰富的工作经验。

希望本书能为大家解决一些实际工作中遇到的问题，成为国际贸易企业相关业务人员的参考书和工具书。如有不足之处，请不吝指正。

中信银行总行营业部总经理
二〇一一年十二月

Contents 目 录

出口业务流程图
进口业务流程图
全程通——国际贸易金融服务方案

第一章 国际贸易概述 / 1

国际贸易涉及物流、资金流和信息流，它们三者之间相互交织、互为因果，最终促使一宗贸易从开始到完成，让买卖双方实现货物和资金的顺利互换。其间，贸易环节涉及众多的政府部门和服务机构，这些部门和机构对企业的进出口业务有何要求和服务？本章就这些问题作简单介绍。

第一节　国际贸易相关机构 / 2
第二节　银行在国际贸易中的主要功能 / 17

第二章 国际贸易风险及其规避方式 / 21

国际贸易中的买卖双方大多数跨越国境，相隔甚远，业务涉及环节较多，在交易过程中面临着各种风险，包括国别风险、信用风险、市场风险、操作风险、汇率风险和外汇管理合规风险等。企业如何规避这些风险？本章就这些问题作简单介绍。

第一节　国别风险 / 22
第二节　信用风险 / 26

第三节 市场风险 / 29
第四节 操作风险 / 32
第五节 汇率风险 / 35
第六节 外汇管理合规风险 / 38

第三章 如果你需要出口 / 43

在货物出口的过程中，企业往往要经历以下几个环节：报价、订货、确定付款方式、备货、包装、通关、装船、运输以及账款回收，形成了企业出口业务的基本流程。为保障交易顺利完成，一方面，企业需要获得银行的金融支持，解决自身资金流；另一方面，企业需要专业的人员，对租船订舱、报验等工作进行最有效率的安排。

本章将商业银行提供的国际业务服务按照出口流程相应的环节进行了详细介绍，根据需要可按图索骥找到不同阶段相应的服务产品。

第一节 洽谈新客户阶段银行能做什么 / 44
（资信调查与评估、资信证明、投标保函）

第二节 签订合同阶段银行能做什么 / 51
（出口信用证、跨境人民币结算出口信用证、出口托收、跨境人民币结算出口托收、汇入汇款、跨境人民币结算汇入汇款、履约保函和预付款保函）

第三节 采购原材料阶段银行能做什么 / 77
（打包贷款）

第四节 报关阶段银行能做什么 / 80
（出口单证代客制单）

第五节 出运阶段银行能做什么 / 106
（出口信用证押汇、出口托收押汇、汇入汇款融资、外币出口代付、跨境人民币出口代付、保险后出口押汇、福费廷、国际保理、出口卖方信贷、出口买方信贷、货运保险承保代理）

第六节 收汇阶段银行能做什么 / 137
（质量保函、外币直收业务、票据安全托收、远期结售汇、代客外汇买卖、人民币与外币掉期、人民币外汇货币掉期、人民币对外汇期权、国际商账追收、海外破产债权处置、海外拒收货物处置、代为设定物权保留、国际业务网上银行）

目 录

第四章　如果你需要进口 / 167

商业银行在现代国际贸易中扮演了十分重要的角色。时至今日，商业银行利用自身的资信、资金、代理网络等专业优势，已经较为深入地渗透到国际贸易的各个环节，对于贸易的支持不仅仅局限于传统的结算业务。本章就进口流程中银行能提供的服务逐一详细介绍。

进口业务从寻找出口商开始到提货包括签订合同、支付货款、进口报关等五个阶段。这其中每一个阶段商业银行都能提供丰富的产品支持，这些产品涵盖了银行的结算、融资、清算、代理、汇率以及网上银行等业务种类，可以帮助进口商解决在各环节遇到的问题。

第一节　寻找出口商阶段银行能做什么 / 168
第二节　签订合同阶段银行能做什么 / 169
（进口信用证、跨境人民币结算进口信用证、进口代收、跨境人民币结算进口代收、汇出汇款、跨境人民币结算汇出汇款、国内信用证、付款保函、备用信用证）
第三节　支付货款阶段银行能做什么 / 200
（进口押汇、汇出汇款融资、外币进口代付、跨境人民币进口代付、国内信用证代付、货押融资、票押融资、应收账款资金池、代客汇款制单、即日审单服务、汇款单据预审、清算路径设计、本金保证付款、跨境人民币清算、亚洲美元速汇、香港美元直达、小币种全球汇、环球报文速递业务、汇款即时通知、特别退款安排、远期结售汇、代客外汇买卖、人民币与外币掉期、人民币与外汇期权、外币三合一融资、跨境人民币三合一）
第四节　进口报关阶段银行能做什么 / 258
（关贸 e 点通——网上付税业务）
第五节　提货阶段银行能做什么 / 261
（提货担保、提单背书、关税保函）

第五章　哪种结算方式和融资方式适合你 / 271

货物的交易是企业最常见的经营活动，采购和销售的货款支付对企业的营运资金管理有着重要的影响。本章就各种结算和融资方式进行成本和风险的分析和比较，企业结合自身在供应链中的市场地位和议价能力，因地制宜地灵活运用结算和融资工具，提高营运资金管理能力。

第一节　国际贸易结算方式比较 / 272

第二节 贸易融资产品比较 / 279

附录一 国际贸易中英文常用词汇表 / 285

附录二 国际贸易相关法规和惯例 / 290

参考文献 / 291

第一章
国际贸易概述

国际贸易涉及物流、资金流和信息流,它们三者之间相互交织、互为因果,最终促使一宗贸易从开始到完成,让买卖双方实现货物和资金的顺利互换。其间,贸易环节涉及众多政府部门和服务机构,这些部门和机构对企业的进出口业务有何要求和服务?本章就这些问题作简单介绍。

第一节　国际贸易相关机构

从事进出口贸易的企业，相比从事国内贸易的企业而言，面对的政府部门、办事和服务机构相对较为复杂。除了一般企业具有的经营资质外，进出口企业还需要在专门的政府部门和办事机构登记、报备与申领相关资质文件。

具体来讲，进出口企业在登记注册成立后，打交道的政府部门主要涉及商务部、海关、国家外汇管理局等部门及其分支机构；服务机构包括银行、出口信用保险公司（以下简称"信保公司"）等机构。本节将简单介绍一些主要的政府部门和机构。

一、商务部

商务部是主管国内外贸易和国际经济合作的部门，与企业对外贸易最密切关系的职能如下：

1. 为对外贸易经营者备案

目前，我国对企业申请开展对外贸易业务的政策已放开，并无注册资金及年出口额的限制，只要企业有营业执照即可申请，民营企业与个体工商户也可申请开展对外贸易业务。申请进出口权首先须办理对外贸易经营者备案登记，后续涉及工商、税务、海关、出入境检验检疫、电子口岸、

第一章　国际贸易概述

外汇管理等七个部门。办理对外贸易经营者备案手续是企业申请进出口权的第一道手续。企业未办理对外贸易经营者备案的，海关不予办理进出口的报关验放手续。

商务部是全国对外贸易经营者备案登记工作的主管部门。对外贸易经营者备案登记工作实行全国联网和属地化管理。企业在本地区备案登记机关办理备案登记。商务部委托符合条件的地方对外贸易主管部门（以下简称备案登记机关）负责办理本地区对外贸易经营者备案登记手续。

企业办理对外贸易经营者备案登记程序如下[①]：

（1）领取"对外贸易经营者备案登记表"（以下简称"登记表"）。对外贸易经营者可以通过商务部政府网站（http：//www.mofcom.gov.cn）下载，或到所在地备案登记机关领取。

（2）填写"登记表"。企业应按"登记表"要求认真填写所有事项的信息，并确保所填写内容的完整、准确和真实；同时认真阅读"登记表"背面的条款，并由企业法定代表人或个体工商负责人签字、盖章。

（3）向备案登记机关提交如下备案登记材料：

1）按本条第（2）款要求填写的"登记表"；

2）营业执照复印件；

3）组织机构代码证书复印件；

4）对外贸易经营者为外商投资企业的，还应提交外商投资企业批准的证书复印件；

5）依法办理工商登记的个体工商户（独资经营者），须提交合法公证机构出具的财产公证证明；依法办理工商登记的外国（地区）企业，须提交经合法公证机构出具的资金信用证明文件。

备案登记机关自收到上述材料之日起5日内办理完毕备案登记手续，并加盖备案登记印章。

企业须注意的是，企业必须在30日内凭加盖备案登记印章的"登记表"到当地海关、检验检疫、外汇、税务等部门办理开展对外贸易业务所需的有关手续。逾期未办理的，"登记表"自动失效。"登记表"上的任何登记事项发生变更时，企业应比照本办法在30日内办理"登记表"的变更手续，逾期未办理变更手续的，其"登记表"自动失效。

在2004年7月1日前，已经依法取得货物和技术进出口经营资格，且

[①] 商务部：http：//dwmy.wms.mofcom.gov.cn/? 372022189 = 19674914。

仅在原核准经营范围内从事进出口经营活动的企业，不再需要办理备案登记手续；但如超出原核准经营范围从事进出口经营活动的，仍须办理备案登记。

2. 进出口配额与许可证

配额管理往往与许可证管理结合在一起使用。我国目前采用的是配额与许可证结合使用的管理方式。国家实行统一的货物进出口许可制度，对有数量限制和其他限制的进出口货物实行进出口许可证管理，属于国家有数量限制的进口或者出口的货物，实行配额管理。即国家对部分货物在实行许可证管理的基础上实行配额管理，这部分商品在申领配额证明后，凭借配额证明申请办理进出口许可证。一方面，配额证明只是表示对某些进出口商品在数量上进行的限制，而进出口许可证才是货物准许进出口的标志；另一方面，配额证明的发放由不同归口管理单位负责，而进出口许可证发放只由商务部负责。这种管理方式有利于对配额数量的管理，防止超配额进出口对国家造成各种不利的影响①。

（1）进出口配额

进出口货物配额管理，是国家在一定时期内对某些货物的进出口数量或金额直接加以限制的管理措施。即对某种商品规定具体的进口或出口数量，超过规定的数量则不允许进口或出口（或者虽然允许进出口，但要缴纳较高的关税）。配额管理包括进口配额管理和出口配额管理。

进口配额限制有两种管理方式，即进口配额管理和关税配额管理。进口配额管理是指在一定时期内，对某些商品规定一个最高的进口数量或金额。一旦达到这个最高数额就不准进口。我国在加入世贸组织之前，对重要工业品进口、机电产品进口采用进口配额管理。关税配额不绝对限制商品的进口总量，而是在一定时期内对一定数量的进口商品，给予低税、减税或免税的待遇，对超过此配额的进口商品，则征收较高的关税或附加税和罚款。我国农产品进口关税配额，羊毛、毛条、化肥进口关税配额属于关税配额管理范围。

出口配额根据实施的主动性可以分为主动配额与被动配额。主动配额是指出口国家或地区根据境外市场上的容量和其他一些情况而对部分出口商品实行的配额出口。例如，出口到香港的活鸡、活牛、活猪等属于主动配额。被动配额是指出口国家或地区在进口国家的要求或压力下，被动规

---

① 在线国际商报：http://www.ibdailygd.com/Law_view.asp? ID=522.

第一章　国际贸易概述

定某一时期内（一般为3年）对该国出口某些商品的限制额。但据世界贸易组织发布的《纺织品与服装协定》，自2005年1月1日起，纺织品被动配额应全部取消，全球纺织品贸易实现一体化。

一般货物的配额目录由国家发展和改革委员会会同有关部门提出意见，报经国务院批准后公布；关系国计民生的大宗资源性出口货物及在我国出口中占有主导地位的大宗传统出口货物，国外对我国有配额或要求我国主动限制出口数量的货物，其配额管理的货物目录，由商务部会同国务院有关部门制定、调整并公布。

（2）许可证

进出口许可证管理是进出口管理的重要手段，是国家对限制进出口货物、技术采取的一种非数量控制办法。进出口许可证是国家管理货物、技术进出口的法律凭证。凡属于进出口许可证管理的货物、技术，除国家另有规定外，各类进出口企业应在进出口前按规定向指定的发证机构申领进出口许可证，海关凭进出口许可证接受申报和验放。

我国进出口许可证按照发放目录的形式规定进出口许可证的适用范围。商务部是进出口许可证的归口管理部门，负责制定进出口许可证管理的规章制度等。2004年12月，商务部发布了《货物进口许可证管理办法》和《货物出口许可证管理办法》，这两个规章都于2005年1月1日起正式实施。在这两个规章中，规定了申领进口或出口许可证应当提交的文件、许可证的发证依据、许可证的签发、许可证的有效期以及检查和处罚措施等。商务部授权配额许可证事务局统一管理、指导全国各发证机构的进出口许可证签发及其他相关工作。许可证事务局及其驻各地的特派员办事处和各省、自治区、直辖市及计划单列市商务主管部门为进出口许可证的发证机构。

3. 贸易救济

商务部是我国贸易救济的主管部门，下设出口公平贸易局和产业损害调查局分别处理相关事务。具体而言，进出口公平贸易局负责反倾销、反补贴、保障措施等相关案件的受理、立案、对外公告的发布、产品范围调整、信息披露、对有关利害关系方的通知等；负责对倾销、补贴和保障措施、进口数量增长的调查和裁决等；负责指导、协调境外对我国出口商品的反倾销、反补贴和保障措施的应诉及相关工作，建立并完善我国出口应诉机制。产业损害调查局负责反倾销、反补贴、保障措施案件的产业损害调查与裁决，建立产业损害预警机制，指导保护国内产业安全的宣传、咨询、培训等。此外，进出口公平贸易局和产业损害调查局共同就倾销、补贴和保障措施进口数量增长与损害之间的因果关系进行调查，由商务部统一作出决定或裁决并对外发出公告。①

二、国家外汇管理局

外汇管理，是指一国政府授权国家货币金融管理当局或其他国家机关，对外汇收支、买卖、借贷、转移以及国际结算、外汇汇率和外汇市场等实行的管制措施。

国家外汇管理局（以下简称"外汇局"）及其分局和外汇管理部是我国依法履行外汇管理职责的管理部门，发挥着促进国际收支平衡，促进国民经济健康发展的作用。外汇管理部门涉及企业管理职能的部门主要有：国际收支司、经常项目管理司、资本项目管理司、管理检查司、政策法规司（综合司）等。

在我国，境内机构、境内个人的外汇收支或者外汇经营活动以及境外机构、境外个人在境内的外汇收支或者外汇经营活动都需要接受外汇管理部门的管理。

我国外汇管理部门的外汇管理职能是在不断转变与发展的。在改革开放以前，中国实行高度集中的计划经济体制，由于外汇资源短缺，一直实行比较严格的外汇管制。自1978年实行改革开放以来，中国外汇管理体制改革有序地由高度集中的外汇管理体制向与社会主义市场经济相适应的外汇管理体制转变。当前中国的外汇管理框架是：（1）人民币经常项目可兑换，也就是对经常性国际支付和转移不予限制；（2）资本项目部分可兑换；（3）加强对金融机构外汇业务的监督和管理；（4）改进的人民币汇率形成机制；（5）发展外汇市场；（6）国家实行国际收支统计申报制度，健全和完善国际收支监测体系；（7）健全和完善外汇管理信息化系统；（8）逐步建立科学有效的外汇管理法规体系。

本书就涉及企业的主要外汇管理职能分类介绍，具体内容如下：

1. 国际收支统计管理

根据《国际收支统计申报办法实施细则》，国家外汇管理局及其分支局是负责国际收支统计的管理部门，交易主体应当按照规定向外汇局申报

---

① 董展眉. 对完善我国贸易救济组织体系的思考. 企业活力——改革探索，2008（9）.

其以各种支付方式（包括本外币电子支付手段和现钞等）进行的对外交易和相应的收支情况。具体是指，国家外汇管理部门负责组织实施国际收支统计申报，并进行监督、检查；统计、汇总并公布国际收支状况和国际投资状况；制发国际收支统计申报单及报表。国际收支统计申报实行交易主体申报的原则，采取间接申报与直接申报、逐笔申报与定期申报相结合的办法。中国境内所有地区，包括设立在保税区和保税仓库等范围内的中国居民与非中国居民之间发生的一切经济交易都应当及时、准确、全面地申报其国际收支。中国居民通过境内金融机构与非中国居民进行交易的，应当通过该金融机构向国家外汇管理部门申报交易内容。外商投资企业、在境外有直接投资的企业及其他有对外资产或者负债的非金融机构，必须直接向国家外汇管理部门申报其对外资产负债及其变动情况和相应的利润、股息和利息收支情况。证券交易商以及证券登记机构进行自营或者代理客户进行对外证券交易的，应当向国家外汇管理部门申报其自营和代理客户的对外交易及相应的收支与分红派息情况。交易商以期货、期权等方式进行自营或者代理客户进行对外交易的，应当向国家外汇管理部门申报其自营和代理客户的对外交易及相应的收支情况。国家外汇管理部门可以就国际收支情况进行抽样调查或者普查，并有权对中国居民申报的内容进行检查、核对。

2. 经常项目外汇管理

经常项目，是指国际收支中涉及货物、服务、收益及经常转移的交易项目等。具体是指与外国进行经济交易而经常发生的项目，包括对外贸易收支、非贸易往来和无偿转让三个项目。对外贸易收支是指因进出口货物而发生的外汇收支。非贸易往来，又称为劳务收支或无形贸易收支，包括货运、港口供应与劳务、旅游收支、投资收支和其他非贸易往来收支。无偿转让，包括本国与国际组织、外国政府之间相互的无偿援助和捐赠以及私人的侨汇和居民的其他收入。

根据现行《中华人民共和国外汇管理条例》（以下简称《外汇管理条例》）中的规定，经常项目外汇收支应当具有真实、合法的交易基础。经营结汇、售汇业务的金融机构应当按照外汇管理部门的规定，对交易单证的真实性及其与外汇收支的一致性进行合理审查。经常项目外汇收入，可以按照国家有关规定保留或者卖给经营结汇、售汇业务的金融机构。经常项目外汇支出，应当按照外汇管理部门关于付汇与购汇的管理规定，凭有效单证以自有外汇支付或者向经营结汇、售汇业务的金融机构购汇支付。

涉及贸易项下的管理职能主要包括出口收汇核销和进口付汇核销。

（1）出口收汇核销

出口收汇核销制度始于1991年，是一种以出口货物价值为标准，事后核对是否有相应的外汇收回境内的管理制度。外汇局和海关依据货物出口是否收汇等情况，将出口报关监管方式分为不需要使用出口收汇核销单报关（企业无须办理出口收汇核销手续）和需要使用出口收汇核销单报关两类。需要使用核销单报关出口的，企业办理出口、收汇及核销的流程为：企业首先取得对外贸易经营权并领取中国电子口岸IC卡，便可以到所在地外汇局领取出口收汇核销单，随后凭核销单及海关要求的其他材料办理出口报关；当企业按照合同收回货款后，凭报关、收汇以及核销单等纸质凭证或电子信息办理核销手续。目前，全国许多地区的企业出口收汇核销业务已可直接通过网络完成，无须往返外汇局。企业完成核销手续后，可以向税务部门申请办理出口退税。

企业办理出口收汇核销时还应注意：a. 应于货物出口后不迟于预计收汇日期30天向外汇局进行出口收汇核销报告，对于预计收汇日期超过出口报关180天的，企业应到外汇局办理远期收汇备案手续；b. 出口项下的资金流与货物流应当基本对应，若资金流和货物流由于客观原因存在差额，可以凭相关证明材料办理差额核销；c. 出口企业与收汇企业应当一致。

出口收结汇联网核查：自2008年7月14日起，外汇局、商务部和海关总署联合推出了出口收结汇联网核查制度，即以企业出口货物总值为依据，审核贸易项下已经收到的外汇资金是否具有真实、合法的交易背景。外汇局建立出口收结汇联网核查系统，海关向该系统提供企业出口货物报关单数据，该系统自动计算出企业各类贸易方式出口和预收货款所对应的可收汇额。企业从境外收到的贸易货款应进入其"待核查账户"。银行必须先登录联网核查系统，在可收汇额度内进行核注后，才能为企业办理待核查账户内资金的结汇或划出。企业既可以凭相关单证到银行办理联网核查，也可以通过联网核查系统"网上交单"功能授权银行直接网上操作。

（2）进口付汇核销

进口付汇核销制度始于1994年，是以进口足额到货为标准，对贸易付汇的真实性进行事后甄别，报关单金额要与付汇金额大致相等，相关单证要素应保持一致性的管理制度。1998年，外汇局、海关总署联合推行了"进口报关单联网核查系统"，使银行在办理进口付汇时可以通过电子数据逐笔核验报关单真伪。2003年，外汇局和海关按照是否允许付汇，将进口

第一章　国际贸易概述

报关单的海关监管方式分为可付汇（进口报关单可直接用于进口付汇和核销）、有条件付汇（进口报关单须在提交相关证明材料后方可办理付汇和核销）以及不可付汇（进口报关单不可用于付汇和核销）三大类。此外，该制度还包含了对进口付汇主体的监管，分为贸易付汇资格准入（即名录管理）、对高风险主体和高风险业务的分类管理。已在商务部门办理登记获取外贸经营权的企业均可向注册地外汇局申请"对外付汇进口单位名录"登记，只有进入名录的企业方可在银行办理贸易进口付汇。分类管理则按照"外汇局审核真实性的进口单位名单"（以下简称"名单"）分为管理与进口付汇备案管理两部分。外汇局会将进口业务存在违规、违法行为的企业列入"名单"。对于非"名录"、"名单"的企业进口付汇及在注册地以外地区银行进行异地付汇的，需要在付汇前到外汇局办理进口付汇备案。

企业办理进口付汇核销时还应注意：a. 凭进口报关单办理货到付款的，银行在为企业办理付汇后，进口付汇核销过程同时完成；b. 采用信用证、托收、预付货款及其他结算方式付汇的，由于货物尚未报关进口，银行无法通过联网核查来核实付汇真实性，企业须在预计到货日期后一定时限内，持相关单证到外汇局办理核销手续；c. 转口贸易、境外工程使用物资、退汇项下的进口付汇凭对应收汇凭证办理核销；d. 若资金流和货物流由于客观原因存在较大差额，可以凭相关证明材料到外汇局办理差额核销。

3. 资本项目外汇管理

资本项目，是指国际收支中引起对外资产和负债水平发生变化的交易项目，包括资本转移、直接投资、证券投资、衍生产品及贷款等。具体是指资本的输出输入，所反映的是与外国之间以货币表示的债权债务的变动，换言之，就是为了某种经济目的在国际经济交易中发生的资本跨国界的收支项目，可分为长期资本和短期资本。长期资本往来，是指合同偿还期在一年、一年以上或未定偿还期的资本往来。主要有直接投资、证券投资、国际组织贷款、外国政府贷款、银行借款、地方部门借款、延期付款、延期收款、加工装配补偿贸易中应付客商作价设备款、租赁和对外贷款等。短期资本往来，是指即期付款或合同规定的偿还期为一年以下的资本往来。主要有银行借款、地方部门借款、延期收款及延期付款等。

根据《外汇管理条例》的规定，境外机构、个人在境内直接投资，或者从事有价证券或者衍生产品发行、交易境内机构、个人向境外直接投资或者从事境外有价证券、衍生产品发行、交易以及国家规定需要事先经有关主管部门批准或者备案的，经有关主管部门批准后，应当到外汇管理机关办理登记。此外，境外机构、个人在境内从事有价证券或者衍生产品发行、交易，还应当遵守国家关于市场准入的规定。国家对外债实行规模管理。借用外债应当按照国家有关规定办理，并到外汇管理机关办理外债登记。提供对外担保，应当向外汇管理机关提出申请，由外汇管理机关根据申请人的资产负债等情况作出批准或者不批准的决定。申请人签订对外担保合同后，应当到外汇管理机关办理对外担保登记。资本项目外汇收入保留或者卖给经营结汇、售汇业务的金融机构，应当经外汇管理机关批准。资本项目外汇支出，应当按照外汇管理部门关于付汇与购汇的管理规定，凭有效单证以自有外汇支付或者向经营结汇、售汇业务的金融机构购汇支付。国家规定应当经外汇管理机关批准的，应当在外汇支付前办理批准手续。依法终止的外商投资企业，按照国家有关规定进行清算、纳税后，属于外方投资者所有的人民币，可以向经营结汇、售汇业务的金融机构购汇汇出。资本项目外汇及结汇资金，应当按照有关主管部门及外汇管理机关批准的用途使用。外汇管理部门有权对资本项目外汇及结汇资金使用和账户变动情况进行监督检查。[①]

三、海关

海关作为国家的进出关境监督管理机关，在企业的进出口贸易活动中扮演着重要的角色。从监管的角度来看，企业所有进出境运输工具、货物、物品，必须通过设立海关的地点入境或者出境，同时需要办理报关纳税手续。

在进出口贸易中，海关还有"服务经济"的职责，肩负着贸易安全和贸易便利两大使命。因此，海关在履行监管职能的同时，也推出了面向进出口企业的便利措施和相关服务，有效地利用这些服务，将对企业的业务发展起到积极的促进作用。

（一）海关基本职能[②]

（1）监管进出境运输工具、货物、物品。

[①] 国家外汇管理局网站：http://www.safe.gov.cn
[②] 《中华人民共和国海关法》第2条，2000。

(2) 征收关税和其他税费。
(3) 查缉走私。
(4) 编制海关统计和办理其他海关业务。

根据上述职能，海关主要履行七项职责：通关监管、税收征管、加工贸易和保税监管、海关统计、海关稽查、打击走私、口岸管理。

（二）海关如何对进出口企业进行监管

从某种角度来讲，进出口企业和海关联系的纽带就是进出口货物。企业进出口货物，需要办理报关、缴纳关税等手续，都需要和海关打交道。从海关的角度来讲，对进出口企业的监管最终体现在对进出境货物的监管。海关的具体监管包括报关、查验、征税和放行四个环节。

1. 报关

报关是进出口货物接受海关监管的前提条件，是指进口货物的收货人以及出口货物的发货人在货物进出境时，在法律规定时间内以书面形式向海关申报货物名称、规格、货号、数量、成交价格、贸易国别和地区、原产地等内容，以便接受海关监管的制度。

2. 查验

查验是指海关以已经审核的单证为依据，在海关监管区域内对进出境货物进行核对和检查。主要目的是确定进出口货物是否合法，检查货物有无残损，包装是否符合运输要求，以便准确计征关税和进行海关统计等。

3. 征税

征税是指海关对准许进出口的货物征收关税。海关征收的税种包括关税、增值税和消费税，在实践中企业除了在海关缴纳相关税款外，还可以委托报关行银行柜台缴纳关税，随着海关电子口岸平台的搭建，国内一些银行开始向进出口企业提供网上缴纳关税和付税担保的服务[1]，使企业能够简化付税流程，提高工作效率。

4. 放行

放行是最后环节，是指海关准许进境或出境的制度。[2] 当进出口企业作为进出口货物的收货人或发货人，在接受并通过海关查验，并且缴纳了

---

[1] 请参阅本书第四章第四节"关贸e点通"部分。
[2] 王传丽. 国际贸易法. 北京：中国政法大学出版社，2003：596 – 597.

相关税费之后，海关会在货运单据上加盖海关放行章，企业此时就可以办理进出口货物的通关手续。

（三）海关可以为企业提供哪些服务

海关在履行监管职责的同时，也为进出口企业提供便利服务，这些服务内容对进出口企业的经营发展起到积极的促进作用。

1. 提供数据统计服务

海关统计是海关依法对进出口货物贸易的统计，是国民经济统计的组成部分。对于海关统计的任务，海关统计条例规定了四个方面的内容，即统计调查、统计分析和统计监督，进行进出口监测预警，编制、管理和公布海关统计资料，提供统计服务。[①]

进出口企业往往具有很大的信息需求，希望通过相关信息寻找到客户资源，了解竞争对手的情况，得到整个市场的供求关系和贸易趋势的分析，海关统计服务可以为进出口企业上述需求提供重要的参考信息。

海关总署综合统计司是全国海关统计工作的领导机构，海关统计的内容包括进出口商品的品种、数量、价格、国别（地区）、经营单位、境内目的地、境内货源地、贸易方式、运输方式、关别等。海关统计以经海关确认的进出口货物报关单为最主要的原始资料。在统计过程中，进出口货物的名称及编码，按照《中华人民共和国海关统计商品目录》进行归类统计；进出口货物的数量，按照《中华人民共和国海关统计商品目录》规定的计量单位进行统计。

海关总署在每年年初会以公告的形式，公布当年的"中国海关统计数据发布时间表"，企业可以通过《中国海关统计》月刊、《中国海关统计年鉴》、《中国对外贸易指数》月刊、《进出口贸易动态分析》季刊查询海关统计信息，也可以通过以下网址获取海关统计数据，海关统计资讯网：www.chinacustomsstat.com。

2. 开放信息查询窗口

海关网站是一个信息的窗口，提供了多种信息查询服务。以海关总署的网站为例，进出口企业可以很容易地查询"通关参数"、"通关状态"、"企业基本情况"等信息，也可以查询海关的各项要闻、通告、统计信息，

[①] 《中华人民共和国海关统计条例》，2005.

第一章 国际贸易概述

企业常用的《企业性质代码表》、《国别代码表》、《监管方式代码表》等都可以从网站上直接查询下载。

更为便利的是，进出口企业可以选择"互动"板块，进行具体的业务咨询。各种查询咨询服务，还可以通过免费短信、直接订阅、按时用手机接收。海关通过网站向社会公布相关海关政策、制度和各类监管信息。进出口企业可以及时了解到海关管理的新政策、法规、制度，根据这些内容，可以对贸易环境更全面的把握，从而及时调整企业经营的思路和方向；进出口企业还应及时关注海关政策调整的情况、税率的变化，以便及早对自身的资金做出安排。

3. 建立与企业的合作伙伴关系

近年来，海关越来越重视与企业良好关系的培养，希望建立互利的"伙伴关系"。[①] 所谓互利，一方面，海关可以将自身的监管逐步深入到贸易的整个链条；另一方面，进出口企业可以享受一些贸易便利，节约贸易成本。为促进与进出口企业伙伴关系的建立，海关已经采取了一些措施，如对企业实施分类管理就是其中的一项重要举措。依照《中华人民共和国海关对企业实施分类管理办法》的规定，海关根据企业的经营管理状况、报关状况、遵守法律法规的状况，对企业实施动态管理，将企业设置为AA、A、B、C、D五个类别。根据企业的不同分类，海关采取不同的管理措施，对AA类和A类企业适用相应的通关便利措施，B类企业适用常规管理措施，C类和D类企业适用严密监管措施，体现了海关守法便利的指导思想。海关将对企业守法的要求和守法便利密切结合在一起，诚信经营的进出口企业能够获得便捷通关，可以降低人力成本，减少货物堆存费、滞港费等相关费用，从而节省企业的成本。

四、信保公司

在国际贸易中，国内出口企业与国外买家地处不同的国家或地区，相距遥远，对国外买家的资信情况、经营状况等不甚了解。尤其是在当前金融危机的背景下，国际贸易收汇风险骤增，出口企业一旦将货物出运，必将承担巨大的收汇风险，有的出口企业甚至处于有单不敢接的两难境地。但如果出口企业设立专门的信用机构，自行进行资信调查、应收账款追

---

① 刘菊堂. 浅析海关与企业的合作伙伴关系. 青岛远洋船员学院学报，2004（4）：51-53.

缴，不仅成本高，而且由于受其专业能力、调查经验等所限，往往事倍功半、收效甚微。而通过向出口信用保险公司投保出口信用保险可以帮助出口企业解决此类问题。

（一）什么是出口信用保险

出口信用保险是各国政府为推动本国产品和服务出口，保障出口企业的收汇安全，以国家财政提供保险准备金的非营利性的政策性保险业务，而出口信用保险公司是为此而建立的官方信用支持机构。

出口信用保险由来已久，其诞生于19世纪末的欧洲，最早在英国和德国等地萌芽。1919年，英国建立了出口信用制度，成立了第一家官方支持的出口信贷担保机构——英国出口信用担保局，随后比利时、挪威、西班牙、瑞典等国相继建立了以政府为背景的出口信用保险和担保机构，目前至少有60多个国家建立了出口信用保险机构。[1] 我国的出口信用险专业投保机构是中国出口信用保险公司，其成立于2001年。

在世界范围内，出口信用保险已成为各国企业扩大出口、规避风险、提升其国际竞争力的有力工具，并被广泛应用。据统计，目前，出口信用保险金额已占世界贸易总量的10%以上，而日本、法国、韩国出口信用保险支持的出口额占出口总额的比重分别高达39%、21%和13.2%。[2] 自信保公司成立以来，我国出口信用保险发展较为迅速，自2002年至2006年，信保公司累计支持的出口和投资额为726亿美元，占一般贸易出口的比重从2%升至7%，并间接带动68家银行为企业提供了1 902亿元的融资[3]，出口信用保险为我国外贸企业"走出去"提供了强有力的支持。

（二）出口信用保险都保什么

出口信用保险一般承保两类风险：政治风险和商业风险。[4] 政治风险是指在进出口买卖双方均无法控制的情况下，承担付款义务的国外进口方或银行，因其所在国家或地区政治或政府行为导致进口方不能按时支付出口方货款的风险。政治风险通常包括：国外进口方或进口方银行所在国家

---

[1] 中国出口信用保险公司. 出口信用保险——操作流程与案例. 中国海关出版社，2008：3.
[2] 中国出口信用保险公司. 出口信用保险——操作流程与案例. 中国海关出版社，2008：4.
[3] 中国出口信用保险公司. 出口信用保险——操作流程与案例. 中国海关出版社，2008：9.
[4] 中国出口信用保险公司. 出口信用保险——操作流程与案例. 中国海关出版社，2008：21.

或地区禁止或限制汇兑，撤销进口许可，颁布延期付款令或发生战争、暴动等政治事件。

商业风险是指承担付款义务的国外进口方或其银行由于自身信用问题不能按时支付卖方货款的风险。商业风险通常包括：买方或开证行破产或者无力偿付债务、买方或开证行拖欠货款、买方拒绝接受货物、开证行拒绝承兑等。

（三）投保出口信用险有什么好处

出口企业投保出口信用保险虽然会支出一定的财务费用，但出口信用险给出口企业带来诸多好处。

1. 出口收汇有保障

出口信用保险为发生收汇损失的企业提供经济补偿，使其最大限度地减少损失，维护出口企业权益，保障出口企业稳健运行。

2. 以赊销方式开拓市场

出口信用保险免去了出口商收汇的后顾之忧，出口商可以采用对进口商更有吸引力的赊销结算方式来开拓新市场，扩大业务量。

3. 带来融资便利

在投保了出口信用保险后，出口商收汇有了保障，此时商业银行更愿意为其提供资金融通，使出口商迅速回笼资金。

4. 获得买家资信调查服务

在投保出口信用险后，依靠出口信用保险公司掌握的国外买家的风险调查评估，可以准确选择贸易对象，做到风险事前防范。

（四）怎样投保出口信用险[①]

出口企业向中国出口信用保险公司（以下简称"中信保"）投保出口信用险，要经过投保、申请限额、申报出口、缴纳保费四个环节。

1. 投保

（1）出口企业应向中信保提供企业法人营业执照、中华人民共和国进出口企业资格证书、中华人民共和国组织机构代码证及投保买家的相关资料。

[①] 中国出口信用保险公司：http://www.sinosure.com.cn

（2）出口企业填写"投保单"，把企业的名称、地址、投保范围、出口情况、适保范围内的买方清单及其他需要说明的情况填入"投保单"，并由企业法人签字盖章。

（3）中信保审核保单，核定费率，签发保单，提供"保单明细表"、"费率表"、"国家（地区）分类表"、"买方信用限额申请表"、"信用限额审批单"、"出口申报单"等给出口企业。

2. 申请限额

（1）出口企业在接到信保公司签发的"短期出口信用保险综合保险单"后，就保单适用范围内的每一买家申请信用限额，填写"买方信用限额申请表"一式三联，按表内的要求，详细填写买家的情况，双方贸易条件以及所需的限额等。

（2）中信保评估买方资信，核定限额。

3. 申报出口

出口企业在限额生效日期后出口，每批出货后，在15天内（或每月10日前）逐批填写"短期出口信用综合险出口申报单"（或"短期出口信用保险综合险出口月申报表及保费计算书"）一式三份，按表中的要求，把出口的情况如实填写清楚，供保险公司计收保险费。出口企业未在规定时间内申报出口，保险公司会要求补报。但如果补报出口已经发生损失或可能引起损失的事件已经发生，中信保会拒绝接受补报。如果出口企业故意不报、严重漏报或误报情况，中信保对已申报出口所发生的损失，有权拒绝承担责任。

4. 缴纳保费

出口企业在收到中信保开出的"保险费发票"10日内应缴付保险费。如未在规定期限内交付保险费，中信保对申报的有关出口，不负赔偿责任；如出口企业超过规定期限两个月仍未交付保险费，中信保有权终止保单，已收的保险费概不退还。保险费率如需调整，中信保公司会出具书面通知，通知发出后第两个月出口的货物，保险费按新费率计算。

五、银行

银行是贸易中资金流和信息流中最为关键的节点，企业从货款的收付汇、结售汇、贸易融资、资金清算、代理保险和网上支付关税等方面需要与银行打交道。本书将着重介绍银行在国际贸易全流程中都有哪些功能，

第一章 国际贸易概述

企业如何在进出口贸易各环节中适时利用银行的专业服务规避和降低风险、锁定和节约成本、提高资金回报率和使用效率。本章第二节将对银行的国际贸易服务功能做一个概述，第三章和第四章分别就出口流程和进口流程的每个具体环节，银行能够帮助企业解决什么样的问题进行讲解。企业可以结合贸易流程按图索骥，结合自身实际情况找到合适的解决办法。

第二节 银行在国际贸易中的主要功能

2008年，我国年进出口贸易总额已达 25 616 亿美元[1]，在国际贸易量与日俱增的背景下，以银行为代表的金融机构对国际贸易的服务也发生了变化，全流程的国际贸易金融服务已成为贸易金融服务最新的发展趋势。从商洽客户到交易结束，货物和资金完成转移的整个国际贸易流程中，银行在帮助企业控制风险、降低成本和提高资金管理能力方面起了很大的作用。全流程的贸易金融服务按照功能分为：贸易结算、贸易融资、风险管理、资金管理和贸易流程增值服务。

一、贸易结算

贸易结算是银行为进出口双方提供收付货款的服务，是国际贸易金融服务中最为基础的服务。根据结算方式的不同，通常分为汇款、托收和信用证。由于进口商和出口商的市场地位差异，出口商可以采用预收货款、信用证、托收和赊销的结算方式，上述结算方式的选择顺序对出口商的货款保障效力依次递减。反之，进口商最希望采用信用方式采购，优先选择赊销、托收方式，然后才是信用证方式。信用证对出口商收汇有保障，但是费用相对于其他方式而言最高，因此进口商希望避免采用信用证结算。赊销对进口商最为有利，占用出口商资金，出口商则希望尽可能避免。所有的结算方式最后都会通过银行之间的清算系统完成资金的实际收付。由于银行间的代理行网络资源以及贸易国的金融管制，在资金清算的过程

---

[1] 海关总署网站：http://www.customs.gov.cn

中，不同的清算路径会有不同的成本和便利。

二、贸易融资

贸易融资是银行基于真实的贸易背景，利用贸易本身自偿性的特点向企业提供短期资金融通和信用便利的服务。根据不同的结算方式，传统的贸易融资有信用证项下的进口押汇和出口押汇、托收项下的进口押汇和出口押汇、汇出汇款融资和汇入汇款融资、打包贷款、国际保理、福费廷等。供应链融资是目前贸易融资的最新发展趋势，银行基于对商品交易产生的物流、资金流和信息流的控制，对产业链中包括核心企业、上下游企业等全部参与方提供资金融通服务。贸易融资在帮助企业缓解资金压力、降低交易成本、扩大销售、减少库存等方面都发挥了重要作用。

三、风险管理

国际贸易跨越国境，涉及环节众多，增加了各种风险产生的机会。不同贸易国的汇率、利率和商品价格波动，给进出口企业带来销售收入和利润的影响，银行利用自身完善的代理行网络和机构，通过一些特定的产品和组合，帮助企业尽可能地规避风险，最为典型的方法就是在一定的市场条件下将贸易结算、贸易融资和汇率产品组合，以此实现锁定汇率、降低融资成本从而达到有效规避和管理风险的目的。

四、资金管理

资金管理是目前全流程贸易金融服务中针对企业营运资金更加高度集中的贸易金融服务，涉及本外币资金集中管理、贸易结算集中管理。大型企业的分支机构数量众多，进出口业务规模庞大，通过资金归集、结算集中管理优化企业内部的资金资源配置，提高资金使用效率，降低资金使用成本和管理成本，从而提高企业的财务管理能力。

五、贸易流程增值服务

银行参与到国际贸易的全流程中，对每个环节都有相应的增值服务，满足企业对单据制作、运输险投保、资信调查、海外商账追收等需要，同

第一章　国际贸易概述

时利用网上银行方便快捷地办理业务，使企业从纷繁琐碎的事务中解脱出来，集中精力开拓新业务，提高企业竞争力。

中信银行全程通——国际贸易金融服务方案

中信银行全程通——国际贸易金融服务方案以专业（Specialist）、快捷（Speed）、灵活（Slim）的"3S"服务理念，为企业提供国际贸易全流程服务。全程通包括结算、融资、代理、网银、汇率和清算六大系列、近60种产品，通过对进出口企业贸易流程的仔细梳理，从初始谈判、合同签订、交易执行到最终贸易完成的每个阶段提供全流程的贸易金融服务。**出口流程图和进口流程图详见本书目录后的插页。**

全程通——国际贸易金融服务方案六大系列产品如下图所示：

全程通——国际贸易金融服务方案

| 结算产品 | 融资产品 | 代理产品 | 网银产品 | 汇率产品 | 清算产品 |

1. 结算产品

全程通结算产品包括：进口结算和出口结算，提供包括信用证、托收、汇款等结算产品，满足客户最基本的付汇或收汇需求。全程通结算产品简化了办理流程和表格数量，免去企业填写大量表格的麻烦，大大节省了时间和精力。

2. 融资产品

全程通贸易融资产品包括进口融资、出口融资以及特色贸易融资三大类，可以满足国际贸易不同阶段的融资需要，为企业顺利完成国际贸易及境外承包工程提供资金和信用支持。其中，特色融资产品通过供应链中货物、票据、应收账款的抵押或质押帮助企业获得授信支持，实现顺利地生产和销售，为企业的持续发展提供保障。

3. 代理产品

全程通代理产品为企业提供资信调查、制单以及货物保险承保代理等贸易上下游环节的各种服务，帮助企业节省人力资源，专注于自身业务拓展，实现发展壮大。

4. 网银产品

国际业务网上银行功能丰富，能够满足进口结算、出口结算、查询服务等需求。网上银行采用国内最具权威、公正的第三方认证机构签名的技术保证交易信息，它的保密性、完整性及对交易的不可否认性毋庸置疑；

通过数字证书、登录口令和支付密码三重安全保障，利用防火墙、入侵检测和密码空间等多种手段，帮助企业足不出户，坐享轻松安全的银行服务。

5. 汇率产品

中信银行参与全球外汇市场交易已有 20 余年的历史，在汇率风险管理能力和汇率产品设计方面一直位于国内金融同行业前列，其拥有一支专业的外汇业务团队，提供包括即远期结售汇，代客外汇买卖，人民币与外币掉期、货币期权、外币三合一融资以及结构性汇率产品，帮助企业规避汇率风险，锁定财务成本，提高汇率风险管理水平。

6. 清算产品

中信银行外币资金清算能力处于行业领先地位。本币直汇可实现及时到账，外币直收能够实现当日解付。目前，能够办理 140 个币种的境外汇款，并借助电子邮件、传真等方式，将已汇款或已收款信息发送至客户指定邮箱。富有特色的业务有：单据预审、清算路径设计、本金付款保证、香港美元直达、票据安全托收、特别退款安排等，帮助客户解决在汇款中遇到的困难以及满足个性化需求。

第二章
国际贸易风险及其规避方式

国际贸易中的买卖双方大多数跨越国境，相隔甚远，业务涉及环节较多，在交易过程中面临着各种风险，包括国别风险、信用风险、市场风险、操作风险、汇率风险和外汇管理合规风险等。企业如何规避这些风险？本章就这些问题作简单介绍。

第一节 国别风险

2001年，我国加入了WTO，出口开始享受成员国之间关税减免的优惠，但当今的国际贸易还不是完全的自由贸易，尤其是在当前金融危机的背景下，各国出台的保护措施有所增加，一些国家的政府和行业组织针对我国出口产品与企业日益频繁地设置各种贸易壁垒，保护其国内产业和市场。因此，对于出口企业来说，了解主要贸易伙伴所在国的贸易政策、制度和具体做法，防范国外贸易壁垒产生的国别风险已经显得尤为重要。

一、国别风险的概念

纳吉（Nagy，1984）对"国别风险"的定义曾被广泛使用，他指出：国别风险是指跨边界贷款中的损失的可能性，这种损失是由某个特定国家发生的事件所引起的，而不是由私人企业或个人所引起的。这一概念有两个方面的含义：一是跨边界贷款包括了一个国家的各种形式的跨边界的贷款，无论它是给政府的、银行的、企业的，还是给个人的；二是损失是由国家层面发生的事件所引起的，而不是某个私人部门或个人层面的事件所引起的，这些事件包括政治事件、经济政策、法律规定等，对于私人部门

第二章　国际贸易风险及其规避方式

来说是不可抗因素。[①]

当前对于出口企业来说面临的最主要的国别风险就是贸易伙伴国的贸易壁垒。那么何为"贸易壁垒"呢？

根据商务部 2005 年 2 月发布的《对外贸易壁垒调查规则》第 3 条的规定，外国（地区）政府采取或者支持的措施或者做法，存在下列情形之一的，视为贸易壁垒[②]：

（1）违反该国（地区）与我国共同缔结或者共同参加的经济贸易条约或者协定，或者未能履行与我国共同缔结或者共同参加的经济贸易条约或者协定规定的义务。

（2）造成下列负面贸易影响之一：

对我国产品或者服务进入该国（地区）市场或者第三国（地区）市场造成或者可能造成阻碍或者限制。

对我国产品或者服务在该国（地区）市场或者第三国（地区）市场的竞争力造成或者可能造成损害。

对该国（地区）或者第三国（地区）的产品或者服务向我国出口造成或者可能造成阻碍或者限制。

我国商务部参照 WTO 规则的界定将贸易壁垒划分为 14 类：

（1）关税及关税管理措施，如关税高峰、关税配额管理中的不合理做法；

（2）进口限制，如不合理的进口禁令、进口许可；

（3）通关环节壁垒，如通关方面的各种程序性障碍、不合理的进口税费；

（4）对进口产品征收歧视性的国内税费；

（5）技术性贸易壁垒，如对进口产品适用不合理的技术法规、标准，设置复杂的认证、认可程序；

（6）卫生与植物卫生措施，如对进口产品设置苛刻且不合理的检疫标准和检疫程序；

（7）贸易救济措施，如对进口产品不公正地实施反倾销措施，贸易救济调查程序不透明，特别是针对中国出口产品滥用所谓"非市场经济"

---

① 曹荣湘. 国家风险与主权评级：全球资本市场的评估与准入. 经济社会体制比较（双月刊），2003（5）：91-98.

② 中国商务部：《国别贸易投资环境报告 2009》。

方法;

(8) 政府采购,如政府采购缺乏透明度、违反最惠国待遇;

(9) 出口限制措施,如通过本国国内立法上的治外法权条款限制或阻碍其他国家与第三国的贸易,或以所谓安全为由实施不合理的出口管制;

(10) 补贴,如违反 WTO 规则实施具有刺激出口作用的补贴;

(11) 服务贸易壁垒,如在服务贸易准入方面设置不合理的限制;

(12) 知识产权保护不力,即对进口产品的知识产权缺乏有效的保护;

(13) 不合理的知识产权保护措施,即以知识产权保护为名,对国外产品的进口设置障碍;

(14) 其他壁垒,即难以归入以上各类的具有贸易扭曲效果的措施或做法。

我国出口企业正面临着严重的国别风险,据中国商务部统计,2008年,中国出口产品共遭受来自 21 个国家和地区的 93 起贸易救济调查,涉案总金额约为 61.4 亿美元。其中,反倾销案件 70 起、反补贴案件 11 起、保障措施案件 10 起、特保案件 2 起。美国对我国出口产品发起 11 起 337 调查。[①]

2008 年,全球 35% 的反倾销案件、71% 的反补贴案件涉及中国。据 WTO 秘书处发布的数据显示,2008 年全球新发起反倾销案件调查 208 起、反补贴案件调查 14 起,中国分别占总数的 35% 和 71%,已连续 14 年成为遭遇反倾销调查最多的成员,连续 3 年成为遭遇反补贴调查最多的成员。2008 年全球新发起反倾销案件、反补贴案件调查数量分别增长了 28% 和 27%。[②]

二、国别风险规避方式

"凡事预则立,不预则废"。出口企业欲降低收汇的不确定性,规避国别风险,首先必须要找出风险源,事先做好防范风险的准备。那么出口企业如何预知和防范进口国的国别风险呢,在此提供以下几条途径。

1. 利用中国商务部出版的《国别贸易投资环境报告》了解进口国的贸易壁垒情况

商务部为帮助我国出口企业了解我国主要贸易伙伴的贸易政策、制度

[①] 中国商务部:《国别贸易投资环境报告 2009》
[②] 中国商务部:http://www.mofcom.gov.cn

第二章 国际贸易风险及其规避方式

及具体做法，认识和掌握国际市场环境，有效参与国际竞争，提示出口企业防范国外贸易壁垒措施而产生的风险，每年都编制《国别贸易投资环境报告》（以下简称《报告》）。以2008年版《报告》为例，该《报告》主要评估了16个贸易伙伴的贸易环境，具体国别（地区）是：阿根廷、埃及、澳大利亚、巴西、俄罗斯、菲律宾、韩国、加拿大、美国、墨西哥、南非、欧盟、日本、土耳其、印度、印度尼西亚，2008年我国对上述国家的出口额约占我国出口总额的65.3%，因此，这些国家还是很有代表性的。《报告》对这16个国家贸易环境的描述包括：双边经济贸易概况、贸易投资管理制度概述、贸易壁垒和投资壁垒四个部分。因此，出口企业可以利用这份报告了解进口国有关贸易壁垒方面的国别风险。

2. 利用中国出口信用保险公司出版的《国家风险分析报告》全面了解进口国的总体风险

中国出口信用保险公司自2005年以来每年都出版《国家风险分析报告》，该报告全篇分为"国家基本情况"、"政治状况"、"经济形势"、"投资状况"、"双边关系"以及"总体风险评估"六个部分：

1）"国家基本情况"主要介绍国家的地理位置、国土面积、人口、民族、宗教信仰、语言及简史等基本信息。

2）"政治状况"从政体、政局、国际关系的角度逐一分析国家政治风险，主要关注政治稳定性、国内矛盾、政府更迭、民主和司法制度、种族/民族冲突、宗教信仰、国家安全等。

3）"经济形势"深入国家宏观经济各个层面，既关注点，也分析面，点面结合，全面解析经济运行的历史情况、近期走向并给出短期的趋势预测。主要关注国家宏观经济运行、国际收支、金融货币、外债及财政收支等情况。

4）"投资状况"主要立足于考察该国的外国直接投资水平，从投资政策、金融体系以及税收体系三个方面分析国家的投资环境，重点关注金融市场的稳定性及发展水平、行政机构的官僚腐败程度、外汇及金融管制情况、投资优惠和限制措施等。

5）"双边关系"主要分析该国与我国的政治关系、贸易往来和经济合作情况，揭示双边经贸关系中特殊的风险因素。

6）"总体风险评估"在以上各部分基础上做出对国家风险的整体评价和风险评级。信保公司的国家风险参考评级共分9个级别，分别标记为1级、2级、3级、4级、5级、6级、7级、8级和9级，风险水平依次增高。

因此，通过这份《国家风险分析报告》出口企业基本可以对进口国的风险状况从整体上有一个把握。

3. 向信保公司投保出口信用险

国别风险无论如何只能预防但不可消除，出口企业因为有风险就放弃大笔订单也不太现实。为此，出口企业可以向信保公司投保出口信用险，以保险的方式将自己的出口风险损失降到最低。

第二节　信用风险

信用风险是国际贸易中最常见的风险，在各个环节中每个主体都会担心对应的义务人履行合同义务的诚信，从而产生信用风险。出口商担心进口商是否会如期支付货款；承运人是否会如实履行运输合同，是否会存在无单放货风险；在信用证支付的方式下，进口商银行是否按照跟单信用证国际惯例履行付款责任等。进口商则考虑出口商能否按时保质保量地交付货物。出口商在采用信用销售的方式下，资金和货物处于风险暴露的不利地位，如果进口商违约不支付货款，会给出口商造成钱货两空的重大损失。相对而言，进口商的资信状况是国际贸易中尤为关注的信用风险，也是国际贸易中最主要的信用风险之一。

商务部研究院曾经对外贸企业进行抽样调查，结果显示，中国出口企业的应收账款坏账率为5%，而发达国家企业只有0.25%~0.5%，我国企业出口应收账款坏账率是发达国家平均水平的10~20倍。商务部的另一项对1 000家外贸企业的调查显示，50%的受访企业应收账款延期收付，68%的企业经历过交易对手缺乏诚信使其利益受损，尤以拖欠、不付货款以及合同违约现象突出。[①]

一、信用风险产生的原因

在卖方市场条件下，卖方的产品有竞争力，可以要求买方以预收货

---

① 商务部网站：http：//www.mofcom.gov.cn/aarticle/difang/shandong/200512/20051201168088.html 2661836461=19674914

款、信用证和托收方式结算,信用风险暴露较小。在买方市场条件下,由于产品同质化严重、产量过剩而导致买方议价能力强,卖方除价格竞争之外,只能在支付方式上以赊销增加销量,扩大市场份额。在我国出口贸易中,强势的买方市场地位造就了信用风险产生的市场环境,产生了大量应收账款,如果没有有效的信用管理手段和方法,坏账产生的可能性将会大大增加。

信用风险从本质上来讲是由于信息不对称产生的。在交易过程中买卖双方对信息占有不对等,朝着有利于自己的方向与对方交换或者隐瞒信息,从而造成风险暴露。

信用风险由系统性风险和非系统性风险构成。系统性风险是交易各方都面对的交易环境,是无法完全消除的。在国际贸易中,主要由贸易国的政治风险和贸易政策、经济周期波动、产业政策、供应链结构、商品的价格波动以及自然灾害等引起的。非系统性风险主要由贸易双方个体的资信风险和企业自身内部风险引起的。

(1) 买方资信风险。买方资信风险的本质是买方付款履约能力的不确定性。买方的经营状况、偿还能力、贸易纠纷、重大诉讼都会影响买方付款的意愿和能力。在国际贸易中,由于买家相距太远,实地考察和资料收集相对困难,因此,进口商的资信状况是信用风险的一个主要来源。

(2) 企业自身内部风险。主要体现在企业信用管理意识淡薄、缺乏有效的交易全程信用管理手段和方法,坏账的产生概率会相应升高。单纯以销售业绩为导向的激进型销售政策,往往会导致过度使用赊销销售、客户筛选不严、应收账款催缴不及时。尽管短期增加了销售收入,但是这种销售收入无现金流保证,迟早会出现问题。

二、信用风险管理方式

企业面临销售和回款,利润和坏账风险的选择,如何采用有效的信用管理工具来平衡扩大销售和坏账风险?根据信用风险的构成,将其分类管理,对于无法完全消除的系统风险,如进口国的经济情况、对外贸易政策,企业可以参考商务部和中信保公司等渠道发布的《国别风险研究报告》开展进出口贸易。对于进口商所处行业情况,企业应做好终端用户行业研究,了解用户行业的前景、趋势、市场占有率以及供应链结构。对于非系统风险,企业应从交易的整个流程进行控制和管理,建立科学完善的信用管理体系，包括信用评估方法、信用销售策略、客户信息档案管理及交易记录信用分析等。企业如何建立信用管理体系在相关书籍中已详细介绍，本书将不再赘述。本节着重介绍企业积极利用第三方机构提供的服务和工具，转移和分担信用风险。

1. 交易前的信用风险管理工具

在客户初选过程中，出口企业可以利用银行、出口信用险公司以及其他征信公司进行资信调查，重点了解客户的银行资金情况和历史交易记录。银行、出口信用险公司利用自身强大的代理行网络和同业信息渠道、与国际知名咨询公司建立的长期合作关系，帮助企业了解交易对手的基本情况、信用状况、付款能力和不良记录，给企业一个综合信用评价，使企业在先期判断交易对手的资信水平，处于谈判主动地位。

2. 交易过程中的信用风险管理工具

签订合同时，根据客户的采购数量、资信情况，科学地选择结算方式和支付条件。初次合作、采购规模较小的客户可采用预收货款、信用证等结算方式，信用风险暴露较小。如果客户合作时间较长，交易量稳定，或者买方议价能力很强，为了争取销售量采用赊销方式结算，应当遵循内部信用风险管理政策，关注应收账款的回笼进度，切不可因为是老客户而掉以轻心，很多坏账都是由先期交易记录良好的老客户欺诈产生的。采用赊销交易，出口企业可以采取国际保理、投保出口信用险转移进口商信用风险。

（1）国际保理，是指出口商采用赊销（O/A）、承兑交单（D/A）等结算方式向进口商销售货物时，将产生的应收账款转让给出口保理商，由出口保理商（与出口商签有协议的保理商）和进口保理商（在进口商所在国与出口保理商签有协议的保理商）共同提供集销售分户账管理、应收账款催收、贸易融资、信用风险控制与坏账担保于一体的综合性金融服务。应收账款催收以及销售账户管理服务可以帮助出口企业降低应收账款的管理成本。在核定的买家信用额度内进口保理商承担全额担保付款责任，出口商据此向出口保理商申请融资，提前收汇锁定汇兑成本。在无追索权保理中，企业可以改善财务报表，提高现金和盈利水平。

（2）投保出口信用险是一种信用风险分担方式。出口企业向中国出口信用险公司投保，出口信用险公司依靠网络和专业能力为买家核定信用限额，在进口商发生信用问题无法支付货款或者进口商国家风险导致货款无法回收时，出口企业向出口信用险公司索赔，信用险公司依照最高赔偿比例、买家信用限额和除外责任等条件，对出口企业赔付。

企业投保出口信用险后，可以向银行申请保险后出口押汇。企业将出口信用险公司的赔款权益转让给银行，获得银行融资，提前回收资金，及早锁定汇兑成本，减少汇率波动对利润的影响。

3. 交易后期的信用风险管理工具

应收账款管理是交易后期信用风险管理最核心的内容。应收账款占用企业营运资金，是一项有风险的资产，随着拖欠时间的增加，回收的可能性就越小。同时，管理应收账款也需要成本，主要包括催收成本、机会成本、融资成本和坏账损失。企业在制定信用销售政策时，需要考虑应收账款出现坏账损失对销售收入和利润的侵蚀。稳健科学的信用销售政策将提高应收账款的回收率以及资产使用效率。银行通常会针对企业的应收账款设计一些产品组合，通过对经过筛选的应收账款融资或者质押应收票据和账款，办理其他授信业务，扩展应收账款的使用途径，帮助企业提高资金的使用效率，主要有：

（1）出口应收账款融资。企业以赊销方式出口后，向银行申请应收账款的短期资金融通，银行审核企业资信状况后，核定授信额度为企业发放融资款。一般来说，尽管有出口贸易的收汇还款来源，但是银行会着重考虑企业自身信用核定授信额度。

（2）票押融资。企业在国内贸易中收到大量的银行承兑汇票，同时又需要向境外采购开立进口信用证，在没有银行授信额度的情况下，可以将银行承兑汇票质押给银行，办理开立信用证、进口押汇等授信业务。

（3）应收账款资金池。出口企业将持续产生的应收账款汇聚成资金池，以此质押，向银行申请综合性的融资业务。例如，进口开证、进口押汇、打包贷款和开立保函等。企业通过盘活手中未到期的优质应收账款，提高资金使用效率和当期的盈利水平。

第三节　市场风险

市场风险是指一个企业在生产经营活动中因市场变化以及由于内部管理缺陷所导致的可能对本企业造成的损害和危险。国际贸易中的市场风险的产生主要源于市场价格的变动，另外，对入市时机及贸易区域的选择把握不当也是导致市场风险的重要因素。

一、市场风险的分类

（一）价格波动

国际市场对商品的供求大小的变化，相应地会引发商品价格的波动，而价格波动显然会给贸易双方带来风险：在签订买卖合同后，如果商品的国际市场价格上涨，则卖方受损，买方得益；反之，如果商品的国际市场价格下跌，则买方受损，卖方得益。与国内贸易相比，在国际贸易中，从谈判、签约、履约到最后货物抵达目的地，往往需要较长时间，从而使得市场供需变化及价格波动的概率也大大增加。例如，某企业从宁波港装船出口化工品至欧洲的主要集散地汉堡港，该批化工品从离开宁波港口至运抵汉堡港大约需要一个月的时间，在这段长达一个月的运输周期内，化工品的价格很可能发生波动，从而使买卖双方中的一方蒙受经济损失。

（二）入市时机

供需的变动往往呈现一定的规律性，因此，选择恰当的入市经营时间对于规避市场风险的作用不容忽视。例如，从 7 月底到 10 月中旬，受欧美买主为准备圣诞节提前采购的影响，我国义乌小商品市场圣诞礼品进入外贸采购旺季。而圣诞节过后的相当一段时间里，圣诞礼品会暂时转入淡季，价格一般也会有一段时间的回落。显而易见，出口圣诞礼品的时机选在下半年较之上半年风险要小得多，获利的机会也会大很多。

（三）贸易区域选择

在国际贸易中，由于在不同的市场区域中，市场结构类型不尽相同，市场的发育程度存在差异，对不同商品的消费能力也有强弱之分，因此，选择贸易区域对于规避市场风险具有重要意义。以铁合金产品为例，其国际市场的主要用户大多数集中于欧洲市场，消耗量和库存量相对稳定，产品出口到欧洲市场时，对价格波动不敏感。也就是说，由于欧洲买主较多，其市场消耗量和库存量保持相对稳定的状况，只要价格没有出现异常的大幅波动，在短期内就对出口商的预期利润影响不大，即出口商的风险较小。但如果出口到亚洲市场，由于亚洲买方市场容量较小，因此，一旦发生价格变动，出口商就很容易面临拒收货物或拒付货款的风险，遭受预期利润的损失，即出口商的风险较大。[1]

二、市场风险的规避方式

（一）跟踪国际市场动态，加强国际市场调研

由于国际市场价格的构成因素不同，影响价格变动的因素也多种多样，跟踪国际市场动态，加强国际市场调研，有利于正确制定销售价格。

具体方法可通过了解生产国及需求国的自然灾害、罢工、战争等可能带来影响的社会经济现象，研究和掌握贸易伙伴国相关政策、法规以及政治经济状况的变化。通过上述方法，搜集、整理相关信息分析商品在国际市场中的生产和需求变动，估计出未来的总体需求变动浮动和价格走势，从而在贸易洽谈、经营决策、合同签订以及合同运作中及时采取相应的措施以避免可能的损失或获取更大的利益。如需求国采取紧缩性的财政政策和货币政策，可以预测市场价格会有下跌，市场前景不容乐观，出口商应尽量避免使用赊销或托收的方式来结算，此时选择信用证的结算方式更为可靠。

（二）拟定合理的价格条款

价格条款是指国际贸易合同中表明价格条件的款项，是对外经济贸易合同中的重要条款之一。一般包括单价、交货机动幅度（品质和数量）和总值。单价包括：计量单位、单位价格金额、计价货币和价格条件。价格条件是指用价格术语表示买卖双方在责任、费用与风险承担上的区别。

签订合同应注意合理确定成交价格，采用适当的贸易术语，选择有利的计价货币，列明具体的作价方法，以保证此交易的风险小而利润大。对外作价有三类方法：首先是固定作价，采用这一方法，必须对商品的价格前景作出准确判断；其次是非固定作价，指在签订合同之时规定作价时间和作价方法，具体的价格留待日后确定；最后是制定价格调整条款，把价格风险规定在一定范围之内。在外贸合同中，正确选择和运用价格条款，

---

[1] 苏文. 国际贸易中的市场风险. 经济师，2004（5）：84.

有利于规避市场风险，获得较大收益。

（三）利用商品期货市场套期保值

利用商品期货市场套期保值也是减少或者避免市场风险的一项利器。套期保值就是买入（卖出）与现货市场数量相当，但交易方向相反的期货合约，以期在未来某一时间通过卖出（买入）期货合约来补偿现货市场价格变动所带来的实际价格风险。保值的类型最基本的又可分为买入套期保值和卖出套期保值。买入套期保值是指通过期货市场买入期货合约，以防止因现货价格上涨而遭受损失的行为；卖出套期保值则是指通过期货市场卖出期货合约，以防止因现货价格下跌而造成损失的行为。

（四）正确选择市场区域，营销多元化市场结构

在对国际市场的具体区域进行选择时，应充分了解各国的政治经济环境、经济发展阶段、市场体系、历史文化背景以及法律、法规的完善程度，从而制定有针对性的经营策略。同时，应努力构建多元化的进出口市场结构，分散市场风险。既要建立面向发达国家的市场，又要建立面向发展中国家的市场。这样，即使局部地区市场发生波动，也能迅速在其他市场中得以扩充或补偿。否则，一旦业务集中的市场出现问题，就可能面临进出口市场严重萎缩，威胁到企业的生存。2008年的金融危机给我国外贸出口企业带来了沉重的打击，尤其是长三角、珠三角等地区的不少中小企业已纷纷停产甚至倒闭。这些中小企业普遍存在一个问题，即出口市场过于集中，主要依赖美国、欧盟、日本以及东南亚等部分国家和地区。这种过度依赖少数国家和地区的外贸发展方式无疑增加了企业的出口风险。

第四节　操作风险

操作风险是一个非常宽泛的概念，既包括由于外部事件引发的客观风险，也包括由于人为等因素而引起的主观风险。简单地说，操作风险是指在业务基本操作中遇到的风险，产生于企业生产经营过程中。

第二章　国际贸易风险及其规避方式

一、操作风险

对于进出口企业来说,操作风险实际上是由不完善或有问题的内部流程、员工和信息系统以及外部事件所导致的直接或间接损失的风险的集合。[1] 可见,内部流程、员工、信息系统、外部事件都会成为引发操作风险的因素。

操作风险与其他风险相比,具有自身显著的两个特点:一方面,操作风险不局限于企业生产经营的某一阶段,而是贯穿于企业经营的全过程,可以出现在企业经营活动的任何环节;另一方面,操作风险最便于管理。与其他类型的风险不同,操作风险管理的往往是已知事项和已经确定的程序,而不是应付重大的未知事项。[2] 可以看出,操作风险的主要根源是执行确实事项、已知程序过程产生的疏忽和纰漏。

进出口企业的经营活动和外贸合同密不可分,出口企业根据合同组织生产、进行货物运输安排,进口企业由于合同约定而收取货物,支付相应款项。相关的贸易活动都围绕进出口合同而展开,任何一方都应当按照合同规定进行履约,若一方违约给对方带来损失,也须依照合同条款的约定进行争议解决,进行损失赔偿。所以说,在进出口企业的经营活动中,最主要的操作风险是与外贸合同有关的风险。

二、操作风险分析——以外贸合同风险为例

进出口贸易离不开相关贸易合同的签署和执行,贸易合同的风险主要体现在合同订立、合同履行两个阶段。在订立合同阶段,了解签约对方是否具备签约资格、代理人是不是具备代理权限,进出口企业的资信状况是保证签订的协议有效,并受法律保护的前提条件。在实践中,合同欺诈的案例比比皆是,都是由于企业在面对商机和利润时,疏忽了潜在的风险,因此给自身带来了不必要的损失。

合同条款的设计和选择,也能体现企业的管理能力以及风险防控的水

---

[1] 彭炎. 建立操作风险长效管理机制. 首席财务官, 2008 (7): 88 – 89.
[2] http://www.kjshi.cn/html/2009 – 07/5031.html

平。比如说如何规定产品的价格、质量标准、交货期限、争议解决方式等合同的各项主要条款,企业应对合同的条款非常熟悉,并做到真正理解,否则在合同的履行过程中,风险还是会"突然造访"。由于我国是实施外汇管制的国家,外贸企业获得的外汇收入都必须及时向外汇管理局申报并核销。如果在一定时间内,外贸企业未能收到货款,则无法核销外汇,这样会使外贸企业无法从税务局获得应有的外汇出口退税,从而遭受不必要的损失。对于这种情况,应在合同中明确指出造成对方损失的企业应承担的赔偿责任,以保护收汇方的利益。

无论是进口企业还是出口企业,都应该积极履行合同义务,因为大多数的贸易纠纷都产生在合同履行阶段。在贸易合同签署后,企业应非常熟悉诸如结算方式、备货、租船订舱、报关报运、制单结汇等环节的规定,并作出正确选择,比如说根据合同选择了 CIF 条款,那么出口企业就要及时办理保险、租船订舱手续,相应的运输单据上就要杜绝出现 "Freight Collect" 的字样。

除此之外,企业内部制度的完备程度,流程设计的科学化,从业人员的业务水平和职业素养等对外贸合同的正常履行都起着一定作用。企业的生产能力、内部管理水平等诸多因素均会影响到贸易是否能顺利完成。[1]在现实中,一些企业未能充分重视业务制度和流程建立,相关业务没有规范的操作流程,人员权责不明晰,业务漏洞明显;个别中小外贸企业,由于人员少,部门设置比较简单,企业的业务操作规则无法贯彻;有些企业虽然有良好的制度,但人员流动频繁给制度实施带来了一定困难,如原有业务的复核环节很难落实,很容易造成业务信息中断,产生操作风险。[2]

三、操作风险的防范

风险在企业的运作过程中,是客观存在的,操作风险也是如此。虽然我们无法做到完全消除风险,但是我们可以采取一些措施,减少操作风险发生,相应减小损失程度。操作风险管理的实质就是将操作风险管理控制在可承受的限度之内,并实现此基础上的业务量最大化。[3]

---

[1] 吴建功. 对外贸易风险识别问题探讨. 商业时代, 2008 (5): 33 - 34.
[2] 金秋. 中小企业融资风险特征及其成因分析. 浙江金融, 2007 (5): 35.
[3] 王文星. 操作风险管理制度 完善金融风险监控体系. 福建金融, 2006 (4): 12 - 15.

具体而言，主要有以下几种防范操作风险的方法：

1. 完善内部流程

对企业频繁发生的业务和事项，为了保障业务的准确性，需要建立规范的内部流程，从程序上进行保障。

2. 加强内部控制制度

企业应利用现代科学管理手段，根据自身的特点建立内部控制制度。通过内部控制制度的建立，对经常出现风险的环节进行筛查，建立风险预警机制。

3. 利用现代技术，堵塞操作风险漏洞

进出口企业为保障经营信息的安全可靠，应加强信息技术应用，定期进行设备维护更新。想要高效、准确地对大量数据进行处理，应加强业务系统操作平台建设，全面查找设计上的漏洞，完善系统软件，从而减少人为操作时产生的错误。

4. 开展员工培训，提高员工素质

人员素质的提高是队伍培养和建设的主要目的。相关的外贸业务从业人员应该具备合格的专业素质，了解外贸业务的知识，熟悉外贸业务相关流程，避免"门外汉"对业务的不通带来不必要的损失。企业应组织或鼓励员工参加各类业务培训，更新业务知识，完善知识结构。

同时在操作风险控制中，要重视人的主观能动性，员工有良好的觉悟和职业道德是从主观上防范操作风险的保证。企业应该对员工进行职业道德教育和风险意识教育，全面调动人员的工作主动性、积极性和创造性，在业务人员提高业务能力的同时，加强工作责任心。只有从内在的角度来进行操作风险的控制，才能使得操作风险出现的概率真正降低。

第五节　汇率风险

汇率，是指一国货币兑换另一国货币的比率，同时也可以看做是以一种货币表示另一种货币的价格。众所周知，目前，我国的汇率制度是以市场供求为基础、参考"一篮子"货币进行调节、有管理的浮动汇率制度，但在汇率机制改革之前，我国实际上执行的是盯住美元有管理的浮动汇率制度，在很长一段时间里人民币兑美元汇率的波动区间都较小，基本维持在8.3水平左右。自我国2005年7月汇率形成机制改革以来，国内经济高速增长，人民币汇率呈现阶段性稳步升值态势，到目前为止人民币兑美元已经累计升值接近21.5%。

当前国际贸易中常用的货币包括美元、欧元、日元、英镑、澳元、港币等，由于国际贸易中大多数商业合同采用上述主要外币定价，所以外币汇率的频繁剧烈变化往往对企业的国际贸易活动产生重大的影响。

一、汇率风险的概念

汇率风险是指在经济主体持有或运用外汇的经济活动中，因汇率变动而蒙受损失的可能性。具体到国际贸易中涉及的汇率风险，通常是指在约定以外币计价的交易过程中，由于结算时的汇率与签订合同时的汇率不同而遭受亏损的商业性风险，是外汇风险中最常见且最重要的风险。

举个例子，假定在2005年，我国的A公司与美国的B公司签订了一笔针织品出口合同，合同总价为100万美元，收款日为7月22日。按照发货时的美元汇率计算，A公司出口这批针织品收到的货款折合人民币约为827万元，减去国内采购成本817万元人民币，A公司可以获得利润10万元人民币，由于7月21日人民银行宣布并执行了新的汇率制度改革方案，使得人民币汇率在7月22日升值至USD/CNY=8.10元，结果A公司不但没有赢利反而亏损了7万元人民币。

二、汇率风险的成因

汇率风险是未结清的外汇债权债务在进行交割清算时，由于外汇市场汇率的不确定性而造成损失的风险。汇率风险由货币兑换和时间跨度两个因素构成。首先，不同的货币之间的兑换或者折算导致了汇率波动所引起的外汇风险。其次，汇率波动与一定的时间期限相对应，账款收付与最终清算的时间跨度越大，汇率大幅波动的可能性就越大，货币交易的风险也就越大。简言之，货币之间的兑换是产生汇率风险的首要条件，而时间跨度则是产生汇率风险的催化剂。

三、规避汇率风险方式

企业规避汇率风险可以从企业内部管理和使用金融工具避险两方面

第二章　国际贸易风险及其规避方式

着手。

(一) 企业内部管理汇率风险

1. 选择有利的计价货币

一般来说，企业在出口商品、劳务或对资产业务计价时，要尽量使用汇价相对稳定或经专业分析论证具备一定升值潜力的货币，在进口商品或对外负债业务计价时反向操作，这种方式要求企业对外汇市场的走势具有一定程度的分析和判断能力。也就是说，在进出口贸易合同订立之初，企业要尽量争取汇率波动较小的"硬通货"或者以本币作为计价货币。

2. 定价中考虑汇率波动因素

在核算交易成本的时候将计价货币汇率波动作为成本的一部分考虑进去，再对外报价或者还盘，这样的做法实际上就是把汇率风险转嫁给了贸易对手，在一定程度上可以减轻汇率风险带来的损失。

3. 选择合适的收付款时机

在进口合同中计价结算的外币汇率趋升时，进口商品尽可能提前付汇，若计价货币下浮，出口商应提前收汇。这样的做法在一定程度上可以减少汇率风险带来的损失，但同时也对企业的流动性和现金管理提出了挑战。

(二) 使用金融工具规避汇率风险

在企业从内部管理上进行风险控制的前提下，建议先实现内部现金流对冲，轧差部分采用商业银行提供的各种金融工具来进行风险规避。合适的汇率风险管理产品不仅可以帮助企业锁定成本、规避汇率风险，甚至还可以帮助企业在外汇交易上获得赢利。事实上在发达国家，外贸企业利用金融衍生工具进行保值增值操作是规避国际贸易中汇率风险最常用的方法。随着我国国际贸易规模的逐年扩大，国内企业在席卷全球的经济危机中蒙受了巨大的损失，也在动荡的外汇市场中吸取了经验和教训，对汇率风险也越来越重视。各家经营外汇业务的银行也纷纷推出自己的汇率金融产品，帮助企业减少贸易中产生的汇率风险损失，为企业的外汇资产保值增值。

第六节 外汇管理合规风险

企业在从事国际贸易时存在各类风险,本节重点介绍外汇管理合规风险。外汇管理合规风险和企业所在国家的外汇管理政策紧密相关,一般介绍国际贸易结算的书籍很少专门述及,这里我们将此类风险单独加以提示和介绍,以使企业对其有更多的了解,在从事国际贸易时才能更好地避免由此带来的不必要风险。

我国是外汇管制的国家,外汇局对国家的外汇收支、结售汇、买卖、借贷、转移以及国际结算、外汇汇率和外汇市场等实行管制措施。于2008年8月5日开始实施的新版《中华人民共和国外汇管理条例》[①] 是当前经济环境下对以前的外汇管理条例重新进行修订后颁布的,是企业从事国际贸易应遵循的最根本的外汇政策,该条例明确指出我国对经常性国际支付和转移不予限制,经常项目外汇收支应当具有真实、合法的交易基础;金融机构应当按照外汇管理规定,对交易单证的真实性及其与外汇收支的一致性进行合理审查;外汇管理机关有权对相关事项进行监督检查并进行相应的处罚;国家在国际收支出现问题时可以对国际收支采取必要的保障、控制等措施。

我国外汇监管伴随着经济的发展在不断地发展和变革,监管端口逐渐前移至银行,外汇管理逐步从直接管理转向间接管理,从主要进行事前审批转向主要依靠事后监督管理。监管手段日益完善,因此,企业在开展国际贸易业务时要充分认识到外汇管理的重要性,详细了解有关的各项外汇政策,只有这样,才能在业务经营中做到合法合规,为进出口业务的顺利发展保驾护航。

一、外汇管理合规风险

在我国境内涉及外汇收支或者从事外汇经营活动的企业均受我国外汇管理制度的制约。外汇管理政策随着经济形势的变化而调整,我们根据当

---

① 《中华人民共和国外汇管理条例》(中华人民共和国国务院令第532号)。

第二章　国际贸易风险及其规避方式

前基本的政策要点，归纳出如下企业需要关注的要点。

（一）外汇政策基本要点

1. 业务是否有合法真实的贸易背景

银行在办理结售汇业务中，必须严格按照规定审核有关凭证，审查它的合法真实性，防止资本项目下的外汇收支混入经常项目结售汇。

2. 企业是否有进出口经营权

我国的企业进出口经营权采取备案制，对于企业来说，应在国家允许的经营范围内从事进出口业务，自营或选择有经营权的企业代理进出口。

3. 企业是否在银行正确开立相应外汇账户

取得组织机构代码的企业可以到银行开立经常项目项下的外汇账户，且没有限额限制，如果企业有出口业务需要收取外汇，还须在银行开立出口收汇待核查账户。

4. 企业是否通过银行准确及时进行国际收支申报

企业（或称为申报主体）通过境内银行收到境外货款或向境外支付货款，应及时、准确、完整地进行国际收支统计申报。收到境外款项的申报主体，应在解付银行解付之日或结汇中转行结汇之日起五个工作日内办理该款项的申报；向境外支付款项的申报主体，应在提交"境外汇款申请书"或"对外付款/承兑通知书"的同时办理该款项的申报。

5. 企业是否及时办理进出口核销

目前，对进出口企业实行进出口业务核销是对货物贸易经营者的重要外汇管理手段。通过对贸易外汇资金流动的真实性及其与货物进出口的一致性实施监督管理，防范无贸易背景或违法资金通过货物贸易渠道非法出入。企业对贸易项下产生的收汇和付汇应及时按照规定要求进行货物报关后的核销。

6. 违反外汇管理规定的风险

《中华人民共和国外汇管理条例》第七章通过十三条的规定明确了外汇业务各有关当事人的法律责任。对违反外汇管理规定的，将根据违规情节的严重程度给予警告、罚款、停业整顿或吊销业务许可证；构成犯罪的，将依法追究其刑事责任。

7. 违规对生产经营的影响

如果企业因为违反外汇管理规定无法及时进行货款的结算，会使企业的进出口业务无法正常进行，从而影响企业的资金周转甚至是商业信誉。

（二）出口收汇外汇政策要点

1. 企业出口收汇的处理是否符合外汇管理规定

外汇局对企业出口收入的外汇有详细而具体的规定，企业出口如产生了外汇收入则可以按规定保留外汇或将外汇卖给银行以取得人民币收入。

2. 企业的出口收汇是否正确进行了国际收支申报

外汇局要求通过境内银行收到境外款项的企业进行国际收支统计申报，企业在出口收到外汇时应按要求及时、准确、完整地进行涉外收入申报。

3. 企业是否正确完成了出口收汇的核查和核销

企业出口收汇应先进入其出口收汇待核查账户，经银行在出口收结汇联网核查系统进行出口电子数据等联网核查后才能结汇或转入其经常项目外汇账户正常使用；同时企业在货物出口后，应当按规定及时向外汇局进行出口收汇核销报告。

4. 企业是否正确地在贸易信贷登记系统进行预收货款和延期收汇的登记

为进一步规范外债管理及准确取得相关统计数据，出口预收货款作为企业债务、出口延期收汇作为企业债权均以贸易信贷形式纳入外汇局外债管理系统进行统一管理，在有这两种贸易行为发生时，企业须事先在贸易信贷系统进行登记、经外汇局核准后，银行才能为企业办理相应的出口收汇结汇转汇业务。

（三）进口付汇外汇政策要点

1. 企业进口付汇的处理是否符合外汇管理规定

外汇局对企业进口支付外汇也有具体而详细的规定，企业进口如果需要外汇支出则可以按规定以自有外汇进行支付或从银行购汇支付。

2. 企业的进口付汇是否正确进行了国际收支申报

外汇局要求通过境内银行向境外支付款项的企业进行国际收支统计申报，企业在进口付汇时应按相关规定及时、准确、完整地进行对外付款申报。

3. 企业是否正确地进行了进口付汇核销

企业通过银行购汇或从外汇账户对外支付进口商品货款时应填写正确

第二章　国际贸易风险及其规避方式

的付汇凭证并办理核销手续，除货到汇款项下是在银行凭正本进口货物报关单办理付汇时视为已办妥了核销手续外，其他结算方式均须由企业直接到外汇局办理进口付汇核销手续。

4. 企业是否正确地在贸易信贷登记系统进行了预付货款和延期付汇的登记

为了进一步规范外债管理和准确取得相关统计数据，进口预付货款作为企业债权、进口延期付汇以企业债务均以贸易的信贷方式纳入了外汇局外债管理系统进行统一管理，在这两种贸易行为发生时，企业须事先在贸易信贷登记系统进行登记、经外汇局核准后，银行才能为企业办理相应的进口付汇业务。

二、如何合规经营

企业在从事国际贸易时如何避免违反外汇管理政策的风险呢？我们建议企业切实做好以下几点工作：

1. 加强外汇管理政策的学习，及时了解当前的外汇管理政策，不要有逃避外汇局政策监管的侥幸心理

随着我国外汇管理体制的发展，外汇局信息化监管手段日益完善，外汇局现有的与国际贸易有关的电子监管系统已有出口核报系统、进口核销系统、外汇账户管理信息系统、贸易信贷登记管理系统、外债统计监测系统、银行结售汇统计系统、国际收支申报系统、反洗钱信息系统等，这些外管系统使外汇监管更加"科学、合理、有效"。所以，企业要意识到逃避外汇法规的监管是不可能的，只有在充分理解外汇政策的基础上合理、合法地经营才能长远发展。

2. 企业应加强与外汇局、银行的沟通

外汇管理对企业在国际贸易结算均有具体详细的要求，因此，企业应与外汇局、银行加强沟通。尤其是一定要与银行紧密合作，因为直接办理外汇资金结算业务的银行作为外汇管理的第一线，可以起到桥梁的作用，企业在从事国际贸易业务时，应随时和银行交流，向银行咨询和了解外汇政策方面的要求，共同规避政策风险，守法合规经营，实现共创"双赢"。

3. 企业应积极配合外汇管理和银行管理的要求

在国际结算业务办理过程中，企业应积极配合外汇管理和银行的管理要求，使业务的处理符合外汇管理政策的要求，这才是节省时间、提高资

金结算效率的有效之道。

外汇局作为国家授权管理国家外汇的机构,掌握着国家的外汇经营,对国家的经济有着举足轻重的作用,所以,企业应熟知政策、遵守政策,积极配合外汇局政策的实施,这才是正确的经营之道。掌握我国外汇管理方面的知识及外汇政策管理的方向和手段,将对企业的国际贸易业务起到强有力的保障作用。[1]

---

[1] 国家外汇管理局网址:http://www.safe.gov.cn.

第三章
如果你需要出口

在货物出口的过程中，企业往往要经历以下几个环节：报价、订货、确定付款方式、备货、包装、通关、装船、运输以及账款回收，形成了企业出口业务的基本流程。为保障交易顺利完成，一方面，企业需要获得银行的金融支持，解决自身资金流；另一方面，企业需要专业的人员，对租船订舱、报验等工作进行最有效率的安排。

本章将商业银行提供的国际业务服务按照出口流程相应的环节进行了详细介绍，根据需要可按图索骥找到不同阶段相应的服务产品。

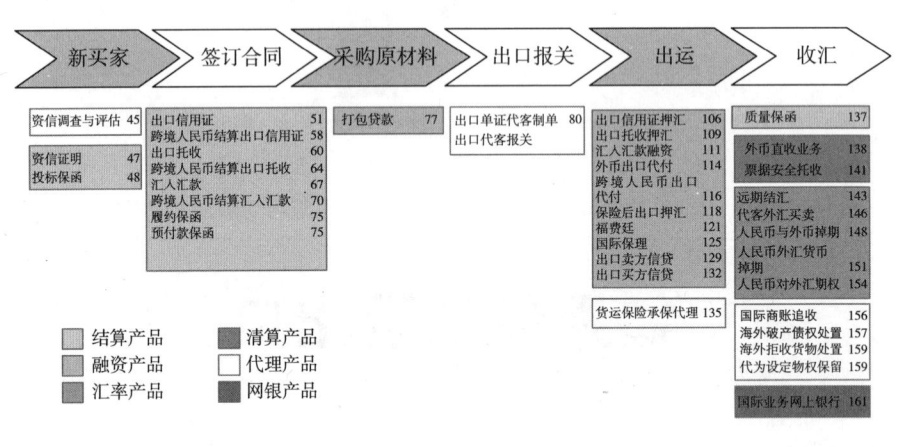

```
新买家 → 签订合同 → 采购原材料 → 出口报关 → 出运 → 收汇
```

资信调查与评估 45	出口信用证 51	打包贷款 77	出口单证代客制单 80	出口信用证押汇 106	质量保函 137
	跨境人民币结算出口信用证 58		出口代客报关	出口托收押汇 109	外币直收业务 138
资信证明 47	出口托收 60			汇入汇款融资 111	票据安全托收 141
投标保函 48	跨境人民币结算出口托收 64			外币出口代付 114	
	汇入汇款 67			跨境人民币出口代付 116	远期结汇 143
	跨境人民币结算汇入汇款 70			保险后出口押汇 118	代客外汇买卖 146
	履约保函 75			福费廷 121	人民币与外币掉期 148
	预付款保函 75			国际保理 125	人民币外汇货币掉期 151
				出口卖方信贷 129	人民币对外汇期权 154
				出口买方信贷 132	
					国际商账追收 156
				货运保险承保代理 135	海外破产债权处置 157
					海外拒收货物处置 159
					代为设定物权保留 159
					国际业务网上银行 161

■ 结算产品　■ 清算产品
■ 融资产品　□ 代理产品
■ 汇率产品　■ 网银产品

图 3-1　出口业务流程图

第一节　洽谈新客户阶段银行能做什么

在出口业务中，双方正式签署合作协议之前，出口商会与客户进行沟通和洽谈。在国际贸易实务中，由于买卖双方地位的不平等、双方首次合作等原因，出口商难免会对另一方的资信或合作诚意产生疑虑，影响到继续洽谈，给未来顺利开展业务带来不确定性。"资信调查与评估"、"资信证明"和"投标保函"等服务可以帮助企业把握业务机会，顺利实现交易。

第三章　如果你需要出口

一、资信调查与评估

资信调查与评估服务，在国外已有一百多年的历史，从 20 世纪 90 年代初进入中国，最开始是国家外经贸部接受全球最大的信用服务机构邓白氏（D&B）公司的委托开展中国内地企业的资信调查服务。近年来，随着我国经济的不断发展，一方面，贸易交往已经完全打破了地区和国境的局限，交易主体逐步多元化；另一方面，由于市场竞争的不断加剧，信用交易方式已经成为国内外贸易的主要交易手段。随着交易主体的多元化和信用方式的广泛采用，为企业的发展开辟了更为广阔的市场，但同时也对企业的信用风险管理提出了更高的要求，并由此引发对专业信用调查服务的强烈需求。

资信调查与评估报告是企业和金融机构在日常工作中用于了解交易对象信用状况的必备资料，是从事现代企业信用管理和风险控制的基础性工具之一。[①] 从某种程度来讲，一份专业、详尽的资信调查与评估报告在企业的业务拓展中可以起到至关重要的作用。

银行通过自身的专业代理机构，接受客户提出的查询申请后，以用户权限在线查阅或发送电子邮件向客户提供付费使用的信用报告。

（一）适用范围

（1）重大合作项目；
（2）寻求或选择投资机会；
（3）客户要求授信；
（4）老客户的资料超过一年；
（5）客户改变交易方式；
（6）与新客户进行第一次交易；
（7）客户的订单骤增或骤减。

（二）资信调查与评估的内容

标准的资信调查与评估报告一般应包括目标企业的企业概况、注册信

[①] 商务部网站：http：//www.mofcom.gov.cn

息（包括基本注册信息、股份结构及历史沿革等）、经营信息（包括主营业务信息、销售、采购及进出口信息等）、财务信息（包括财务报表、主要财务数据及财务指标等）、银行信息、诉讼信息、供应商评价、关联公司信息、公共信息、行业分析以及专业资信评估人员的综合分析等主要内容，并根据报告使用企业的具体情况及特殊需求给出相关的评估意见。

（三）资信调查与评估的作用

现今的商业社会竞争激烈，随着互联网的普及，商业往来更加快速、频繁。企业根据贸易伙伴的资信调查和评估结果，按风险程度决定是否接受客户提出的信用要求，并采取有效的风险规避和防范措施已是其贸易过程中不可缺少的步骤。越来越多的企业通过资信调查与评估提高营销能力和扩大销售范围。资信调查与评估的作用主要有以下几点。

1. 有助于企业分析和研究现有或潜在的交易对象

在商业交易中，由于地域、经济状况、语言文化等方面的差异，企业难以对异地的交易对象有一个清晰而完整的认识，或必须付出较高的人力与资金成本才能作出准确的判断。由专业的信用评估机构出具的资信调查报告不仅能够满足企业在信息上的需求，更能够使这种需求的满足建立在快捷、专业和低成本的基础之上。

2. 有助于调查和研究交易对象的信用状况

目前，国内信用体系有待进一步完善，企业往往难以直接获取交易对象的信用信息。专业的信用评估机构能够根据经营状况、财务数据等信息，结合同行业数据对比、银行信息、公共渠道信息等，对被调查企业的资信状况出具权威的资信调查报告。根据资信调查报告，就可以对交易对象在信用方面有一个全方位、真实客观的了解。

3. 有助于企业确定对交易对象的信用额度

企业在初步确定交易对象后，就进入了交易方式的制定阶段。近年来，信用交易的应用越来越广泛，在大多数行业，赊销已成为主要的结算方式。通过赊销可以帮助企业扩大销路、提高市场占有率。但是，不良赊销往往造成企业资金不足、周转困难，严重制约和威胁着企业的生产与发展。

信用评估机构可以通过专业化的信用调查最大限度地掌握被调查企业的信用信息，并将上述信息通过数据库和专业经验进行处理，给出授信建议，为企业提供一个客观的第三方参考意见。

第三章 如果你需要出口

4. 有助于企业了解行业信息

成熟的资信调查机构不仅拥有一批专业的资信评估人员,更有内容丰富的企业资信数据库,可以提供目标行业和相关行业的纵向对比,也可以作出同行业内企业的横向对比,从而帮助委托方及时掌握目标行业的最新信息和发展动向。

正是由于资信调查报告在以上几个方面的重要作用,产生于 19 世纪美国的资信调查服务,经过一百多年的发展,已经成为现代企业进行信用管理、保障交易安全、确保应收账款及时回收的重要工具之一。①

二、资信证明

资信证明是指由银行出具的,用来证明企业/个人资产、信用状况的各种文件和凭证。此类证明文件的核心通常是证明企业/个人拥有某项资产、债权或具有何种程度的经济实力、信用等级,或履约能力等。

(一) 适用范围

资信证明适用于各类企业、机构,或个人之间业务合作时,一方欲通过另一方所开户的银行了解其资信状况。

(二) 资信证明的特点

在实践中,随着"资信证明"在经济交往活动中的广泛应用,"资信证明"形成了以下三个鲜明的特点。

1. 应用广泛

资信证明在国内外经济交往活动中,尤其是在招投标活动中,有着广泛的应用。随着招投标业务在国内各类经济活动中的大力推广,参与主体日益增多,给招标人的招、投标管理工作增加了诸多的不确定性。为此,招标人为加强对投标人的了解,希望通过一种简单、有效的方式增进对投标人资信状况的调查,资信证明的应用就变得越来越普遍。

2. 可信度高

由于申请开立"资信证明"的企业/个人一般会在银行开有结算账户,

---

① 商务部网站:http://www.mofcom.gov.cn。

与开立资信证明的银行保持某种资金结算或借贷、融资关系等,银行可通过分析该企业/个人的履约记录,在其出具的"资信证明"上对该企业/个人的资信状况给出客观的评价,所以"资信证明"有着较高的可信度。

3. 形式多样、指向明确

以招投标活动为例,就投标人的信用等级、贷款余额、履约情况、存款余额或工商注册、开户信息等,招标人可能希望了解其中的一项或几项,甚至全部信息,银行可以根据投标人的申请,按照招标人的要求,在满足自身相关业务规定的前提下,为投标人出具相应的资信证明。

(三) 能够解决的问题

"资信证明"为资信调查方提供了一条简洁、高效、可信度高的信息了解途径,同时,"资信证明"也方便了资信被调查方按调查方的要求提供相应的证明文件。

(四) 业务流程

"资信证明"的操作流程较为简单,大致可分为以下四个步骤:

(1) 在银行申请开立结算账户,与银行保持长期的资金结算等业务合作关系。

(2) 在拿到招标文件,或接到投标邀请后,查看招标人是否要求提供资信证明文件以及要求证明哪些信息;或在项目的立项、审批等业务中,了解审批机构或其他有关当事方的相应要求。

(3) 根据上述第(2)条中招标人、审批机构或其他有关当事方的要求,向开户银行申请办理满足该要求的资信证明,并提供银行所需的相关资料。

(4) 银行开立资信证明。银行应申请人要求出具相应的资信证明,申请人从银行收取证明文件。

三、投标保函

投标保函是指在以投议标方式成交的工程建造或货物采购等交易中,银行应投标人的要求向招标人出具的,保证投标人在投标有效期内不撤标、不改标；在中标后，在规定期限内与招标人签订合同，或提交履约保函/保证金，如投标人违反以上条件，则由银行按照保函约定向招标人（即投标保函的"受益人"）赔付一定金额的款项作为补偿的书面承诺。保函金额一般为投标人报价总额的1%～5%，通常会有金额上限。

（一）适用范围

"投标保函"适用于所有公开招标、议标时，招标人允许投标人以投标保函形式缴纳投标保证金的情况。

（二）投标保函的特点

投标保函除了具有以银行信用替代商业信用等保函业务的一般特点外，就其作用和性质而言，还具有以下鲜明特点：

（1）担保标的明确。投标保函一般是保证投标人在投标有效期内，不撤标、不改标，在中标后，在规定期限内与招标人签订合同、提交招标人所要求的履约保函/保证金，以及向招标机构缴纳招标服务费等。

（2）担保期限稳定。投标保函的担保期限一般为招标文件规定的"投标有效期"，或在"投标有效期"后再增加若干天。

（3）生效及失效条件明确。"投标保函"通常于开标之日起生效，在投标人未中标，或投标人中标后按要求与招标人签订了合同、提交了履约保函/保证金，或在投标保函规定的到期日后即自动失效。

（三）解决的问题

（1）投标人可避免因缴纳现金保证金而引起的资金占用，从而提高资金的使用效率。

（2）对于招标人而言，可以在有效地维护自身利益的同时，还可以避免收取、退回现金保证金的烦琐工作，以提高工作效率。

（3）通过投标保函各条款的明确约定，合理维护招投标各方的正当权益。

（四）业务流程

投标保函的办理流程大致可分为以下四个步骤：

（1）在拿到招标文件或接到投标邀请后，查看招标人对投标截止日期、投标有效期、投标保证金形式等的相关要求，确认招标人是否要求提交由银行出具的投标保函。

（2）如果投标人要求提交由银行出具的投标保函，那么及时向开户银行递交办理保函所需的相关申请材料。

（3）若在开户银行没有保函业务的授信额度，一般需提供开户银行所认可的其他担保。

（4）银行开立投标保函。在银行完成审批、出具投标保函后，委托银行将投标保函送达招标人，或投标人从银行取得保函，与其他投标文件装订成册以后直接送达招标人。

（五）开出方式

就保函的开出方式而言，根据不同的划分标准，主要有信开或电开以及直开或转开。具体如下：

（1）按保函的传递方式不同，可分为信开保函和电开保函。前者是指担保银行出具经本行有权签字人签署，及/或加盖本行公章的纸质保函；后者是指担保银行通过 SWIFT 系统，或加押电传方式将保函文本发送给保函受益人的银行，由其通知保函受益人。

（2）按保函是否涉及反担保人，可分为直开保函和转开保函。前者是指担保银行直接向保函受益人出具以本行为担保人的保函；后者是指担保银行首先向保函受益人的银行出具经其认可的反担保函，进而，保函受益人的银行凭此反担保函向保函受益人直接出具以该银行为担保人的保函。

（六）案例

某招标公司发布了一份采购医疗设备的公开招标文件，招标文件规定：（1）投标的截止日期为 2009 年 8 月 15 日；（2）投标有效期为 90 天；（3）投标人应按招标文件所附格式，提交一份由银行出具的不可撤销的投标保函，保函的金额为投标报价的 5%，但最高不超过 80 万元人民币。

在正确解读招标文件的有关规定后，投标人一般应提前 5 个工作日向银行递交办理投标保函所需的相关材料，并按银行要求填写保函申请表，在填写时，须特别注意在保函申请表上正确表述保函的相关信息，如保函金额、生效日、失效日等。

第三章　如果你需要出口

第二节　签订合同阶段银行能做什么

外贸合同是进出口双方对交易达成一致意思表示的书面证明，支付方式是最为关键的内容之一。常用的国际贸易支付方式有三种：信用证、托收和汇款。此外，工程项下出口的合同中会采用保函方式，根据项目的进度开具不同类型的保函。随着跨境贸易人民币结算的开放，国际贸易结算币种增加了人民币，本节将对出口信用证、跨境人民币结算出口信用证、出口托收、跨境人民币结算出口托收、汇入汇款、跨境人民币结算汇入汇款、履约和预付款保函、质量保函作具体介绍。

一、出口信用证

在国际贸易中，进出口双方当事人由于身处不同国家，彼此之间互不了解，从而难以完全信任。作为进口商，希望能在收到货物后才付款，而出口商却愿意收到货款后才发货，仅仅依靠商业信用已不能解决这种矛盾，这就成为发展国际贸易的一大障碍。于是，银行信用开始介入，并与代表物权的货运单据相结合，产生了以单据买卖为对象、以银行信用为特征的跟单信用证制度，为国际贸易的顺利发展创造了有利条件。

UCP600关于信用证的定义为：信用证是指一项不可撤销的安排，无论其名称或描述如何，该项安排构成开证行对相符交单予以承付的确定承诺。简单地说，信用证是银行有条件的付款承诺；确切地说，是开证银行根据申请人的要求和指示、向受益人开立的、在一定时期内凭规定的符合信用证条款的单据，即期或在一个可以确定的将来日期承付一定金额的书面承诺。

信用证的类型分为：即期付款信用证，是指开证行或指定银行在收到相符单据后应立即付款的信用证；延期付款信用证，是指开证行或指定银行按信用证规定在收到相符单据若干天后再付款的信用证；承兑信用证，是指开证行指令指定银行在单据相符的情况下对汇票承兑并在到期日付款；议付信用证，是指开证行允许受益人向被指定银行或任何银行交单议付的信用证。UCP600第2条对于议付的解释是，指定银行在相符交单下，在其应获偿付的银行工作日当天或之前向受益人预付或同意预付款项,从而购买汇票及/或单据的行为。

信用证业务通常遵循的国际惯例:

(1) 跟单信用证统一惯例 (UCP600)

ICC UNIFORM CUSTOMS AND PRACTICE FOR DOCUMENTARY CREDITS (2007 REVISION)

(2) 关于审核跟单信用证项下单据的国际标准银行实务 (ISBP)

INTERNATIONAL STANDARD BANKING PRACTICE FOR THE EXAMINATION OF DOCUMENTS UNDER DOCUMENTARY CREDITS (2007 REVISION FOR UCP 600)

(3) 跟单信用证项下银行间偿付统一规则 (URR725)

ICC UNIFORM RULES FOR BANK-TO-BANK REIMBURSEMENTS UNDER DOCUMENTARY CREDITS (2008 REVISION)

(一) 信用证流程

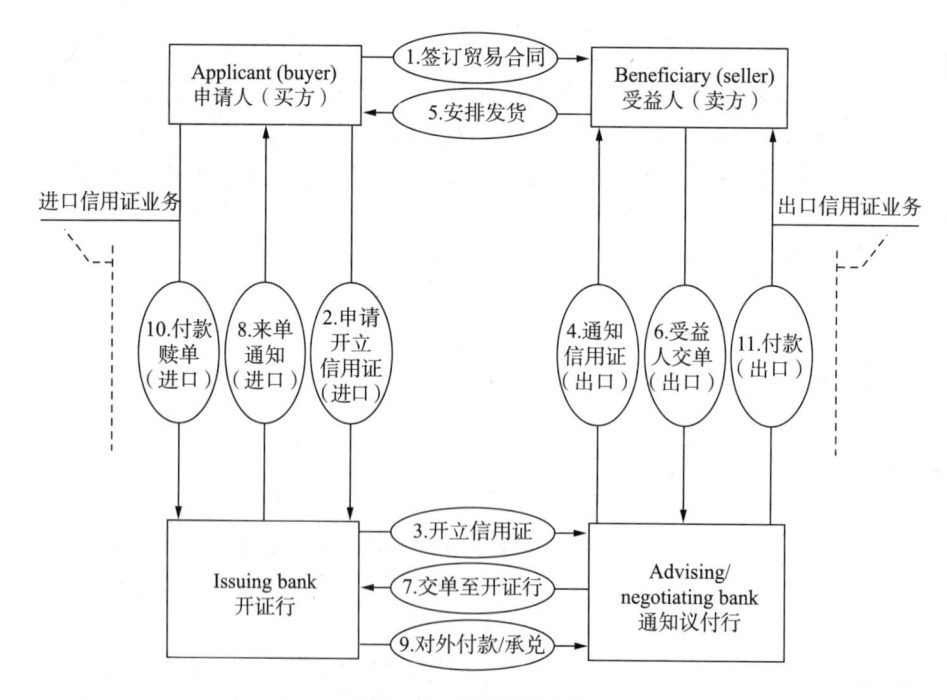

图 3-2　信用证流程图

第三章　如果你需要出口

（1）买卖双方签订贸易合同，并在合同中约定采用信用证方式结算。

（2）申请人（买方）依据贸易合同相关内容缮制开证申请书，并将开证申请书及其他相关资料提交开证行。

（3）开证行依据开证申请书对外开出信用证。

（4）通知行收到信用证通知受益人。

（5）受益人收到信用证后备货出运。

（6）受益人按信用证要求备齐全套单据交至议付行/交单行。

（7）议付行/交单行审单后将单据递交到开证行。

（8）开证行提示申请人单据到达。

（9）确认相符交单后，开证行对外付款/承兑。

（10）申请人付款，开证行将单据交与申请人。

（11）议付行/交单行将款项支付给受益人。

（二）适用企业

（1）买卖双方缺乏信任基础，需要借助银行信用。采用信用证结算，由银行出面担保，只要信用证受益人（一般情况下是出口企业，是接受信用证并享用其利益的一方）按信用证规定发货，交单即可收到货款，而买方又无须在卖方履行合同规定的交货义务前支付款项。

（2）买卖双方需要借助银行信用获得融资。对于进口企业而言，开证时只需缴纳部分押金或免交保证金，单据到达后才向开证行赎单付清货款，或申请叙做进口押汇。对于出口企业而言，在信用证项下货物装运后即可凭与信用证要求相符的单据向出口地银行申请叙做出口押汇。

（3）买卖双方所属行业习惯使用信用证结算。

（三）特点

1. 基于银行信用

与汇款、托收支付方式下付款依靠进口商信用不同，信用证基于银行信用，是开证行有条件的付款承诺。

2. 信用证是不可撤销的

UCP600 已明确规定信用证是一项不可撤销的安排，这就表明开证行一经开出信用证，未经受益人同意，不得随意修改或撤销。

3. 开证行承担第一性付款责任

信用证项下开证行承担第一性的付款责任，只要受益人相符交单，开证行必须履行其付款承诺，而不管开证申请人是否有付款的意愿或者能力。开证行以自己的信用作出付款保证，这种保证与一般担保业务不同。在一般的担保业务中，只有被担保人不履约时，担保人承担付款义务；而信用证业务中的开证行承担第一性付款义务，只要交单相符，开证行就必须付款，其付款不以申请人的付款为前提条件。

4. 信用证是一项独立文件，不依附于贸易合同

信用证的开立以买卖合同为基础，但信用证一经开出，就是一种独立完整的契约文件，并且是一种独立于买卖合同以外的约定。在信用证业务中，当事人只按信用证的规定办事，不受买卖合同的约束。UCP600 第 4 条明确指出："就其性质而言，信用证与可能作为其开立基础的销售合同或其他合同是相互独立的交易，即使信用证中含有对此类合同的任何援引，银行也与该合同无关，且不受其约束。因此，银行关于承付、议付或履行信用证项下其他义务的承诺，不受申请人基于其与开证行或与受益人之间的关系而产生的任何请求或抗辩的影响。"

5. 信用证处理的仅是单据

在信用证业务中，各有关方面处理的是单据，而不是和单据有关的货物、服务或其他行为。正如 UCP600 第 5 条指出："银行处理的是单据，而不是单据可能涉及的货物、服务或履约行为。"银行将严格按照信用证条款审核单据，确定是否单证相符、单单相符，以决定其是否履行付款责任。而对单据的形式、准确性和真实性等不负责任。

（四）能够解决的问题

跟单信用证的使用解决了国际贸易中预付和迟付的矛盾，进口商可以不必先将货款付给出口企业，出口企业也不必担心进口商收到货物不付款。信用证结算方式是由银行向出口企业提供付款保证的支付方式，前提是出口企业需要按照信用证的规定发货制单，凭与信用证条款和条件相符的单据向信用证指定银行提交单据，即可收到货款。跟单信用证同时作为融资工具，可以为进出口双方企业独立提供融资服务。

第三章　如果你需要出口

（五）银行办理出口信用证业务流程

在银行办理出口信用证业务的企业应是依法成立且具有进出口经营权的企业。

1. 出口信用证通知

首次作为通知银行通知信用证受益人或首次在银行办理出口信用证项下交单的企业须提供以下资料：

1）单位基本情况表，加盖公章。

2）企业法人营业执照复印件，并经工商行政管理部门年检，加盖公章。

3）中华人民共和国组织机构代码证复印件，加盖公章。

4）进出口企业资格证书/外商投资企业批准证书/对外贸易经营者备案登记表（三选一），加盖公章。

5）贷款卡正反面复印件，加盖公章（如有）。

2. 出口信用证项下交单

企业向银行办理出口交单时，一般须提供以下资料：

1）出口交单委托书。交单委托书应内容齐全、签章清楚。基本内容包括公司名称、结汇/转账账号、单据种类及份数、联系人等。

2）出口信用证正本及修改正本。

（六）注意问题

1. 选择资信良好的银行开立信用证

信用证是以银行信用为付款保证，以受益人相符交单为条件，出口企业能否收汇取决于开证行的银行信用；通过信用证的通知行查询开证行的资信十分重要。

2. 出口企业要谨慎缮制信用证项下出口单据，确保相符交单以顺利获得开证行的付款（或承兑）

（1）信用证真实有效性。信用证可以选用SWIFT[①]、电传、信函三种方式开立，由于SWIFT系统具有自动加解押的功能，所以通知行所收到的

---

① SWIFT，环球同业银行金融电讯协会。

SWIFT MT700/701 格式开立的信用证不需要再审核密押，电传及信函开立的信用证必须分别核实密押或印鉴。出口企业收到通知行通知的信用证后，一定要认真审核通知面函，确认是有效的正本文件。审核信用证有无类似"此证暂不生效，生效时另行通知"或"此证在受益人银行出具保函/受益人提供样品并得到开证申请人确认后生效"等条款。按照UCP600第9条，如果该信用证的表面真实性没有确定，通知行通知时必须提示给受益人。

（2）审核信用证与合同的关系。信用证与合同是两个独立文件，但信用证开立的基础是合同。出口公司在收到信用证后，要对信用证认真审核，如来证与合同条款不相符，应立即联系开证申请人要求其修改信用证。

（3）审核该证有无软条款存在。此类信用证的主动权掌握在开证申请人手中，如信用证条款中要求提交由申请人出具的质量检验证或装运时间由申请人另行通知等。

（4）注意信用证的三期，即船期、效期（以及效地）和交单期，保证及时装运并将单据在有效时间内交到指定银行。例如，信用证规定效地在国外，意味着受益人在信用证到期前应把单据递交到国外银行才符合要求，这对于受益人十分不利，应联系开证申请人改证，尽量将效地改至受益人所在国为宜。

（5）申请人、受益人的名称、地址是否正确。

（6）信用证金额、币种是否准确。

（7）货物名称、数量、质量标准是否符合合同规定。

（8）是否可分批装运、转运。

（9）费用条款：审核信用证相关费用由哪方负担，应与合同规定相一致。

（10）信用证规定的单据能否及时出具，尤其是一些由特定机构出具的单据能否及时办理。例如，SGS 检验证、须领使馆认证的单据，都需要一定的时间才可取得。

（11）信用证是否根据 UCP600 开立。受益人在确定了信用证可以操作，即可根据信用证规定的方式，在信用证的装期内备货发运。

3. 应在贸易合同中明确信用证的内容

出口企业应在贸易合同中明确规定信用证的内容。例如，开证行名称、信用证的种类、信用证的生效方式和效地（应尽量要求信用证的效地在受益人当地)、开证日期、信用证的交单期和单据名称、内容与份数等。

4. 防范远期收汇的风险

出口企业应密切关注进口商的信用风险情况,尽量采用即期信用证结算;如果不得不采用远期信用证时,应尽量缩短收汇期限,并通过与银行签订远期结汇合同或选择银行的贸易融资产品,如出口押汇或福费廷等避险工具锁定成本。

(七) 案例

中国 A 出口公司与新接洽的客户韩国 B 公司于 2009 年 4 月签订一出口合同。由于 A 公司缺乏对进口商的资信了解,担心进口商收到货物不付款,因此不愿采用电汇的结算方式;韩国 B 公司担心出口商的履约能力,也不同意将货款预先付给出口商。最终进出口双方达成一致,约定合同的付款方式为不可撤销远期承兑信用证,付款期限为提单日后 90 天,金额为 USD230 000。

A 公司收到信用证后于 7 月 15 日(信用证规定的装船期为 7 月 20 日)备货出运。运输方式是海运,即从上海运往韩国釜山。

7 月 17 日,A 公司备齐全套出口单据交 C 银行审核。C 银行审单后认为单据无不符点,即向开证行寄单索汇。

7 月 23 日,开证行收到 C 银行寄来的单据后,依据信用证审核单据,认为单证相符,即向开证申请人提示单据。

开证申请人接受单据,向开证行递交承兑委托书,要求开证行对外承兑,并取得单据。

7 月 27 日,开证行向 C 银行发送 MT799 报文,承兑于 10 月 13 日付款。

10 月 13 日,开证行按照 C 银行面函上的付款指示,将该笔信用证项下的货款汇至 C 银行账户,C 银行将款项划至 A 公司待核查账户。

采用信用证结算方式很好地解决了贸易双方互不信任的矛盾,在出口企业履行交货后,按信用证条款的规定向银行提交相符单据,即可保证出口企业的安全收汇;同时,信用证可以保证进口企业在支付货款或承兑到期日付款时即可取得代表货物的单据,并可通过信用证条款来控制出口企业按质、按量、按时交货。

二、跨境人民币结算出口信用证

跨境人民币出口信用证业务是指企业在出口货物贸易中以人民币计价并以信用证方式进行跨境对外结算，银行为企业提供出口项下人民币信用证来证通知及审单等服务。

（一）适用企业/范围

在出口贸易合同中以人民币计价并以信用证方式进行跨境对外结算的出口企业。

目前，全国所有省市的企业，经人民银行等相关部门审核批准后，均可以跨境人民币出口信用证方式进行款项结算。

首次办理跨境人民币业务的企业应当选择一家境内结算银行作为其跨境贸易人民币结算的主报告银行，向主报告行提交意向函；还须向其境内结算银行（通常为出口信用证通知银行或交单银行）提供企业名称、组织机构代码、海关编码、税务登记号及企业法定代表人、负责人身份证等信息。经人民银行审核批准后方可办理跨境人民币结算业务。

（二）业务优势

（1）节约企业成本。

人民币作为贸易结算币种，收款结汇无须兑换，可以帮助企业规避汇率风险，节约企业汇兑、结算和套期保值等方面的成本，在人民币对外币不断升值的背景下，以人民币对出口业务进行结算对于企业保证出口利润具有很大意义。对于跨境集团客户，使用人民币进行结算将使企业更灵活、高效管理集团资金，提高整个集团的资金使用效率。

（2）银行提供信用支持，可扩大贸易规模。

（3）银行负责单据流转和资金收付，安全方便。

（4）银行可提供配套人民币贸易融资，这样做扩大了融资渠道，解决了企业资金周转的难题。

（三）产品特点

（1）预收货款、延期收款不需录入贸易信贷登记管理系统。

第三章　如果你需要出口

（2）人民币计价、报关并使用人民币收付款的出口业务不需要核销。

（3）出口项下人民币收款不需进入企业出口收汇待核查账户。

（4）办理收款业务前，银行须登录人民银行"人民币跨境收付信息管理系统"，查询试点客户额度；须向人行报送人民币跨境收付信息。

（四）业务流程

对于首次开展跨境人民币结算业务的企业，承办银行须登录"人民币跨境收付信息管理系统（RCPMIS）"，帮助企业确认是否具有跨境人民币结算资质。进出口双方签订以人民币计价的进出口合同后，后续流程参照图3-3进行。

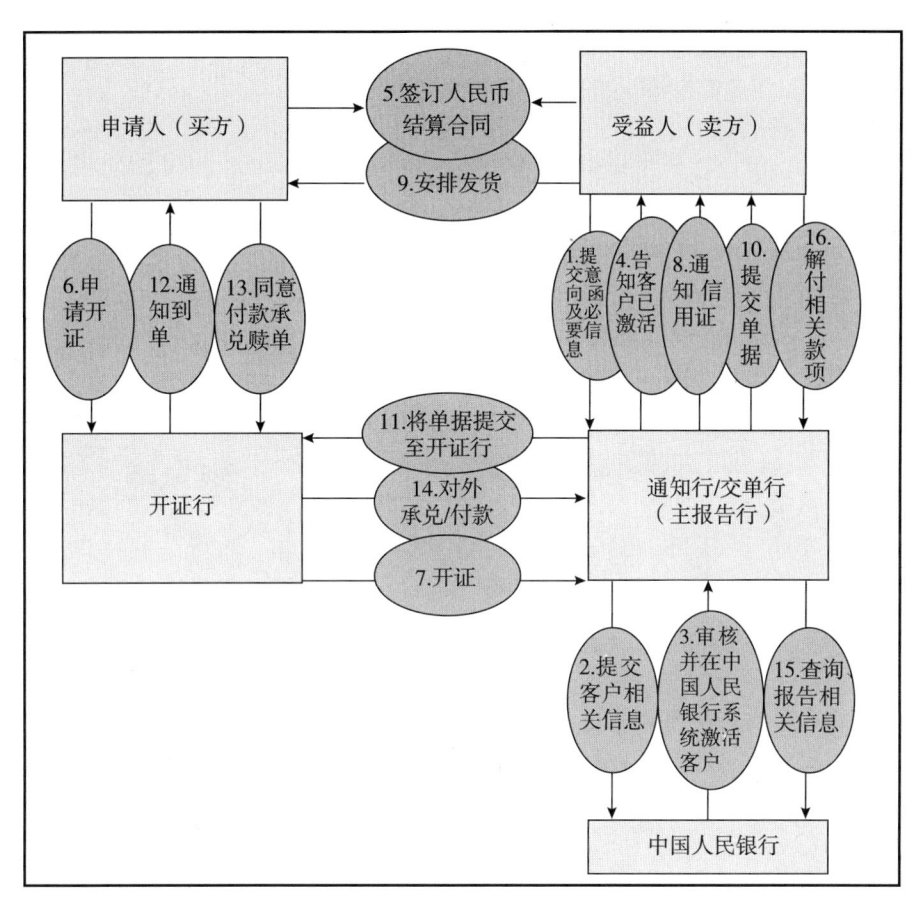

图3-3　跨境人民币结算出口信用证业务流程图

三、出口托收

托收是指出口商（或债权人）根据买卖合同先行发货，然后开立金融单据或商业单据或两者兼有，委托出口托收行通过其海外联行或代理行（进口代收行），向进口商（或债务人）收取货款或劳务费用的结算方式。

业务中的当事人：

（1）委托人，委托人是委托一家银行办理托收业务的当事人。他也是外贸合同中的出口商、卖方，汇票的出票人，提单的托运人。

委托人根据合同规定交付货物，向银行提交符合合同规定的单据。

（2）托收行，托收行是委托人委托办理托收的银行，通常是出口商当地的银行。它根据委托人的指示寄给代收行，为出口商收取货款。

（3）代收行，代收行是接受托收行的委托，参与办理托收业务的银行，通常是进口商的当地银行。

（4）付款人，付款人是根据托收指示被提示单据的一方，他是汇票的受票人，是外贸合同中的进口商、买方。

托收业务所遵循的国际惯例是国际商会第522号出版物（URC522）《托收统一规则》（ICC Uniform Rules for Collections，URC522）。

跟单托收按其交单方式分为：

（1）凭付款交单（DOCUMENTS AGAINST PAYMENT，D/P）：指代收行必须在进口商付清票款后，才将商业单据交给进口商的交单方式。

凭付款交单按照出口商开立汇票付款期限的不同，分为以下两类：

凭即期付款交单（D/P 或 D/P AT SIGHT），是指代收行提示跟单汇票给付款人要求其付款，而付款人见票即付后，代收行才交单给付款人的交单方式；

凭远期付款交单（D/P AT ××× DAYS AFTER SIGHT），是指代收行提示跟单汇票给付款人要求承兑，付款人承兑后由代收行保管全套商业单据，于到期日提示付款，付款人付款后取得单据。

（2）凭承兑交单（DOCUMENTS AGAINST ACCEPTANCE，D/A）：凭付款人对远期汇票的承兑而交出单据，指代收行在付款人承兑远期汇票后，把商业单据交给付款人，于汇票到期日由付款人付款的交单方式。

（一）托收业务流程

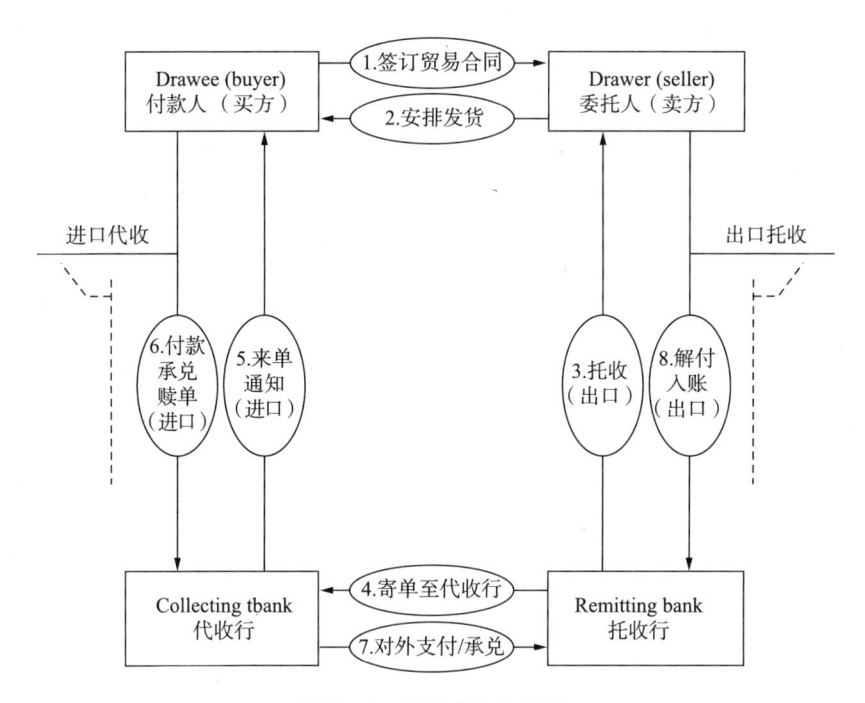

图 3-4　托收业务流程图

（1）买方和卖方签订销售合同，约定采用托收方式结算。
（2）委托人（卖方）根据合同规定安排发货。
（3）委托人将全套单据交到托收行，委托收款。
（4）托收行根据委托人指示将单据寄到代收行。
（5）代收行提示付款人单据到达。
（6）付款人付款/承兑后，代收行将全套单据交与付款人。
（7）代收行将款项支付给托收行，或向托收行发出付款人承兑通知，付款人到期付款后，将款项支付给托收行。
（8）托收行将收到的款项解付给委托人（卖方）。

（二）适用企业

（1）出口商与进口商长期合作，并且进口商履约记录良好；应了解出口货物货价趋势以及进口国的贸易和外汇管制法令、海关规定等；

（2）为避免风险，出口商最好在国外拥有机构或代理人，以便在出口货物遭受拒付时，可由国外机构或代理人代办货物的存仓、保险、转售或运回等手续。

（三）特点

1. 对出口商而言比货到付款方式安全

在跟单托收时，由于是付款或承兑交单，对于出口商来说，无须在货到付款时面临钱货两空的风险。而对于进口商来说，托收要比预付货款更为安全。

2. 收款依靠商业信用

托收方式是否付款完全由进口商决定，与信用证结算方式相比，银行没有信用参与，只是提供结算服务。

3. 手续简单，费用较低

与信用证结算方式相比较，托收方式手续相对简便，费用较低，出口商制单要求低于信用证项下对出口单据的要求。

（四）能够解决的问题

相比货到付款方式而言，跟单托收（如采用 D/P 付款交单）把交易变成一手交钱一手交货的形式，大大降低了交易的风险。但托收仍然是依靠委托人与付款人之间的商业信用来完成偿债关系，与信用证结算方式比较，缺少了银行信用的保证。对于各有关银行而言，只是提供服务，并未作出收妥款项的保证。跟单托收只是部分解决了国际贸易中预付和迟付的矛盾。托收可否顺利收妥，一是要看收款人提供的商业单据是否能被付款人所接受，二是要看付款人的资信。

（五）银行出口托收业务流程

1. 首次在银行办理出口托收项下交单

须提供以下资料：

1）单位基本情况表，加盖公章；

2）企业法人营业执照复印件，并经工商行政管理部门年检，加盖公章；

3) 中华人民共和国组织机构代码证复印件，加盖公章；

4) 进出口企业资格证书/外商投资企业批准证书/对外贸易经营者备案登记表（三选一），加盖公章；

5) 贷款卡正反面复印件，加盖公章（如有）。

2. 出口托收项下交单

企业向银行办理出口托收交单时，一般须提供出口交单委托书。交单委托书内容应齐全、签章清楚。基本内容包括公司名称、代收行名称、地址、跟单托收的交单方式、结汇/转账账号、单据种类及份数、联系人等。

（六）注意问题

（1）银行不参与信用风险，决定是否赎单付款完全由进口商选择，属于商业信用；采用托收方式，出口商必须对买方资信做全面的调查，防止发生卖方钱货两空的局面。

（2）出口商可能承担以下风险：发货后进口地的货价下跌进口商不愿意付款；因政治经济原因，进口国家改变进口政策，进口商未领到进口许可证，或者申请不到所需外汇，不能付款；进口商倒闭破产而无力支付货款。

（3）出口商所交货物必须与合同规定一致，单据必须与合同一致，避免遭受拒付。

（4）未经银行事先同意，货物不应直接发往银行的地址或以银行为收货人或凭银行指示。如货物直接发至银行或者以银行为收货人或凭银行指示，并要求银行凭付款或承兑或其他条件向付款人交付货物，而未事先征得该银行的同意，该银行没有提货的义务，货物的风险和责任由发货人承担。

（5）D/P远期付款方式理论上对出口商有利，但因无相关规则进行约束，各国银行实务做法各不相同，因此不建议使用。

（七）案例

中国C出口公司与英国D公司于2009年5月签订一份出口合同，合同金额为GBP650 000。由于C公司缺乏对进口商的资信了解，因此不同意采用先发货后收款的电汇结算方式；英国D公司担心出口商的履约能力，也不同意先将货款预付给出口商，最终进出口双方约定合同的付款方式为凭即期付款交单（DOCUMENTS AGAINST PAYMENT, D/P AT SIGHT）。

出口企业C公司按合同要求于7月26日备货出运，运输方式为海运，从大连运往英国利物浦。

C公司出具托收申请书，连同商业汇票和商业单据（含全套海运单据）委托出口地托收行A银行代其收取出口货款。

A银行接受委托，转委托英国一进口代收行（此代收行为进口商D公司的开户银行）办理进口代收，同时将商业汇票和商业单据及托收委托面函快邮寄至代收行；进口代收行按照托收行指示，将商业汇票和商业单据提示给进口商D公司；D公司审核单据无误，即向进口代收行付款赎单；进口代收行将款项按托收行托收指示汇至托收行。

托收行A银行将收妥款项划至委托人C公司待核查账户。

采用托收结算方式较好地解决了贸易双方互不信任的矛盾，相比货到付款方式而言，跟单托收（如采用D/P付款交单）把交易变成"一手交钱，一手交货"的形式，大大降低了交易的风险。

四、跨境人民币结算出口托收

跨境人民币结算出口托收是指用人民币进行结算的出口托收业务。托收行收到客户交来的人民币托收单据（和汇票）后，根据客户的指示将单据寄往国外代收行，国外代收行凭付款人的付款或承兑放单，并最终完成人民币对外支付。

（一）适用企业/范围

在出口贸易合同中以人民币计价，并以信用证方式进行跨境对外结算的出口企业。

目前，全国所有省市的企业，经中国人民银行等相关部门审核批准后，均可以跨境人民币出口信用证方式进行款项结算。

首次办理跨境人民币业务的企业应当选择一家境内结算银行作为其跨境贸易人民币结算的主报告银行，向主报告行提交意向函；还须向其境内结算银行（通常为代收银行）提供企业名称、组织机构代码、海关编码、税务登记号及企业法定代表人、负责人身份证等信息。经中国人民银行审

第三章　如果你需要出口

核批准后方可办理跨境人民币结算业务。

（二）产品特点

（1）预收货款、延期收款不需录入贸易信贷登记管理系统。
（2）人民币计价、报关并使用人民币收付款的出口业务不需要核销。
（3）出口项下人民币收款不需进入企业出口收汇待核查账户。
（4）办理收款业务前，承办银行须登录中国人民银行"人民币跨境收付信息管理系统"，查询试点客户额度，须向中国人民银行报送人民币跨境收付信息。

（三）解决问题

相对于以外币计价的出口托收结算，人民币作为贸易结算币种，收款结汇无须兑换，这样做可以帮助企业规避汇率风险，节约企业汇兑、结算和套期保值等方面的成本，在人民币对外币升值的背景下，以人民币结算开展出口业务对于企业保证出口利润具有很大意义。对于跨境集团客户，使用人民币进行结算将使企业更灵活、高效管理集团资金，提高整个集团的资金使用效率。

（四）注意问题

（1）企业出口后210天未收回货款的业务须向主报告行报告。
（2）企业计划将出口后的人民币收入存放境外，须经主报告行向中国人民银行备案。
（3）以人民币结算的出口贸易可享退免税政策。
（4）业务不纳入核销管理，需要进行国际收支申报。
（5）对于预收人民币资金超过合同金额25%的，试点企业应当向其境内结算银行提供相应的贸易合同原件及复印件，同时及时书面通知其境内结算银行实际报关时间，或调整后的预计报关时间。
（6）来料加工贸易项下出口收取人民币资金超过30%的，境内结算银行应通知企业自收款日起10个工作日内补交以下文件：
①企业超比例情况说明；
②出口报关单（正本审核，复印留存）；
③加工贸易合同或商务部门核准件（正本审核，复印留存）。

（五）业务流程

首次开展跨境人民币结算业务的企业，承办银行须登录"人民币跨境收付信息管理系统（RCPMIS）"，帮助企业确认是否具有跨境人民币结算资质。进出口双方签订以人民币计价的进出口合同后，后续流程参照图3-5进行。

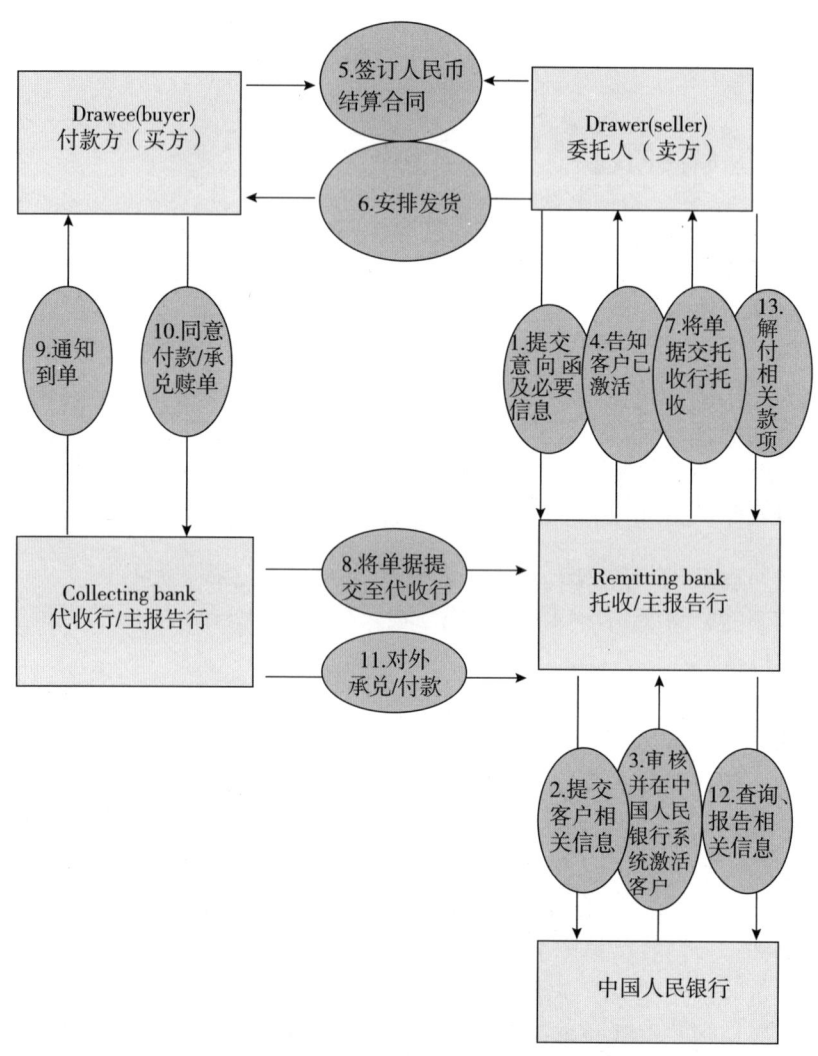

图3-5 跨境人民币结算出口托收流程图

五、汇入汇款

如果国内出口企业与国外进口商在购销合同中约定以汇款方式进行结算（包括预付货款、货到付款以及尾款的结算），这时就需要银行提供汇入汇款服务。

国外进口商按合同约定，委托其汇款银行将款项汇给指定的收款人（出口企业），款项通过银行间的资金清算路径到达国内收款银行，收款银行确认后将款项解付给指定的收款人（出口企业），并按国家外汇管理有关规定出具相应收汇/结汇水单并办理涉外收入间接申报。

汇款分为电汇、票汇和信汇，目前，大多采用电汇方式汇款，通过SWFIT系统进行资金清算。

（一）适用企业

（1）企业对资金周转速度或财务费用控制有较高要求。
（2）与进口商长期合作，并且进口商履约记录良好。
（3）跨国公司的母子公司或不同子公司之间的贸易资金结算。

（二）汇入汇款结算方式的特点

1. 安全、快捷

通过SWFIT系统进行资金清算，安全可靠且速度快，有利于出口商及时收汇，加快资金周转速度。

2. 手续简单，费用较低

与信用证、托收结算方式相比较，汇入汇款结算手续简便，简单易行且费用较低。

3. 基于商业信用，出口商的风险较大，资金负担不平衡

对于预付货款项下的买方和货到付款项下的卖方来说，资金负担较重，整个交易过程中所需的资金，几乎全部由其提供。

汇款结算依靠进口商的商业信用，没有银行信用作保障，支付风险加大。

汇款、托收、信用证支付方式的比较如表 3-1 所示。

表3-1 汇款、托收、信用证支付方式的比较

结算方式		手续	费用	出口商的风险大小	进口商的风险大小	资金负担
汇款	预付货款	简单	低	最大	最小	不平衡
	货到付款			最小	最大	
托收		稍多	稍高	中	中	不平衡
信用证		最多	最高	小	大	较平衡

（三）汇入汇款业务流程

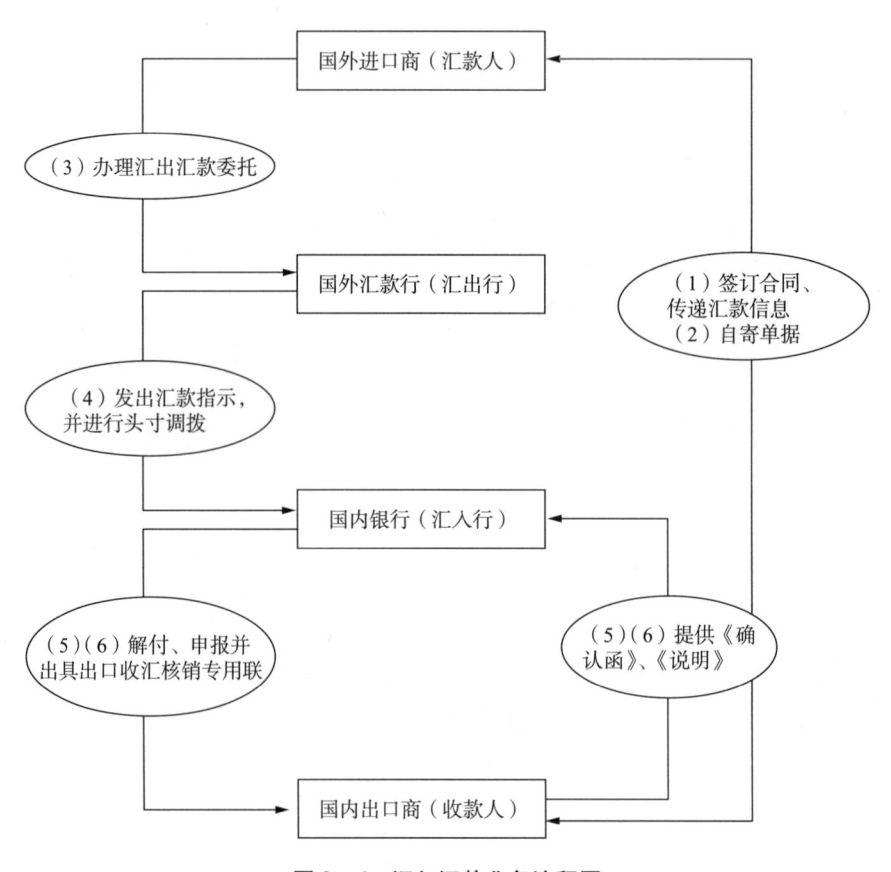

图3-6 汇入汇款业务流程图

第三章　如果你需要出口

（1）买卖双方签订购销合同，约定以汇款作为结算方式；出口商将汇款信息（包括收款银行境外账户行信息、出口商银行全称及 SWIFT 代码、出口商在出口商银行开立的账户、账号等）通知进口商。

（2）出口企业将货物发往进口国，并将发票、全套货运单据等直接寄给进口商。

（3）进口商委托其结算银行将款项汇给出口商。

（4）进口商银行向出口商银行发出 SWIFT 电文，并进行头寸调拨。

（5）出口商银行审核收款报文及出口企业提供的"入待核查账户 TT 项下收汇款项性质确认函"（以下简称"确认函"），审核无误后，将出口款项转入企业待核查账户，同时进行国际收支申报。

（6）出口商银行审核出口企业提供的"出口收汇说明"（以下简称"说明"），收汇款项通过出口收结汇并通过联网核查后，银行将款项结汇或原币划入出口企业经常项下账户，并出具出口收汇核销专用联。

（四）注意问题

1. 慎重选择贸易伙伴

由于在汇款结算中出口商能否收汇取决于进口商的信用，所以出口商在寻找贸易伙伴和贸易机会时一定要慎重，尽可能通过正式途径来接触和了解客户。在签订合同前，设法委托有关咨询机构对客户进行资信调查，尽量选择长期合作且履约记录良好的进口商，新的合作伙伴从信用证结算开始做起，再逐渐向汇款方式过渡。

2. 汇款路径的选择

企业可参照以下收款路径指示卡样例，将收款信息提供给进口商：

```
              收款路径指示卡样例
Account Bank：JPMORGAN CHASE BANK N. A. NEW YORK
SWIFT Code：CHASUS33
Receiver's Bank：China CITIC Bank H. O. General Banking, Beijing, China
SWIFT Code：CIBKCNBJ100
A/C No：711××-×-××-×××-××××××-××
Receiver's Name：ABC COMPANY LTD.
Address and Telephone：_____
```

向进口商建议，尽量选择以下方法"拉直"汇款路线，以减少款项的在途时间及费用，具体如下：

1）优先使用收款行境外账户行作为付款银行；

2）选用与收款行拥有同一家账户行的银行作为汇款银行。

3. 防范远期收汇的风险

出口商应密切关注进口商的信用风险情况，尽量缩短收汇期限；如果不得不采用较长账期，应尽量通过与银行签订远期结汇合同或选择汇入汇款融资产品锁定成本，规避汇率风险。若人民币存在升值预期，则应争取利用预付款保函增加预付款比例。另外，还可利用质量保函代替尾款，争取提早全额收汇。在实际业务中，保函的格式可咨询银行专业人员。

4. 网上核销须注意的问题

出口企业应及时办理货物报关手续并及时登录国家外汇管理局网上服务平台进行预收货款登记，以免企业可收汇额不足，影响收汇资金正常使用。

5. 出口收汇核销

出口企业应及时将出口收汇核销单编号通知银行（可在"确认函"中标注），以便及时取得出口收汇核销专用联；按时进行涉外收入及核销信息申报，以便收汇信息及时到达外汇局，便于企业办理出口收汇核销及退税手续。

六、跨境人民币结算汇入汇款

（一）适用企业

出口货物贸易人民币结算实行试点企业管理制度，只有在试点企业名单中的企业才可以在出口货物贸易中采用人民币结算。但不涉及退税的企业可以自行决定是否采用人民币结算。

出口试点企业的选取：出口地区的省（自治区、直辖市）、计划单列市人民政府负责协调当地有关部门推荐跨境贸易人民币结算的试点企业，然后由中国人民银行会同财政部、商务部、海关总署、税务总局、银监会等有关部门进行审核，选择国际结算业务经验丰富，遵守财税、商务、海关和外汇管理各项规定，资信良好的企业参加试点。试点企业须如实注册、真实出资并在所在省市具有实际的营业场所，遵守跨境贸易人民币结算的各项具体规定。

（二）业务特点

（1）跨境贸易人民币结算不纳入外汇核销管理，即跨境贸易人民币的收款不用像外币收款一样进行核销。

（2）出口收汇无须待核查，可享受出口退税，且退税与收款同时进行，与外币计价进出口一样可异地报关。

（3）出口项下人民币收款不需进入企业出口收汇待核查账户。

（4）预收货款、延期收款不需录入贸易信贷登记管理系统。

（5）企业需要在中国人民银行"人民币跨境收付信息管理系统"激活。

（6）须向人民银行报送人民币跨境收付信息。

（三）跨境贸易人民币结算与外币结算的不同

人民币跨境业务重在便利企业，因此，在外币结算的基础上，流程更加简便，并不复杂也无特别要求。企业办理该业务的流程与外币结算基本一致，但主要有三个不同点和两个新增处。

（1）不同：

1）海关支持人民币报关，部分地区海关还针对采用跨境贸易人民币结算的货物优先通关；

2）税务部门支持人民币出口退税；

3）无须外汇核销单，无待核查账户。

（2）新增：

1）企业首次办理业务前须选定主报告银行，并填写企业信息登记表；

2）企业办理业务时须填写收付款说明。

（四）跨境贸易人民币结算流程图

（1）汇入汇款项下，银行在收到境外汇款时要求企业提交跨境贸易人民币结算出口收款说明及相关单据。

（2）银行根据跨境贸易人民币结算出口收款说明，区分已报关和未报关。

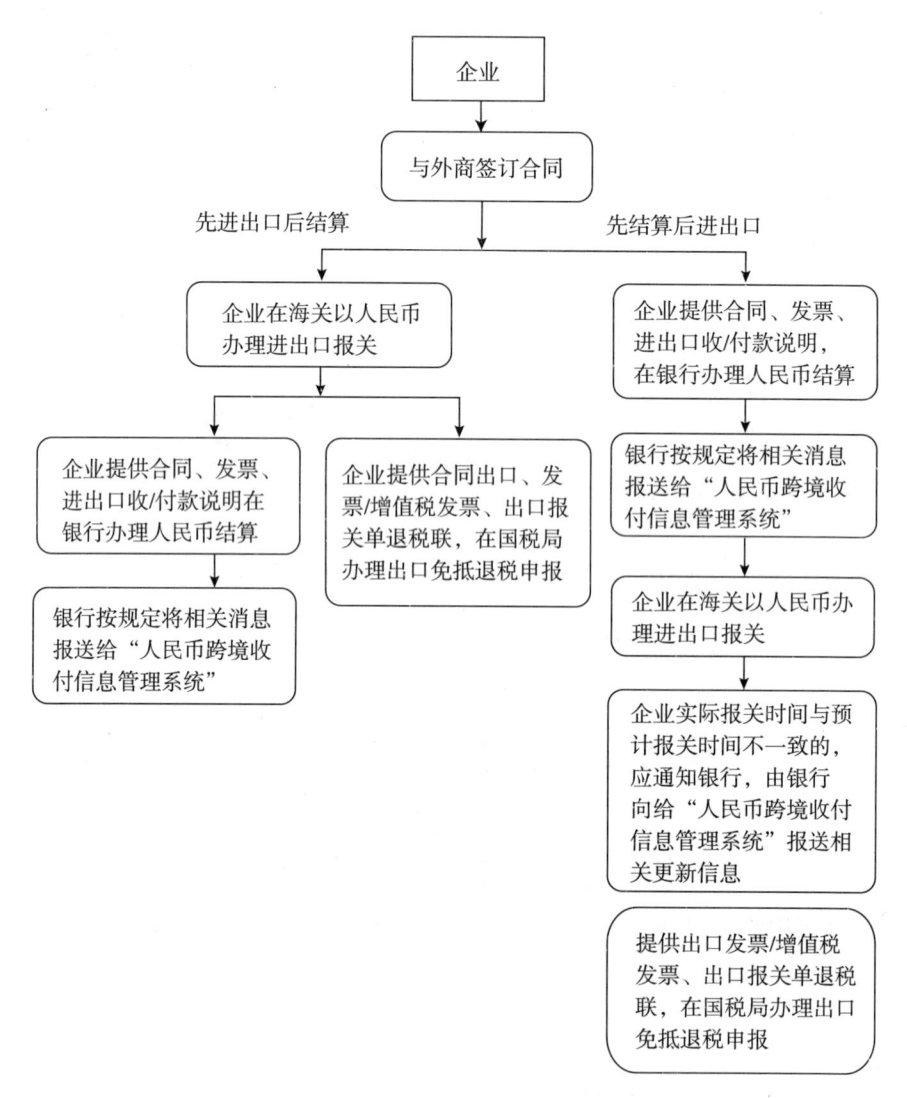

```
                        ┌──────────┐
                        │   企业   │
                        └────┬─────┘
                             │
                      ┌──────┴───────┐
                      │ 与外商签订合同 │
                      └──────┬───────┘
         先进出口后结算          先结算后进出口
```

图 3-7 跨境贸易人民币结算流程图

　　(3) 若已报关,登录中国人民银行"人民币跨境收付信息管理系统",查询企业收款金额是否在出口报关额度内。

　　(4) 若未报关,作为预收货款。待客户正式报关后,要求在 210 天内补报"人民币跨境收付信息管理系统"。

　　(5) 银行进行账务处理和国际收支申报。

　　(6) 银行人员登录中国人民银行"人民币跨境收付信息管理前置系统

（RCFE）"录入相关业务信息，生成相关数据文件，并登录"人民币跨境收付信息管理系统（RCPMIS）"，按照中国人民银行要求报送相关收付款信息。

（五）企业需注意的问题

1. 跨境贸易人民币结算项下人民币出口报关无须使用出口收汇核销单

试点企业出口货物以人民币申报时无须提供出口收汇核销单，试点企业跨地区以人民币申报出口货物也无须提供出口收汇核销单。

2. 国际收支统计申报

收到跨境贸易人民币款项时，试点企业应当填写"涉外收入申报单"并于5个工作日内办理申报。

3. 出口核销

跨境贸易人民币结算不纳入外汇核销管理，试点企业无须办理出口收汇核销手续。

4. 出口退税

使用人民币结算的出口贸易，按照有关规定享受出口货物退（免）税政策。试点企业在办理以人民币结算的跨境贸易报关和出口货物退（免）税时不需提供外汇核销单。

注意问题：

要确认受托企业是否为跨境贸易人民币结算试点企业，受托企业是否为网上核销企业，对应的业务是否采用人民币结算。同时，需要与当地主管税务机关沟通，确认对应的出口退税业务无法提供纸质外汇核销单是否可以正常办理出口退税，或需要提供何种资料才可以办理出口退税业务，确保出口退税业务可以正常办理。

5. 试点企业超过出口报关日期210天仍未收到人民币货款的应当办理以下手续

到货物出口后210天时仍未将人民币货款收回境内的，试点企业应当在5个工作日内向其结算银行填报"企业出口延期收款及存放境外申报备案表"，向中国人民银行报告该笔货物的未收回货款金额及对应的出口报关单号等情况，并提交书面情况说明和相关未收款证明材料。

七、履约保函和预付款保函

履约保函是银行根据出口商的委托向进口商开立的保证出口商履行合

同项下义务的书面保证文件，金额一般为合同价格的5%~10%。

预付款保函是银行根据出口商委托向进口商开立的，用于保证合同项下预付款专款专用的书面保证文件。一般情况下，进出口双方在签订合同时，进口商会预先支付给出口商一笔预付款作为出口商履行合同义务的启动资金。为了保证出口商能够按照合同规定的用途合理使用预付款，进口商往往要求出口商提交一份银行预付款保函作为保证。预付款保函的金额常与进口商支付的预付款金额相等，具体金额依据进出口双方签订的合同条款规定，一般为合同价格的10%~30%。

（一）履约保函和预付款保函的开立前提

（1）具有真实的合同背景。

（2）合同中约定了开立履约和预付款的相关条件。

（3）符合国家相关政策法规，特别是《境内机构对外担保管理办法》（以下简称《办法》）、《境内机构对外担保管理办法实施细则》（以下简称《实施细则》）的规定。其中需要特别注意以下几个条款：

①担保人不得为经营亏损企业提供对外担保。（《办法》第7条）

②担保人为外商投资企业（不含外商独资企业）提供对外担保，应坚持共担风险、共享利润的原则，同时被担保人的对外借款投向须符合国家产业政策，未经批准不得将对外借款兑换成人民币使用。担保人不得为外商投资企业注册资本提供担保。除外商投资企业外，担保人不得为外商投资企业中的外方投资部分的对外债务提供担保。（《办法》第8条）

③被担保人为境外机构的，应当符合下列条件：

◆ 被担保人为境外贸易型企业的，其净资产与总资产的比率原则上不得低于10%；被担保人为境外非贸易型企业的，其净资产与总资产的比率原则上不得低于15%。（《实施细则》第17条）

◆ 被担保人不得是亏损企业。

④担保人提供对外担保后，应当到所在地的外汇局办理担保登记手续。（《办法》第14条）

（二）履约保函和预付款保函的主要作用

履约保函和预付款保函对于合同双方都起着重要作用。对于出口商，它能够提供信用的升级和提前收取合同款的便利包括：一方面，银行保函解决了合同双方相互不信任的问题，使信息不对称的合同双方之间的跨国、跨地区交易成为可能；另一方面，预付款保函为出口商提供了提前收取合同款的便利。

对于进口商，它是保障自身权益和见索即付的清偿手段：当出口商违约时，进口商可持银行保函中规定的单据到保函开出行提出赔付要求，得到保函担保金额内的赔付款，起到了一经要求、立即支付的清偿功能。

（三）履约保函和预付款保函的主要特点

1. 履约保函

（1）期限相对较长。履约保函期限一般覆盖合同的执行期间（供货期间），某些履约保函期限还要覆盖合同的质量保证期。

（2）风险相对较高。履约保函的担保期限一般长于或等于合同的执行期间，担保范围为出口商对合同义务的忠实履行。一般情况下，合同的执行期间尤其是合同接近执行完毕的时候难免出现合同双方发生纠纷或争议的情况，因此履约保函的索赔风险相比投标、质量等其他保函种类的风险要高一些。

2. 预付款保函

（1）生效条件特殊。由于预付款保函是出口商向进口商开立的用以收取合同项下预付款为目的的书面保证文件，因此其生效条件常常可以设定为"This guarantee will take into effect when the exporter receives the advance payment under the contract"或"本保函自出口商收到合同项下全部货款之日起生效"。

（2）通常含有减额条款。一般情况预付款保函的金额是根据出口商执行合同的进度按比例递减的，因此，出口商和担保银行在预付款保函项下的责任和义务是相应递减的。常见的减额条款如下：

"This letter of guarantee shall become effective as soon as the Exporter receives the advance payment and shall be automatically reduced by ××% of the invoice value of each shipment without any confirmation from you"或"本保函自出口商收到全额预付款之日起生效，并且将随每次装运发票价值的百分之×××自动递减"。

(四) 常用的国际惯例

1. The Uniform Rules for Demand Guarantee（见索即付保函统一规则）(ICC 出版物编号 458，简称 URDG458)

国际商会于 1991 年通过其辖属的惯例委员会和银行技术与惯例委员会代表组成的联合工作组起草、制定了国际担保业务统一规则，即 URDG458。该规则一经问世，就受到国际金融界和贸易界的重视，认为这一规则不仅与业务实践要求相吻合，而且对实际业务具有现实指导意义，具有实用性和可行性。该规则承认了保函的独立性，URDG458 中规定见索即付保函在索赔时不必提供任何的佐证文件，担保银行在为出口商开立履约和预付款保函时，常常引用此规则。

2. International Standby Practice（国际备用证惯例）(ICC 出版物编号 590，简称 ISP98)

20 世纪末，随着备用信用证业务的不断蓬勃发展，国际商会为备用信用证颁布了统一规则，作为其第 590 号出版物进行出版，并于 1999 年 1 月 1 日正式生效。ISP98 是在 URDG458 等国际惯例的基础上，结合备用信用证的特点制定出来的，反映了备用信用证一般可接受的实务惯例与做法。它的公布实施使备用信用证有了自己单独的规则，统一了国际上对备用信用证的认识与操作，填补了备用信用证在国际规范方面的空白。

由于银行保函与备用信用证有很多相似之处，因此境外的独立性履约保函和预付款保函也可适用该规则。

3. 见索即付保函统一规则修订稿（URDG758）

见索即付保函统一规则修订稿（URDG758）是对 URDG458 的更新。国际商会（ICC）参考了来自各个国家 ICC 委员会的意见，URDG758 陆续修改了五稿，时间持续有两年多。2009 年 11 月，ICC 在布鲁塞尔国际商会会议最后通过了 URDG758 终稿（Final Draft），预计在 2010 年 7 月正式实施。

(五) 案例

中国某成套设备出口商 A（总包商）与中东地区某国 B（业主）就日产 10 000 吨水泥生产线签订了 1.45 亿美元的总承包合同，合同价的 15% 业主以现金转账方式支付，85% 根据合同进展以信用证方式支付。在合同

第三章 如果你需要出口

中，B要求A提供合同金额10%的履约保函作为合同生效的先决条件，提供15%的预付款保函作为业主支付等额预付款的前提。A向银行（A的开户银行）提交了履约保函和预付款保函的申请材料。经审查A提交的申请材料银行认为贸易背景真实，符合我国外管政策的相关规定，项目风险可控且投保了出口信用险，保函金额、期限、条款设定合理，于是为其出具了履约银行保函以及预付款银行保函。A收到了相等金额的预付款，合同得以顺利执行。

第三节 采购原材料阶段银行能做什么

国际货物买卖交易中，出口商的基本合同义务就是向进口商交付符合合同规定的货物。待双方合同签订后，出口商需要立即备货，此时采购原材料的资金需求明显，产生相应的融资需求。

本节将围绕出口打包贷款这一产品，详细介绍它对出口企业"装船前"融资服务的功能和特性。

打包贷款

打包贷款是基于真实出口贸易背景且限定贷款用途的一种短期融资。主要用于出口企业在货物出运前，组织商品生产和流通的过程中，出现临时性资金短缺的情况下，银行向其提供的一种贷款。根据结算方式不同，一般分为信用证项下打包贷款和非信用证项下打包贷款。信用证项下打包贷款是指出口商收到境外银行开来的有效信用证后，将信用证正本交给融资银行申请短期贸易融资。非信用证项下打包贷款是指以托收、汇款结算时，银行依据出口商提交的有效外贸合同为贷款依据，向出口商提供短期融资。

（一）适用企业

企业签订出口合同后，需要在国内采购原材料或者产成品，国内供应商没有给予账期，或者企业自身缺少购买资金，在出运前向银行申请打包贷款，用于国内采购。

（二）特点

1. 装船前融资

打包贷款融资的时间点不同于出口押汇，企业签订外销合同后，在出口货物装船前，支付国内采购原材料款出现周转困难，向银行申请打包贷款。出口押汇是货物装船后，企业将单据交付银行申请融资，以实现提前收汇。

2. 存在真实的贸易背景

不同于一般流动资金贷款，打包贷款基于真实的贸易背景，银行向出口企业发放贷款仅限于出口贸易的生产和流通环节。

3. 适合多种结算方式

打包贷款适用于多种结算方式，无论是信用证，还是托收和汇款，一般都可以到银行办理打包贷款。

（三）能够解决的问题

出口企业直接向银行申请流动资金贷款有时不是很容易，如果基于一笔真实的贸易，以出口收汇为贷款的还款来源，相对容易获得银行的融资，用以解决国内采购资金占用较大的问题。

（四）业务流程

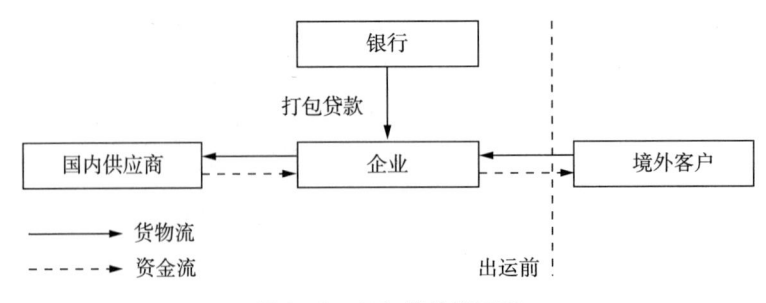

图3-8 打包贷款关系图

（1）出口企业与外商签订销售合同（外销合同）。
（2）出口企业与国内供应商签订购买合同（内贸合同）。

（3）出口企业向银行申请打包贷款额度，落实相应的担保条件。

（4）银行审核同意后，出口企业填写申请书，信用证方式下提交国外银行开来的信用证和外销合同，非信用证方式提交外销合同。

（5）银行审核信用证和外销合同后，与出口企业签订打包贷款合同，发放贷款。打包贷款币种可以是人民币或外币。信用证方式下贷款期限一般为信用证规定的付款日期后 30 天，非信用证方式下为外销合同收汇日后 30 天。一般打包贷款期限不得超过 180 天。

（6）出口收汇后，银行扣除相应本金和利息后，余款按外管政策规定原币或结汇划入出口企业账户中。

（五）注意问题

在非信用证方式下，融资银行要求其为唯一收汇行。企业应注意，在打包贷款期间，如果修改信用证或者外销合同，需要征得融资银行的同意，因为打包贷款是基于这笔贸易而发放的贷款，贸易信息的改动可能会影响贷款的安全性。

（六）案例

一家生产精细化工的企业，经营思路灵活，产品具有一定的技术含量。外商通过网络找到该企业，询问是否可以提供一种相关产品。该企业经过分析，认为只要稍微改动一点工艺流程，就可以满足外商的要求，但是需要寻找不同的原材料。经过与新的国内供应商询价，该企业通过计算成本后，决定接下该笔订单。寄送小样后，外商很满意产品质量和该企业的效率，决定批量购买，并同意以信用证方式付款。但是，国内供应商要求先付款后出货。该企业抱着试试看的心态，向银行申请打包贷款。银行先审核了该公司的经营情况，认为该公司小而精，管理规范，产品具有一定优势，同时该笔贸易以信用证结算，同意给予该企业发放打包贷款，用于向国内供应商采购原材料。该企业获得融资后，及时备货生产，按时交货出运。随着外商逐步扩大采购量，该企业同意以赊销方式结算，扩大了销售额，同时由于增大了国内供应商原材料采购量，国内供应商也逐渐接受了先货后款的赊销方式。该企业利用了一笔打包贷款，形成了良性的贸易循环，扩大了市场份额，提高了对卖家的议价能力。

第四节 报关阶段银行能做什么

国际贸易中货物的流通与买卖在结算中通过单据的流通与买卖来体现，因此单据在国际贸易结算中具有极为重要的地位。在企业根据信用证或合同备好货物进行出口报关阶段，需要准备各种单据。一方面，要满足出口通关需要；另一方面，要满足信用证或合同要求以便买方提货和卖方顺利收回出口货款。代客制单就是在以信用证或托收方式结算的出口业务中，银行为服务客户，以自身专业优势，按照客户的委托代客缮制由出口商出具的部分单据。比如，发票、箱单、受益人证明等。解决企业因缺少制单经验带来的"单证不符"、"单单不符"的后果，帮助企业减少因此产生的相关损失。

出口单证代客制单

（一）适用企业

一些大型进出口企业往往有自己的单证部门专门从事制单，但一些中小企业因缺少制单经验或者制单人员不足，制单质量欠佳，交单到银行被提示单据不符点后多次修改，浪费了大量时间，由于信用证有交单期的限制，来不及修改往往造成不符点出单被国外拒付，造成费用损失甚至不能及时收汇。如果委托银行代为制单，利用银行的经验和资源优势就可以有效避免以上不利局面，达到为出口企业提高效率、节约成本、保证单据准确性的目的。

（二）特点

提高单据质量——由从事单证工作多年，经验丰富的银行国际信用证专家，依据国际惯例、信用证条款和商务合同以及公司的委托书缮制单据，达到"单单一致"、"单证一致"，实现安全、及时足额收汇。

第三章　如果你需要出口

（三）业务流程

（1）出口企业将信用证正本、商务合同、装运情况以及制单委托书递交银行。

（2）银行信用证专家将根据企业的申请，依据国际惯例、信用证条款和商务合同严格制单。

（3）单据制作完毕后，银行将代制单据反馈给企业，企业对单据内容审核后予以确认。

（4）经企业确认后，银行将代客制作的单据与其他信用证要求的单据一起寄往国外待收汇。

（四）注意问题

银行代客制单仅限于出口企业自制的单据，如发票、箱单、受益人证明等，对于提单、保险单、检疫证等第三方机构出具的单据，银行不能代制。另外，企业的各种交易千差万别，不同行业、不同商品的制单往往有自己特别的具体要求，有时在信用证中并未注明，为了方便买卖双方顺利交易，企业提交给银行的制单委托书务必明确详尽，避免遗漏造成损失。

（五）单证项下相关单据介绍

在商品交易中，卖方在货物出运后为了向买方收取货款，向买方提供的各种单据统称为装运单据（Shipping Documents）。根据单据性质，可把主要装运单据划分为：

（1）商业发票

（2）运输单据

1）海运提单（Ocean Bill of Lading）。

2）不可流通的海运单（Sea Waybill）。

3）租船合约提单（Charter Party Bill of Lading）。

4）多式运输单据（Multimodal Transport Document）。

5）航空运单（Air Waybill）。

6）公路、铁路运单或内河运输单据（Road、Rail or Inland Water Way Transport Documents）。

7）专递及邮政收据（Courier and Post Receipt）。

（3）保险单据

（4）原产地证明

（5）包装单据

以下就上述各种单据作具体介绍。

1. 商业发票

（1）商业发票的概念和作用

商业发票（Commercial Invoice）简称发票，是出口商向进口商开立的发货价目清单，是装运货物的总说明，也是出口商向进口商计收货款清算账目的单据。对于进口商而言，商业发票是进货的记账凭证，也是凭以办理进口报关、纳税手续的重要文件。发票是全套单据的中心。发票的主要作用是供进口商凭以收货、支付货款和进出口商记账、报关纳税的凭据。在不用汇票的情况下（如付款信用证、即期付款交单），发票代替汇票作为付款的依据。

（2）发票的主要内容和掌握要点

国际贸易中所使用的发票，一般无统一格式，但通常应包括以下主要内容：

1）名称。根据 ISBP681 的规定[①]，信用证要求出具"发票"（invoice），则提交任何形式的发票均可以接受，如商业发票（commercial invoice）、海关发票（customs invoice）、税务发票（tax invoice）、最终发票（final invoice）、领事发票（consular invoice）。但是临时发票（provisional invoice）、预开发票（pro-forma invoice）或类似的发票则不可以接受。当信用证要求提交商业发票时，标为"发票"的单据是可以接受的。

2）出具人。根据 UCP600 的规定，商业发票必须由信用证的受益人出具，除非可转让信用证的特殊情况，即第二受益人可以出具发票，显示成以第一受益人为抬头，如果第一受益人未能更换单据，开证行仍有责任接受第二受益人的单据。

3）买方，也称发票的抬头。UCP600 规定，发票必须出具成以申请人为抬头。需要注意的是：当受益人和申请人的地址出现在任何规定的单据中时，无须与信用证或其他规定单据中所载的相同，但必须与信用证中规定的相应地址同在一国。联络细节（如传真、电话、电子邮件及类似细节）作为受益人和申请人地址的一部分时将被不予理会。

---

① ISBP681：关于审核跟单信用证项下单据的国际标准银行实务（国际商会出版物 681 号）。

4）发票号。是指出票企业按顺序自行编排的号码。

5）发票日期。通常被理解为发票签发的日期。根据 UCP600 规定，如无相反的规定，银行可以接受出单日早于信用证开证日的单据。根据 ISBP681，除非信用证要求，发票无须标注日期。

6）金额。根据 ISBP681，发票必须表明装运货物的价值。发票中显示的单价（如果有）和币种必须与信用证中的一致。

7）发票上注明的运输工具及船名、装运港、目的港等应与提单和信用证的规定相符。

8）货物描述。原则上要符合信用证中"货物描述"栏位的内容要求。发票中的货物描述必须与信用证中的一致，但并不要求如镜像般一致。例如，货物细节可以在发票中的若干处显示，合并在一起与信用证一致即可。

9）贸易术语。无论它在信用证内被写进货物描述还是显示在别处，它必须在商业发票中注明，而且如果货物描述提供了贸易术语的出处，则发票必须表明该出处。如信用证条款规定"CIF Singapore Incoterms 2000"，那么发票做成"CIF Singapore Incoterms"即没有满足信用证的要求。

10）签署。除非信用证要求提供经过签字的发票（如 signed invoice），否则发票无须签字。

2. 运输单据

（1）海运提单

1）单据定义及功能

海运提单（Bill of Lading，B/L）是货物的承运人或其代理人收到货物后或货物装船后签发给托运人的证明，证明双方已订立了运输合同，允诺将货物运至指定的目的地并按提单所载明的条件交付收货人。

海运提单的作用主要包括：

◆ 提单是承运人或其代理人签发的货物收据（receipt for the goods），证明承运人已按提单所列内容收到货物。

◆ 提单是一种货物所有权的凭证（documents of title）。提单的合法持有人凭提单可在目的港向轮船公司提取货物，也可在载货船舶到达目的港之前，通过转让提单而转移货物所有权或凭以向银行办理抵押贷款。

◆ 提单是托运人与承运人之间所订立的运输契约证明（evidence of contract of carriage），是承运人与托运人处理双方在运输中的权利和义务问题的主要依据。另外，提单还可作为收取运费的证明，在运输过程中起到

ABC公司
ABC CORPORATION BEIJING CHINA

发票
INVOICE

Invoice No.
Sold to Messrs: Date:
Marks:

SHIPPING MARK:	
	L/C No.:
	Port(Station) of Destination:
	Port(Station) of Dispatch:

货号 ART. No.	品名及规格 COMMODITY AND SPECIFICATION	数量 QUANTITY	单价及价格条款 UNIT PRICE & TERMS	金额 AMOUNT

Total Value:

REMARKS:

办理货物的装卸、发运和交付等方面的作用。

2）海运提单的关系人

①承运人（carrier）

承运人（carrier）是负责运输货物的当事人，他与托运人订立运输合约，承担履行运输合同的责任，有时被称为船方或船公司。信用证要求的提单必须表明承运人名称。

②托运人（shipper）

托运人（shipper）也称货方，他与承运人订立运输合约。

③收货人（consignee）

收货人（consignee），是提单的抬头人，收货人有在目的港凭提单向承运人要求提货的权利。

④被通知人（notify party）

被通知人（notify party）是收货人的代理人，不是提单的当事人。空白抬头提单注明被通知人，便于承运人在货到目的港时，通知办理报关提货手续。

3）海运提单的背书转让

按收货人的不同表示方法，海运提单可分为不可流通和可流通两种形式。

①不可流通形式提单

指记名抬头人提单，在提单的收货人栏位指定了特定的收货人，只能由特定的收货人提货，不可转让流通。

②可流通形式提单

可流通提单按收货人抬头不同可分为来人抬头提单和指示抬头提单。

◆ 来人抬头提单

来人抬头提单是指提单上不列明收货人名称，其收货人栏内填写"to bearer"。这种提单不需要任何背书、手续即可转让或提取货物。承运人交付货物只凭单，不凭人，谁持有提单，谁就可以提货。这种提单风险极大，如果丢失或被窃转入恶意的第三者手中时，极易引起纠纷，因此，在实际业务中这种提单很少见。

◆ 指示抬头提单

其表示方法又分为以下两种：

A. 托运人指示提单：在收货人栏内填写"指示（to order）"字样，又称为空白抬头提单，由托运人背书后将货权转让。

B. 记名指示人提单：收货人栏内填写"某某指示（to order of ...）"，根据指示方不同分为凭托运人（shipper）的指示、凭议付行指示或凭开证行指示等，分别须托运人、收货人或进口商银行背书后方可转让或提货。

指示抬头提单一经背书即可转让，意味着背书人确认该提单的所有权转让。指示提单背书有空白背书（blank endorsement）和记名背书（special endorsement）两种：空白背书是由提单转让人在提单背面签上背书人单位名称及负责人签章，但不注明被背书人的名称，这种提单流通性强，采用较普遍；记名背书除同空白背书须由背书人签章外，还要注明被背书人的名称。如被背书人再进行转让，必须再加背书。

4）提单从不同角度分类

①根据货物是否已装船分类

已装船提单（on board B/L），是指承运人已将货物装上指定的船只后签发的提单。这种提单的特点是提单上面有载货船舶名称和装货日期。

备运提单（received for shipment B/L），是指承运人收到托运人的货物待装船间，签发给托运人的提单。这种提单上面没有具体装船日期。在国际贸易中，一般都必须是已装船提单。根据UCP600规定，在信用证无特殊规定的情况下，要求卖方必须提供已装船提单，银行接受备运提单的前提是在该提单上加注"已装船"批注。

②根据提单表面针对货物状况有无不良批注分类

清洁提单（clean B/L），是指货物装船时，表面状况良好，承运人在签发提单时未加任何货损、包装不良等批注的提单。

不清洁提单（unclean B/L or foul B/L），是指承运人收到货物之后，在提单上加注了货物外表状况不良或货物存在缺陷或包装破损的提单。例如，在提单上批注："铁条松失"、"包装不固"、"×件损坏"等。但须说明的是，并不是所有经批注的提单即为不清洁提单。以下三种内容的批注不能视为不清洁：第一，没有说明货物或包装不能令人满意，只是批注"旧包装"、"旧箱"、"旧桶"等；第二，强调承运人对于货物或包装性质所引起的风险不负责任；第三，否认承运人知悉货物内容、重量、容积、质量或技术规格。这三项内容已被大多数国家和船运组织所接受。在使用信用证支付方式时，开证银行通常要求提交清洁提单。

③按提单内容的繁简分类

全式提单（long form B/L），它是指通常应用的，既有正面内容又有在提单背面列有承运人和托运人的权利、义务等详细条款的提单。

简式提单（short form B/L），它是仅保留全式提单正面的必要项目，例如，船名、货名、标志、件数、重量或体积、装运港、目的港、托运人名称等记载，而略去提单背面承运条款的提单。

5）审核提单应注意的要点（提单正面的内容）

①托运人（shipper）

一般为信用证的受益人，根据UCP600规定，受益人之外的一方作为托运人也可以接受。

②收货人（consignee）

如要求记名提单，则可填上具体的收货公司或收货人名称；如属指示提单，则填为"指示"（order）或"凭指示"（to order）；如需在提单上列明指示人，则可根据不同要求，做成"凭托运人指示"（to order of shipper）、"凭收货人指示"（to order of consignee）或"凭××银行指示"（to order of ×× bank）。

③被通知人（notify party）

这是船公司在货物到达目的港时发送到货通知的收件人，有时即为进口商。在信用证项下的提单，如信用证上对提单被通知人有具体规定时，则必须严格按信用证要求填写。根据ISBP681规定，如果信用证未规定到货被通知人，则提单中的相关栏位可以空白，或以任何方式填写。但需要注意的是，如果是空白指示提单或托运人指示提单此栏空白未填，船方就无法与收货人联系，收货人也就不能及时报关提货。

④提单号码（B/L No.）

一般列在提单右上角，以便于查核。发货人向收货人发送装船通知（shipment advice）时，通常也要列明船名和提单号码。

⑤船名（name of vessel）

应填列货物所装的船名及航次。

⑥装货港（port of loading）和卸货港（port of discharge）

应填列实际装船港和货物实际卸下的港口名称。经某港转运，要显示"via ××"字样。根据 ISBP681 规定，需要注意的是，如果信用证规定了装货港或卸货港的地理范围（如"任一欧洲港口"），则提单必须表明实际的装货港或卸货港，而且该港口必须位于信用证规定的地理区域或范围之内。

⑦货名（description of goods）

提单上的货物描述可使用与信用证中的描述不矛盾的货物统称。

⑧件数和包装种类（number and kind of packages）

要按实际包装情况填列。

⑨毛重，尺码（gross weight，measurement）

通常以公斤为单位列出货物的毛重，以立方米列出货物体积。

⑩运费和费用（freight and charges）

一般为预付或到付，如果信用证要求提单注明运费已付（freight prepaid）或到目的地支付（freight to collect），则提单必须有相应标注。

⑪提单的签发

根据 UCP600 规定，提单必须由承运人或船长或其代理人签发，并应明确表明签发人身份。一般表示方法有："as carrier：×××，as master"或"as agent for the carrier：×××"等。注意：承运人的具体名称必须标明，但船长的名字不必标明。

⑫提单必须标明出具的正本份数

一般为三份正本，其中一份正本完成提货任务后，其余各份失效。

⑬提单签发日期和装运日期

如果提交的是预先印就了"已装船"字样的提单，提单的签发日期即视为装运日，如果提单没有预先印就"已装船"字样，则提单必须单独批注一个带有日期的"已装船"批注，此时，该装船批注的日期即视为装运日。

⑭提单的装船批注

根据ISBP681规定,"已装运表面状况良好"、"已载于船"、"清洁已装船"或其他包含"已装运"("shipped")或"已装在船上"("on board")之类用语的措辞与"已装运于船"("shipped on board")具有同样效力。

⑮转运

根据UCP600规定,提单项下转运系指在信用证规定的从装货港到卸货港之间的运输过程中,将货物从一船卸下并再装上另一船的行为。只要表明货物由集装箱、拖车或子船运输,即使信用证禁止转运,注明将要或可能发生转运的提单,银行也可以接受。

(2) 不可流通的海运单

1) 单据定义及功能

不可流通转让的海运单(Non-Negotiable Sea Waybill)是承运人收到托运人交来的货物而签发给托运人的收据。

在海洋运输使用的运输单据中,提单一直占有主要地位,它作为物权凭证,只有出示了正本方能提货。随着航运技术不断发展,尤其是近洋运输中,在实务中常常出现货物已到港而提单尚在银行审核或邮递途中,使进口商不能及时提货,并可能被收取滞港罚金,造成经济损失。海运单的出现弥补了提单的这一不足,进口商作为记名收货人可以不凭海运单而在船方验证其身份后直接提货。

海运单的基本作用如下:

◆ 承运人收到由其照管的货物收据。

◆ 运输合约的证明。

2) 不可流通转让海运单的特点

①不是物权凭证,不能背书转让。

②收货人可以不需提示该单据即可提货。

③海运单条件下,银行不能取得货物控制权。

④海运单除单据上写明的收货人提货外,他人不能提货。

3) 海运单的内容及注意事项

①制单方面,此部分内容与提单的内容及注意事项基本相同。

②使用海运单对买卖双方都有风险,对于卖方而言,使用海运单丧失了对货物物权的控制;对于买方而言,持有海运单也不能保证拿到货物,因为卖方作为发货人有权利不出示正本海运单就指示船方更改收货人。买卖双方在彼此资信情况十分了解的情况下才可使用海运单交易。

③信用证没有要求不可流通转让海运单时,银行不接受不可流通转让海运单。

(3) 租船合约提单

1) 单据定义

国际贸易中不同类型的货物对运输有着不同的需要,为了合理运用船舶的运载能力,目前,国际上普遍采用班轮运输和租船运输两大类远洋船舶营运方式。班轮运输属于定期船运输范畴,船舶按照规定的时间,在固定的航线上,以既定的靠港顺序,从事航线上各港间的货物运输,运价定期公布。班轮运输主要用于较小批量杂货的运输,如五金、纺织品、食品、工艺品、服装等一般货物。这些货物一般不足整船,甚至不足整箱,不得不与他人的货物同船甚至拼箱运输。班轮运输之下船方出具的是一般的海运提单。租船运输属于不定期船运输。船舶运行没有固定的船期、航线、停靠港口,船舶出租人和承租人双方签订特定的租船合同,安排具体运输事宜。运费或租金由双方根据市场行情在租船合同中约定。主要从事大宗货物的运输,如谷物、石油、矿石、煤炭、木材等,这类货物一般都是整船装运。租船合约提单(Charter Party B/L)就是指在租船运输业务中,在货物装船后由船长或船东根据租船合同签发的提单。当提单内容和条款与租船契约有冲突时,以租船契约为准。

2) 租船合约提单的特点

租船合约提单是货物收讫的证明,但它不是独立的文件,不是完整的运输合同,租船合约提单表面一般都注明:"to be used with charter party"或"all terms and conditions as per charter party"。租船合约提单上印就的运输合约条款和条件必须受租船合约的制约,凡与租船合约不一致或抵触者都是无效的。租船合约提单本身没有完整体现相关货物运输的权利和义务及责任,它能否作为物权凭证流通转让完全受租船合约条款的制约,而租船合约本身条款非常复杂,租船运输中发生海事欺诈的风险比较大,因此出口业务如果采用信用证方式结算,而信用证规定可接受租船合约提单,银行才能接受租船合约提单。

3) 关于租船合约提单的内容要点

①根据UCP600规定,即使信用证要求提交与租船合约提单有关的租船合约,银行对该租船合约不予以审核,但将予以照转而不承担责任。

②如果信用证不允许提交租船合约提单,银行将不接受租船合约提单。

③租船合约提单上一般载有"以租船合同为准"、"根据×××租船合同

签发"或"一切条件、条款和负责事项按租船合同"等条款。根据ISBP681，一份以任何形式表明受租船合约约束的租船合约提单即为租船合约提单。

④租船提单的签署，可由船长、租船人、船东或他们的具名代理签发，同时注明身份。

⑤可以或无须指明承运人的名称。

⑥不应出现转运的情况。

⑦根据ISBP681，如果信用证规定了装货港及/或卸货港的地理区域或范围（如"任一欧洲港口"），租船合约提单必须注明实际的装货港，并且该装货港必须位于规定的地理区域或范围内，但可用地理区域或范围表示卸货港。

(4) 多式运输单据

1) 单据定义

多式运输（Multimodal Transport）是指根据多式运输合同，至少由两种不同的运输方式（如海陆、海河、海空等），由一个多式运输经营人以自己的名义负责，将货物从一国境内接管货物的地点运至另一国境内指定交付货物的地点，并签发单一的、包括全程的运输单据这种运输方式。多式运输单据是指证明涵盖至少两种不同运输方式合同以及证明多种运输方式经营人接管货物并负责按照合约条款交付货物的单据。

2) 多式运输单据的优点

如果进出口商位于内陆，离货运港口较远，仅靠海运或空运，或内陆运输中任何单一的运输方式都很难完成货物的进出口。托运人如果对有关的几种运输方式逐一办理运输手续，将会非常烦琐，而且各式运输承运人各负其责，一旦发生风险也不易理赔，因此，迫切需要既以一种运输单据涵盖几种（至少两种）运输方式，减少中间环节，简化托运手续，又能明确货方与多式运输经营人责任的运输单据，这样有利于保障货物安全迅速抵达目的地。多式运输方式很好地满足了这一需求。

3) 关于多式运输单据的内容要点

①多式运输单据涵盖至少两种不同运输方式。根据ISBP681规定，从单据表面只要判断多式联运单据没有表明运输仅由一种运输方式完成即可，采用何种运输方式单据可不予以说明。如何判断信用证要求了多式运输单据：如果收到的信用证SWIFT MT700格式中44A（PLACE OF TAKING IN CHARGE/DISPATCH FROM/PLACE OF RECEIPT）或44B（PLACE OF FINAL DESTINATION/FOR TRANSPORTATION TO/PLACE OF DELIVERY）中

[Farwording Agents]

B/L No.

shipper

Consignee

Notify party

"K"LINE
KAWASAKI KISEN KAISHA, LTD.
BILL OF LADING

RECEIVED from the Shipper in apparent good order and condition unless Otherwise indicated herein. the cargo or the container[s] or package[s] said to contain the cargo herein mentioned, to be carried subject to all the terms and conditions provided for on the face and back of this Bill of Lading.From the place of receipt or port of loading to the port of discharge or place ol delivery shown herein and there to be delivored. If required by Carrier, this Bill of lading duly endorsed must be surrendered in exchange for Goods of delivery order. None of the forms of this Bill of Lading can be waived by or for Carrier except by express waiver signed by Carrier or its duty authotized agent.

IN ACCEPTING THIS BILL OF LADING. Merchant agrees to be bound by all the shipulotions, exceptions,terms and conditions on the face and back hercof,and the forms and conditions contained in Carrier's applicable tariR,whether written, typed, sianiped, or ptintsd,as fully as if signed by Merchant. any local custom or privilego to the contrary notwithstanding. and ogrees that all ogreements or freight engogements for and in connection with the transport of Goods are superseded by this bill of loding.

IN WITNESS WHEREOF, the undersigned, on behalf of Kawasaki kisen kaisha,ltd., the Vessel her owners,operalars and charterers, has signed the number of Bill(s)of lading stated below, all of this tenor and date one of which being accomplished, the others to stand void.

Pre. Carriage by	Place of receipt	
Ocean Vessel　Voy, No.	Port of loading	* See Clause 7(2)
Port of discharge	Place of delivery	* final Destination for the merchant's reference

PARTICULARS FURNISHED BY SHIPPER

Container No.	Seal No. Marks and Numbers	No. of Containers or pkgs	Kind of packages. description of goods	Gross weight	Measurerment

Declared Value US$

Total No. of Containers or Packages (in words)　if shipper enters a value. the ad valorem rate will be charged (See Clause 24)

freight and Charges	Revenue Tons	Rate	Per	Prepaid	Collect

Ex. Rate	Prepaid at	Payable at	Place and date of issue
	Total prepaid in tocal currency	No. of original B(s)/L	KAWASAKI KISEN KAISHA, LTD. AS CARRIER

ICS B/L

SHIPPED on board the Vessel
Date

By

By

form KBL-020/7　(Standard form for Container Shipment)

图 3-9　海运提单

规定了一个具体的内陆地点，完成信用证规定要求的行程需要至少两种不同运输方式，就可以判定信用证要求了多式运输单据。

②根据 ISBP681 规定，多式运输单据应表明多式联运经营人接受监管货物或表明已收到外表状况良好的货物已装船，多式运输单据的出具日期应视为发运、接受监管或装船的日期，除非单据上有单独注明日期的批注

表明货物已在信用证规定的地点发运、接管或装船,在此情况下,该批注日期即被视为装运日期,而无论该日期早于或迟于单据出具日期。需要注意的是,如果信用证要求已装船多式运输单据并表明已装上远洋船只,则已装船批注必须表明船名、日期和装运港。

③UCP600规定对多式运输中的转运给予了定义。该定义明确了在不同运输工具之间的货物转移即构成转运,而无论是否发生在相同的运输方式下。多式运输之下转运必然将发生,因此,根据ISBP681规定,即使信用证规定禁止转运,银行应该接受表明货物将被转运的多式运输单据,条件是该运输单据必须包括全程运输。

④多式运输的性质决定了承运人在收货地出具多式运输单据时,往往不能确定以后海运阶段的船名和装卸港名称,时常在船名或港名的前后加上"预期(INTENDED)"字样。因此,UCP600规定多式运输单据上表明的船名、装货港、卸货港前可以有"预期"字样,而无须另加批注。但是,如果信用证要求带有已装船批注的多式运输单据时,则"ON BOARD"批注必须加注实际载货船名、日期和装运港。

⑤UCP600规定,多式运输单据显示的监管地及最终目的地可以与信用证规定的起运港、装货地、卸货港、卸货机场或卸货地不同。

⑥UCP600对多式运输单据的签署要求与提单相同。

(5)航空运单

1)单据定义

航空运单(Air Waybill)与海运提单有很大不同,它是由承运人或其代理人签发的货物收据,是承运人与托运人双方的运输合同,航空运单不可转让,持有航空运单也并不表示对货物掌握了所有权。

2)航空运单的作用

①航空运单是发货人与航空承运人之间的运输合同。与海运提单不同,航空运单不仅证明航空运输合同的存在,而且航空运单本身就是发货人与航空运输承运人之间缔结的货物运输合同,在双方共同签署后产生效力,并在货物到达目的地交付给运单上所记载的收货人后失效。

②航空运单是承运人签发的已接收货物的证明,航空运单也是货物收据,在发货人将货物发运后,承运人或其代理人就会将其中一份交给发货人,即发货人联,作为已经接收货物的证明。除非另外注明,它是承运人收到货物并在良好条件下装运的证明。

③航空运单是承运人据以核收运费的账单,航空运单分别记载着属于

收货人负担的费用，属于应支付给承运人的费用和应支付给代理人的费用，并详细列明费用的种类、金额，因此可作为运费账单和发票。承运人往往也将其中的承运人联作为记账凭证。

④航空运单是报关单证之一。出口时航空运单是报关单证之一，在货物到达目的地机场进行进口报关时，航空运单也通常是海关查验放行的基本单证。

⑤航空运单的正本通常为一式三份，其中第一份交给承运人，第二份交给收货人，第三份交给发货人。

3）航空运单的分类

航空运单主要分为以下两大类。

①航空主运单（MAWB，Master Air Waybill）

凡由航空运输公司签发的航空运单就称为主运单。它是航空运输公司据以办理货物运输和交付的依据，是航空公司和托运人订立的运输合同，每一批航空运输的货物都有自己相对应的航空主运单。

②航空分运单（HAWB，House Air Waybill）

集中托运人在办理集中托运业务时签发的航空运单被称为航空分运单。在集中托运的情况下，除了航空运输公司签发主运单外，集中托运人还要签发航空分运单。在这中间，航空分运单作为集中托运人与托运人之间的货物运输合同，合同双方分别为托运人 A、托运人 B 和集中托运人；而航空主运单作为航空运输公司与集中托运人之间的货物运输合同，当事人则为集中托运人和航空运输公司。货主与航空运输公司没有直接的契约关系。不仅如此，由于在起运地货物由集中托运人将货物交付航空运输公司，在目的地由集中托运人或其代理从航空运输公司处提取货物，再转交给收货人，因而货主与航空运输公司也没有直接的货物交接关系。

4）航空运单的内容

航空运单与海运提单类似也有正面条款、背面条款之分，不同的航空公司也会有自己独特的航空运单格式。有所不同的是，航运公司的海运提单可能千差万别，但各航空公司所使用的航空运单则大多借鉴国际航空运输协会（International Air Transport Association，IATA）推荐的标准格式，差别并不大。

5）航空运单审核要点

①根据 ISBP681 规定，空运单据必须看来系"发货人或托运人的正本"。如果信用证要求提交全套正本单据，只要提交一份表明是发货人或托运人正本的单据即可满足要求。

②如果在信用证结算方式下，正本空运单据必须以UCP600规定的方式签署，即承运人的名称必须出现在空运单据上，并表明承运人身份。如果由代理人代表承运人签署空运单据，则必须表明其代理人身份，且必须注明被代理的承运人，除非空运单据的其他地方注明了承运人。

③空运单据不是物权凭证，因此不应做成"凭指示"式或"凭某具名人指示"式抬头。根据ISBP681规定，即使信用证要求空运单据做成"凭指示"式或"凭某具名人指示"式抬头，如提交的单据表明收货人为该具名人，则即使该单据没有做成"凭指示"式或"凭某具名人指示"式抬头，也可以接受。

④空运单据必须表明货物已收妥待运。

⑤对于航空运单来说，如果信用证要求实际发运日期，则须在运单上表明该日期的特定批注，该批注的发运日期将视为装运日期；航空运单中"仅供承运人使用"栏中注明的航班日期不能作为实际起运日；如果信用证未要求即起运日，则签发日就是装运日。

⑥从起运机场到目的地机场通常不可能都是直航，因此，根据UCP600规定，即使信用证禁止转运，注明将要或可能发生转运的空运单据仍可接受，但以同一空运单据包括全程运输为条件。

⑦空运单据必须标明信用证要求的起运机场和目的地机场，根据ISBP681规定，用国际航空运输协会代码而非机场全称来表示机场可以接受。

（6）公路、铁路运单或内河运输单据

1）单据定义

集装箱运输的兴起，带动了跨国公路、铁路及内陆水运的发展。这三种运输方式在国际贸易中所占份额较低，并且不像海运、空运那样得以在世界各国普遍应用。

国际贸易中的公路运输一般只用于和出口国有公路相连的周边邻国。在公路国际货运业务中，公路运单是运输合同，是承运人收到货物的凭证和交付货物的依据。运单的签发表示运输合同的成立。公路运单不是货权凭证，不能转让，只能做成记名抬头，货物到达目的地后承运人通知运单抬头人提货。

国际铁路运输业务集中在欧亚大陆。经营业务分为两部分：一部分由《国际铁路货物联运协定》（简称《国际货协》）参加国组成；另一部分由《国际铁路货物运送公约》（简称《国际货约》）参加国组成，我国国际铁路运输中使用的是《国际货协》统一的铁路运单。

第三章 如果你需要出口

图 3-10 航空运单

内陆水运单据是内陆水运贸易中使用的单据,证明内陆水运合同和货物已经由承运人接管或装船的运输单据。

2)公路、铁路运单或内河运输单据审核要点

①根据 UCP600 的规定,如果信用证要求铁路或内河运输单据,则不论提交的运输单据是否注明为正本,只要符合 UCP600 第 17 条对正本单据的定义,都将作为正本单据接受。单据没有注明签发份数的,交来的单据当做全套。公路运输单据应该表明是发给托运人或发货人(document is the copy for the shipper or consignor)的正本,或者没有任何标记表明单据开给何人。对于铁路运单而言,许多铁路运输公司的做法是仅向托运人或发货人提供加盖铁路公司印章的第二联,常常是拓印联(carbon copy),此联将作为正本接受。

②运输单据的承运人与签字

运输单据正面应注明承运人名称,单据的签字人应注明为:承运人或承运人代理如果铁路运输单据没有指明承运人,可以接受铁路运输公司的任何签字或印戳作为承运人签署单据的证据。因为在实务中,铁路运输公司出具的铁路运单往往只有签字或盖章,并不在运单上特别标注该铁路运输公司即为承运人。而作为铁路运输公司出具的这种运输单据,不言自明该公司即为承运人。

③单据上应注明货物已收妥待装运、发运或承运(goods have been received for shipment, dispatch, or carriage),或使用其他词表示相同的意思。

④发运日期(date of shipment)

运输单据的出具日期将被视为发运日,除非运输单据上盖有带日期的收货印戳,或注明了收货日期或发运日期。

⑤发运地与目的地(place of shipment and destination)

运输单据上必须表示信用证规定的发运地和目的地。

⑥必须做成记名收货人,公路运单、铁路运单不是物权单据,仅是货物收据和运输合约不能背书转让。在公路和铁路运输方式下,把货物直接运交记名收货人。当货物到达目的地,经证明身份即可交货给收货人。通常以申请人作为记名收货人,有时公路运单经开证行同意,以开证行作为公路运单收货人,便于银行控制申请人,偿付后开证行才能交货给申请人。即使信用证要求将不是物权凭证的运输单据做成空白指示或凭具名人指示式抬头,如提交的单据表明该具名人为收货人,即使其没有述及"凭指示"或"凭……指示"字样也可以接受。

第三章　如果你需要出口

⑦根据 UCP600 第 24 条的规定，转运是指在信用证规定的发运、发送或运送的地点到目的地之间的运输过程中，在同一运输方式中从一运输工具卸下再装上另一运输工具的行为。需要注意的是，不同卡车运输同一批货视为分批转运，但同一列火车不同车厢运输同一批货物不视为分批。

（7）快递收据、邮政收据或投邮证明

1）单据定义

快递收据、邮政收据或投邮证明都适用于小件物品的运送。

快递收据是快递公司收到货物后，签发给托运人的，表明将按约定向指定的收货人交付货物的运输单据。

邮政收据或投邮证明是邮局在收受待邮寄货物后，签发给寄件人并盖有邮戳的收据和合同证明。

它们都不是物权凭证，一律要做成记名抬头。

2）快递收据、邮政收据的审核要点

①快递收据审核要点

◆无论其单据名称如何。快递收据为快递公司出具给发货人的货物运输收据，是一种单据的概称。实务中不同的快递公司所出具收据的名称不同，如 forwarder airbill，shipment air waybill，express mail service 等。无论其名称如何，只要具备了以下要素，便符合要求。

◆注明货物收讫待运——evidencing receipt of goods for transport。以说明承运人是如何处置货物的。

◆注明快递公司名称。以使货方从单据上确知由谁负责运输。

◆由该具名快递公司在规定的货物发运地盖章或签字，从而表明货物是由规定的货物发出地点发出的。

◆表明取件或收件的日期，该日期将视为"装运日期"。

◆当信用证要求显示快递费用付讫或预付，如果快递收据注明快递费由收货人以外的一方支付，则可以视为符合该项要求。

②邮政收据或投邮证明审核要点如下：

◆如果在信用证结算方式下，信用证要求"邮政收据或投邮证明"（post receipt 或 certificate of posting），所提交的单据名称必须相符。

◆注明货物收妥待运——evidencing receipt of goods for transport。

◆必须在信用证规定货物发运的地点由邮局盖章或签字，并注明日期，该日期将被视为发运日期。

◆必须由邮局签发，加盖邮局的印戳。

◆ 邮政收据或投邮证明是物权凭证，不能流通转让，必须做成记名收件人。

3. 保险单据

（1）保险单据的概念和作用

进出口企业间的货物运输，难免会遭受自然灾害或人为的损害。为了将这种意外损失转嫁出去，多数企业都会选择为进出口商品办理保险。保险单据是保险人与投保人之间订立的保险合同证明文件，是保险人对投保人的承保证明，它反映的是保险双方权利义务关系。一旦被保货物出险，保险公司便可依据保险单，按照事先与被保人约定的保险责任受理业务，并在保险范围内予以赔偿。因此，保险单据便成为国际贸易实务中重要的单据之一。

（2）保险单据的种类

1）保险单（insurance policy）

保险单是保险双方订立的正式、完整且独立的保险合同书面凭证，俗称大保单。

2）预约保险（open cover）、预约保险单（open policy）保险证明/声明（insurance certificate/declaration）

预约保险为保险双方的其中一种保险约定方式，旨在避免进出口贸易商进行长期频繁运输时多次投保的繁杂手续。

预约保险单则为前者方式下的一种保险合同，是保险公司承保被保险人一定时期内所有进出口货物使用的保险总合同。在合同中定有被保险货物的名称、数量、保险金额、运输工具名称及种类、航程起点和终点、起航日期等信息。

保险证明是在预约保险单下签订的保险单据，预约保险单签订后，被保险人每次在被保货物发运前填制"发运通知"给保险人，保险人即签发"保险证明"给被保险人，表示货物已投保。

保险声明也是预约保险项下的一种保险单据，是投保人在确定货物及装运信息后，将信息填制在印有保险人预先签字并注明预约保单号的声明格式上，向保险人做出的单向提示。

保险证明/声明也可以由保险单代替，因此，当信用证要求提交保险证明/声明时，也可以提交保险单。

3）暂保单（cover note）

保险行业除了保险人和投保人，还有保险经纪人，为保险人承揽业务。而保险经纪人在接受投保人委托后，向投保人签发的保险单据即为暂保单。在通常情况下，暂保单是不被作为保险单据而接受的，原因在于暂保单用于通知保险委托人已接受承保，并非保险合同成立的证明文件，并不能约束承保人，倘若在承保人签发正式保险单之前，根据风险评估情况放弃承保，则可随时撤销暂保单。

（3）保险单上的主要内容和审核要点：

1）保险单据的出具人

必须看似由保险公司或承保人或其代理（代表）出具并签署。代理人（代表）签字必须表明其是代表保险公司或承保人签字。

2）被保险人

被保险人指根据保险合同，其财产利益或人身受保险合同保障，在保险事故发生后，享有保险金请求权的人。实务中保险单据上的被保险人必须与信用证要求一致。

3）保险单的背书

遵循原则是在需要时经被保险人背书使保险单据项下的索赔权力得以转让。根据 ISBP681 规定，如果信用证要求空白背书式的保险单据，则保险单据也可开立成来人式，反之亦然。

4）保险单的正本份数

保险单据需表明全套正本份数。如果信用证无特殊规定，保单所有正本均须提交。

5）保险单签发日期

根据 UCP600 的规定，不得晚于发运日期，除非保单表明保险责任不迟于发运日生效。

6）投保金额及比例

根据 UCP600 规定，信用证对于投保金额为货物价值、发票金额或类似金额的某一比例的要求，将被视为对最低保额的要求。假如信用证对投保金额未作规定，投保金额须至少为货物的 CIF 或 CIP 价格的 110%。假如从单据中不能确定 CIF 或者 CIP 价格，投保金额必须基于要求承付或议付的金额，或者基于发票上显示的货物总值来计算，两者之中取金额较高者。

7）投保险别

要与信用证规定一致。UCP600 第 28h 规定当信用证规定投保"一切险"时，如保险单据载有任何"一切险"批注或条款，无论是否有"一切险"标题，均将被接受，即使其声明任何风险除外。如果保险单据标明投保伦敦保险《协会货物保险条款》（A），即 Institute Cargo Clauses（A），也

| 国际贸易 金融服务全程通 |

PICC 中国人民财产保险股份有限公司
PICC Property and Casualty Company Limited

货物运输保险单
CARGO TRANSPORTATION INSURANCE POLICY

保单顺序号:**1057322**

发票号(INVOICE NO:)
合同号(CONTRACT NO:)
信用证号(L/C NO:)
被保险人:
INSURED:

保单号次:
POLICY NO.091103304670072

中国人民保险公司(以下简称本公司)根据被保险人的要求,由被保险人向本公司缴付约定的保险费,按照本保险单承保险别和背面所载条款及下列特款承保下述货物运输保险,特立本保险单。
THIS POLICY OF INSURANCE WITNESSES THAT THE PEOPLE'S INSURANCE COMPANY OF CHINA (HEREINAFTER CALLED "THE COMPANY") AT THE REQUEST OF THE INSURED AND IN CONSIDERATION OF THE AGREED PREMIUM PAID TO THE COMPANY BY THE INSURED, UNDERTAKES TO INSURE THE UNDERMENTIONED GOODS IN TRANSPORTATION SUBJECT TO THE CONDITIONS OF THIS OF THIS POLICY AS PER THE CLAUSES PRINTED OVERLEAF AND OTHER SPECIAL CLAUSES ATTACHED HEREON.

标 记 MARKS&NOS	包装及数量 QUANTITY	保险货物项目 DESCRIPTION OF GOODS	保险金额 AMOUNT INSURED

总保险金额:
TOTAL AMOUNT INSURED: _____

保费:_____ 起运日期   装载运输工具:
PERMIUM: _____ DATE OF COMMENCEMENT:_____ PER CONVEYANCE: _____
自   经   至
FROM: _____ VIA _____ TO _____

承保险别:

所保货物,如发生保险项下可能引起索赔的损失或损坏,应立即通知本公司下述代理人查勘。如有索赔,应向本公司提交保单正本(本保险单共有____份正本)及有关文件。如一份正本已用于索赔,其余正本自动失效。
IN THE EVENT OF LOSS OR DAMAGE WITCH MAY RESULT IN A CLAIM UNDER THIS POLICY, IMMEDIATE NOTICE MUST BE GIVEN TO THE COMPANY'S AGENT AS MENTIONED HEREUNDER. CLAIMS, IF ANY, ONE OF THE ORIGINAL POLICY WHICH HAS BEEN ISSUED INTOGETHER WITH THE RELEVANT DOCUMENTS SHALL BE SURRENDERED TO THE COMPANY. IF ONE OF THE ORIGINAL POLICY HAS BEENACCOMPLISHED. THE OTHERS TO BE VOID.

中国人民财产保险股份有限公司北京市分公司
PICC Property and Casualty Company Limited

赔款偿付地点
CLAIM PAYABLE AT _____
出单日期
ISSUING DATE _____

Authorized Signature

地址:北京市东城区朝阳门北大街17号
ADD: NO. 17 Chao Yang Men Ber Da Jie, Dong Cheng Disitiut Beijing China

电话: (TCL) : (010) 58195719
传真: (FAX) : (010) 58195752
全国统一客户服务电话: 95518

图 3-11 货物运输保险单

符合信用证关于"一切险"条款或批注要求。

8）保单货币及偿付地点

保单币种和偿付地点要与信用证规定完全一致。

9）保单上的货物描述

可使用与信用证规定不矛盾的概括性用语。

10）保单的风险覆盖区间

根据 UCP600 规定，保险单据须表明承保的风险区间至少涵盖从信用证规定的货物接管地或发运地开始到卸货地或最终目的地为止。

有的信用证上规定保险责任不计免赔率（Irrespective of Percentage，IOP）。这说明保单中不能含有表明保险责任受免赔率（额）约束的条款，且 IOP 一定要显示在保单中，才符合信用证的规定。

4. 原产地证明

（1）原产地证明的概念和作用

原产地证明书（certificate of origin）是出口商应进口商的要求，自行签发或向特定机构申请后由其签发的，证明出口商品的产地或制造地的一种证明文件。

原产地证书功能可大致分为以下两种：

①它是决定出口产品在进口国受何种关税待遇的重要证明文件。例如，进出口两国政府间规定的协定税率及两国间的最惠国条款的履行，都需要由出口商提供的原产地证明来证明进口货物的原产地确系缔约的对方国，从而获得相应的待遇。

②它是进口国对某些国家或某种商品采取控制进口额度和进口数量的依据。

（2）原产地证常见种类及适用情况

1）普惠制产地证

中华人民共和国检验检疫局（CIQ）出具的普惠制产地证格式 A（GSP FORM A）。是发达国家对发展中国家向其出口的制成品或半成品货物时，给予的一种关税优惠待遇的制度。凡享受普惠制待遇的商品，出口商一般应向给惠国提供普惠制 FORM A 产地证。

2）一般原产地证书（Certificate of Origin）

是用于证明有关出口货物和制造地的一种证明文件，在国际贸易中代表进出口货物的制造地或产地的证书。中国国际贸易促进委员会（CCPIT）出具的一般原产地证书，简称贸促会产地证书。

3) 制造商或出口商出具的产地证书

若合同或信用证未明确规定产地证书的出具者,那么银行可接受由任何人包括受益人出具的一种产地证明书。在制作产地证时须注意:产地证须经出具人签署、注明日期、证明(certify/confirm)货物原产地这三大基本要素,同时加列相关发票或信用证号码以满足单据基本功能。

(3) 产地证的主要内容和审核要点

1) 产地证的出具人

根据 ISBP681 规定,原产地证明必须由信用证规定的人出具。但是,如果信用证要求原产地证明由受益人、出口商或厂商出具,则由商会出具的单据是可以接受的,只要该单据相应地注明受益人,出口商或厂商。如果信用证没有规定由谁来出具原产地证明,则由任何人包括受益人出具的单据都可接受。

普惠制产地证样式详见图 3-12。

一些信用证中要求 "certificate of origin issued by the local chamber of commerce" (出具由当地商会签发的产地证)。在中国,贸促会 (CCPIT) 就是商会,但是一些国外银行不了解此情况,在见到 CCPIT 签章后而拒绝付款,认为产地证的出具人与信用证要求不符。为了避免其间的纠纷,信用证对产地证出具人有上述要求时,建议要求贸促会加盖表明其即为中国商会的说明章。

2) 产地证货物描述

原产地证必须在表面上与发票的货物相关联。根据 ISBP681 规定,原产地证中的货物描述可以使用与信用证规定不相矛盾的货物统称,或通过其他援引表明其与要求的单据中的货物相关联。

3) 收货人信息

根据 ISBP681 规定,如果显示收货人信息,则不得与运输单据中的收货人信息相矛盾。但是,如果信用证要求运输单据出具成"凭指示"(to order)、"凭托运人指示"(to order of shipper)、"凭开证行指示"(to order of the issuing bank) 或"以开证行为收货人"(consigned to the issuing bank),则原产地证明可以显示信用证的申请人或信用证中指名的另外一人作为收货人。

4) 发货人信息

根据 ISBP681 规定,原产地证明可发显示信用证受益人或运输单据上的托运人之外的另外一人为发货人或出口商。

5) 产地证

产地证 (certify/confirm) 须证明货物的原产地,以满足单据基本功能。

第三章 如果你需要出口

ORIGINAL

1. Goods consigned from (Exporter's business name address country)	Reference No.
	GENERALIZED SYSTEM OF PREFERENCES CERTIFICATE OF ORIGIN (Combined declaration and certificate)
2. Goods consigned to (Consignee's name, address, country)	**FORM A** issued in **THE PEOPLE'S REPUBLIC OF CHINA** (country)
3. Means of transport and route	4. For official use

5. Item number	6. Marks & Nos of packages	7. Number of kind of packages; Description of goods	8. Origin criterion	9. Gross weight & other Quantity	10. Number and date of Invoice

| 11. Certification
It is hereby certified, on the basis of control carried out, that the decala-ration by the exporter is correct. | 12. Declaration by the exporter
The undersigned hereby declares that the above details and statements are correct; that all goods were produced in
CHINA
(Country)

and that they comply with the origin requirements specified for those goods in the Generalized System of Preferences for goods exported to
(importing country) |
| Place and date, signature and stamp of certifying authority. | Place and date, signature of authorized signatory |

图 3-12　普惠制产地证样式

6）产地证的签发日期

原产地证明书应该在信用证规定的交单期和效期内签发。

产地证上出口商申报日期不能早于发票日期，也不应晚于签发单位的签发日期。

普惠制产地证，除非注明为后发证书（Issued Retrospectively）或信用证允许，签发日期不能晚于货物的出运日期，否则将会影响货物通关。

其他类型的产地证，在无信用证特别规定下，签发日期可晚于装运日期。

5. 包装单据（Packing Documents）

（1）包装单据定义及功能

包装单据是指记载或描述商品包装情况的单据，是商业发票的补充单据，也是货运单据中的一项重要单据。进口地海关验货，公证行验证，进口商核对货物时，都可以包装单据为依据，使其了解包装件号内的具体货物内容。

（2）包装单据的种类

根据不同商品有不同的包装单据，常用的有以下两种：

1）装箱单（Packing List）

用于指出口货物的装箱情况，装箱单一般应包括货物名称、规格、数量、唛头、箱号、件数和重量以及包装情况等内容，如果信用证要求提供详细包装单，则必须提供尽可能详细的装箱内容，描述每件包装的细节，包括商品的货号、色号、尺寸搭配、毛净重及包装的尺寸等内容。

2）重量单（Weight List/Weight Note）

重量单除去装箱单上需要的内容外，还应尽量详细地表明商品每箱毛重、净重及总重量的情况，供买方安排运输、存仓时参考。重量单一般要包含编号及日期、商品名称、唛头、毛重、净重、皮重、总件数等内容。

3）尺码单（Measurement List）

侧重于说明货物每件的尺码和总尺码，即在装箱单内容的基础上再重点说明每件不同规格货物的尺码和总尺码。如果货物非统一尺码则应逐一列明每件货物的尺码。

4）其他

花色搭配单（Assortment List）、包装说明（Packing Specification）等。

（3）装箱单上审核要点

1）包装单据可以使用信用证规定的名称或相似名称，或不使用名称，但单据内容必须看似符合所要求单据的基本功能。

第三章　如果你需要出口

2）在信用证无特殊要求情况下，箱单无须签字。但如果信用证要求出具"Certificate Of Weight"，作为证明类要式单据，都需要证明人签章。

3）装箱单上列明的信息必须与发票等其他单据内容相符。

4）装箱单据一般不必显示货物的单价和总价。

5）根据ISBP681，信用证列明的单据应作为单独单据提交。如果信用证要求装箱单和重量单，可以提交两份单独的单据，也可提交两份合并的装箱和重量单正本，只要该单据同时表明装箱和重量细节，即视为符合信用证要求。

6）如信用证无特殊要求，一般的装箱单只需将货物包装情况作一般简要说明即可。如果信用证条款要求提供"详细装箱单"（Detailed Packing List），则装箱单上必须描述包装的具体细节，如商品货号、尺寸搭配、毛重、净重、尺码等信息。

7）根据ISBP681规定，银行不负责审核单据中的数学计算细节，而只负责将总量与信用证及/或其他要求的单据相核对。

ABC公司
ABC CORPORATION
BEIJING, CHINA

装　箱　单
PACKING LIST

单号: List No.:							日期: Dated:
唛头: Marks:				合同号: Cont. No: 发票号: Inv. No.: 信用证: L/C No.:			

品　名 Description	数量 Quantity	包装件数 Package	毛重 Gross Weight	净重 Net Weight	体积 Volume (M3)	每件尺寸 Dimension/unit 长×宽×高 L×W×H（cm）

总计:
TOTAL:

图 3-13　装箱单

105

第五节 出运阶段银行能做什么

货物交付运输后，出口企业可能在收到买方的付款之前已看好其他业务机会，但此时在途货物的货款还未到账。一方面是潜在的业务机会；另一方面是未到手的债权，如何实现旧债权与新业务的对接呢？根据双方对结算方式的不同约定，企业可以向银行申请办理出口项下的融资，提前收回部分或全部款项。在出口融资业务中，根据银行为企业提供融资的资金来源可以分为自有资金和他行资金，利用他行资金为企业融资称为代付。本节新增了代付内容，围绕出口信用证押汇、出口托收押汇、汇入汇款融资、外币出口代付、跨境人民币出口代付、保险后出口押汇、福费廷、国际保理、出口卖方信贷、出口买方信贷等产品全面介绍出运阶段银行为企业提供的融资服务。

一、出口信用证押汇

出口企业在采用即期或者远期信用证作为出口贸易结算方式时，希望能够在向银行提交单据后立即从银行取得货款。这时，如果出口企业提交的为正点单据，或者单据有不符点，但是经过开证行或者保兑行承兑后，出口企业可向银行提出押汇申请，即出口信用证押汇。换言之，就是议付银行在收到开证行或者保兑行偿付前，预先把款项垫支给信用证受益人的一种保留追索权的短期出口融资方式。

（一）适用企业

具有进出口经营权、符合银行对出口押汇申请人资格认定的企业，采用信用证方式结算，在装船后有短期融资需求的出口企业。

（二）特点

(1) 适用于即期信用证和远期信用证。

（2）出口企业可提前使用应收账款，增加现金流。

（3）不占用出口企业在银行的授信额度。

（三）业务流程

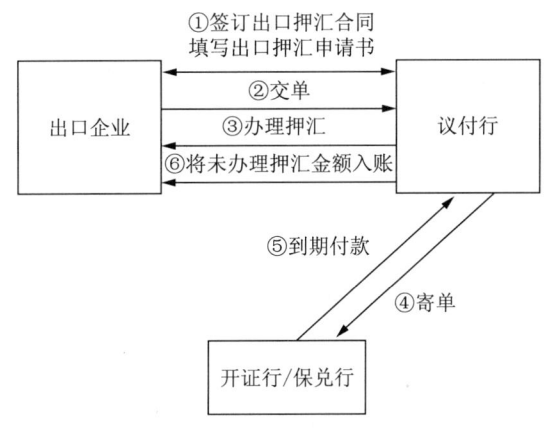

图 3－14　出口信用证押汇业务流程图

1. 企业与议付行签订出口押汇合同阶段

有押汇需求的出口企业与议付行签订出口押汇合同，在提交单据时填写出口押汇申请书并加盖公章。通常申请押汇金额不超过提交单据的 90%，押汇期限一般不超过 180 天。

2. 出口信用证交单阶段

（1）正点交单：如果企业提交的单据经过银行审核为正点，开证银行符合银行的要求，则议付行可直接为企业办理出口信用证押汇。

（2）不符点交单：如果企业提交的单据有不符点，则议付行先将单据寄给开证行或者保兑行，在收到开证行或者保兑行承兑电报后，才可为企业办理出口信用证押汇。

3. 议付行放款阶段

议付行收到企业出口信用证项下的正点交单，或者收到有不符点的单据但是收到了开证行或者保兑行的承兑电报后，议付行扣除押汇利息和银行手续费，将押汇款项划入企业账户。企业可以选择押汇款直接原币入账或者按照当日外汇牌价结汇成人民币入账。

4. 开证行或者保兑行付款并归还银行押汇款阶段

开证行或者保兑行收到议付银行寄来的单据后，审核无误即期付款或者远期信用证下承兑到期付款,等待到期日当日进行付款。收到开证行或者保兑行的付款后,议付行将收汇款用于归还押汇款,对于收汇数额超过原押汇金额的部分,在符合外汇管理政策的前提下,可将超额部分给企业办理原币入账,或者按照当日外汇牌价结汇成人民币入账。

(四) 注意问题

信用证项下出口押汇主要依靠开证行的信誉,因此,申请押汇的企业应首先与银行确认开证行或者保兑行是否符合银行的押汇条件。出口押汇通常押汇期限在180天之内,申请押汇的金额一般不超过所提交单据的90%。

如果已办理了打包贷款的信用证项下单据申请出口押汇,押汇资金必须优先用于归还相应的打包贷款。

(五) 案例

2009年7月初,北京某出口公司A向美国进口公司B出口价值10万美元的石材,双方约定采用远期信用证方式结算。付款期限为提单日后60天。提单日为7月5日。开证行为BANK ×。

由于此阶段中国的石材在国际市场具有很强的价格和质量优势,因此需求量迅速上升。出口公司A希望能够迅速回收资金,用收回的资金去进行下一轮的生产,满足其他客户的购买需求。该客户提出希望办理信用证押汇。

7月8日,出口公司A向银行提交了信用证要求的全套单据,经过银行审单相符后寄往开证行BANK ×。7月14日,开证行发来承兑电报,承兑到期日为2009年9月3日。当天,客户提交了已与银行签订的出口押汇合同和出口押汇申请书。银行为交单金额的90%,即9万元办理押汇。押汇利率为LIBOR+150BP。

押汇期限为从押汇当天即7月14日,至到期日9月3日,总计51天,再加上宽限期7天,押汇期限为58天。经过查询,7月14日当天的LIBOR利率为27.75%,因此押汇利率为1.7 775%。按照前面所提到的公式计算:

58天远期押汇利息=(90 000×1.7 775%)×58/360=257.74(美元)

押汇日为客户入账金额=90 000-257.74-其他银行手续费(美元)

以上入账金额客户可以选择美元直接入账或者按照当日牌价折合人民币入账。

9月3日,开证行按照承诺的到期日付款,银行将9万美元出口收汇款归还出口押汇款项,同时,将剩余的10%未押汇金额扣除手续费为客户入账。同

第三章　如果你需要出口

样，客户可以选择美元直接入账或者按照当日牌价折合人民币入账。

二、出口托收押汇

出口托收押汇是指出口企业在采用托收（D/P、D/A）作为出口贸易结算方式时，委托银行代向进口商收取款项时，要求托收行预支部分或全部货款，待托收款项收妥后归还银行垫款的融资方式。在出口企业提交单据后，即可向银行提出押汇申请，其前提是出口企业已获得银行的出口押汇额度。出口托收押汇是基于出口企业信誉的一种短期融资业务，银行对托收押汇保留追索权。

（一）适用企业

具有进出口经营权、已在银行获得出口押汇授信额度的出口企业，采用托收方式结算，在装船后有短期融资需求的出口企业。

（二）特点

（1）适用于即期和远期托收。
（2）出口企业可提前使用应收账款，增加了现金流。
（3）融资手续简便快捷。

（三）出口托收押汇的流程

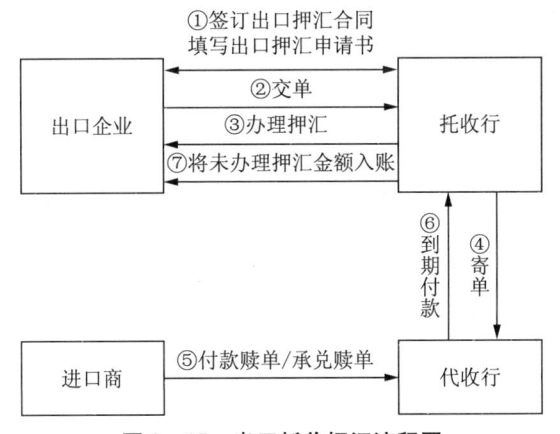

图 3-15　出口托收押汇流程图

1. 企业与托收行签订出口押汇合同阶段

出口企业与托收行签订出口押汇合同，提交单据同时须填写出口押汇申请书。打算办理押汇的企业可提前签订出口押汇合同。出口押汇申请书在押汇前提交。通常申请押汇的金额不超过所提交单据的90%，押汇期限一般不超过180天。打算办理出口托收押汇的企业提前向托收行申请出口托收押汇授信额度。托收行在企业的授信额度内为其办理押汇。

2. 出口托收交单阶段

企业提交的单据经银行审核完毕后，如果此时企业已经签订了出口押汇合同，填写了出口押汇申请书，在托收行有足够的授信额度，则托收行可为企业办理出口托收押汇。

3. 托收行放款阶段

托收行在扣除押汇利息和银行手续费后，将款项入企业账户。

企业可以选择将押汇币种直接入账或者按照当日外汇牌价结汇成人民币入账。

在远期托收办理押汇的情况下，远期押汇利息由以下公式计算：

远期押汇利息 =（押汇金额×押汇利率）×（预计到期日－押汇起息日＋宽限期）/360天

4. 进口商付款阶段

由于托收是基于商业信誉的一种结算方式，因此代收行收到托收银行寄来单据后，即期托收项下由进口商付款赎单，或者远期托收项下由进口商承兑赎单。等待到期日当日，进行付款。托收行收到进口商的付款后归还出口押汇款，同时，出口商未申请押汇部分的货款，可以将押汇币种原币入账，也可以按照当日外汇牌价结汇成人民币入账。

（四）注意问题

申请出口托收押汇期限一般在180天之内，所申请押汇的金额不超过所提交单据的90%。申请出口托收押汇的企业需要确认在托收行的授信额度。

（五）案例

2009年5月初，北京某出口公司A向日本进口公司B出口价值20万美元的金属材料，双方约定采用远期托收（D/A 60 DAYS AFTER B/L

DATE）方式结算。代收行为 BANK ×。

此阶段中国的金属材料价格在国际市场具有很强的竞争优势，因此需求量迅速上升。出口公司 A 希望能够迅速回收资金，用收回的资金去进行下一轮的生产，抓住市场机会扩大出口量。该客户提出希望办理出口托收押汇。

5 月 8 日，出口公司 A 向 B 银行提交了全套托收单据，提单日为 5 月 4 日，预计付款到期日为 2009 年 7 月 3 日。银行审核后寄往代收行 BANK ×。此时，出口公司 A 已与 B 银行签订出口押汇合同，并提交了出口押汇申请书。当日，出口公司 A 在 B 银行的授信余额充足。B 银行为交单金额的 90%，即 18 万美元办理押汇。押汇利率为 LIBOR＋200BP。

押汇期限为从押汇当天即 5 月 8 日，至预计付款到期日 7 月 3 日，总计 56 天，再加上宽限期 7 天，押汇期限为 63 天。经过查询，5 月 8 日当天的美元 LIBOR 利率为 93.75%，因此押汇利率为 2.9375%。按照前面所提到的公式计算：

63 天远期押汇利息 =（180 000 × 2.9375%）× 63/360 = 925.31（美元）

押汇日为客户入账金额 = 180 000 − 925.31 − 其他银行手续费（美元）

以上入账金额客户可以选择美元直接入账或者按照当日牌价折合人民币入账。同时，银行扣减出口公司 A 的授信额度 18 万美元。

7 月 3 日，进口商到期日付款，B 银行将 18 万美元出口货款归还押汇款，同时，将剩余的 10% 未押汇金额扣除手续费为客户入账。同样，客户可以选择美元直接入账或者按照当日牌价折合为人民币入账。

三、汇入汇款融资

汇入汇款融资是银行为出口企业提供的对以赊销方式结算的出口应收款项融通资金的一种有追索权的短期融资业务。

如果出口企业以赊销方式出口商品，在收到货款之前，需要资金投入再生产和采购，就可以向银行申请办理汇入汇款融资业务，从而大大提高了资金的使用效率。

（一）适用企业

（1）企业对资金周转速度有较高要求。
（2）货物出口后收到货款前，需要资金支持扩大业务。

(3) 与进口商长期合作，并且进口商履约记录良好，双方以赊销方式进行资金结算。

(4) 出口企业有完善的应收账款管理制度并在银行有连续的收汇记录。

（二）出口应收款融资方式的特点

1. 手续简便快捷

办理额度内汇入汇款融资，操作简单，提交申请后可直接办理融资手续。

2. 随借随还，降低融资成本

随时提款，收汇后即可归还融资，方便及时并可降低出口企业的融资成本。

3. 规避汇率风险

通过出口应收款项下融资，可实现提前收汇、及时结汇，从而锁定汇率成本，规避汇率风险。

（三）出口应收款融资流程

1. 赊销货物阶段

出口商与进口商签订买卖合同，出口商按合同约定发货并将相关单据，如提单、发票、箱单等寄给进口商。

2. 申请融资额度阶段

出口企业向银行申请贸易融资额度，经银行审核同意后，双方签署国际贸易融资合同。

3. 办理融资阶段

出口企业提交融资申请，同时将提单、合同、发票、箱单等商业单据副本交至银行，后者负责审核单据表面的真实性、一致性和有效性。

4. 融资放款阶段

经银行审核批准后，在额度内放款，并按外管相关政策进行出口收结汇联网核查后，将融资款项原币或结汇转入出口商经常项下账户。

5. 融资还款阶段

在出口企业正常收汇后，以收汇款归还融资款项并通过银行进行涉外收入申报，银行出具出口收汇核销专用联。

第三章　如果你需要出口

```
┌──────┐  ┌──────────┐  ┌──────────┐  ┌──────────┐  ┌──────────┐
│ 赊销 │▶│申请贸易  │▶│ 办理融资 │▶│ 融资放款 │▶│ 融资还款 │
│      │  │融资额度  │  │          │  │          │  │          │
└──────┘  └──────────┘  └──────────┘  └──────────┘  └──────────┘
```

| 1. 与进口商签订买卖合同
2. 按合同约定发货
3. 将相关单据寄给进口商 | 4. 向银行申请贸易融资额度
5. 经银行审核同意后，双方签署国际贸易融资合同 | 6. 提交融资申请
7. 同时将提单、合同、发票、箱单等商业单据副本交至银行 | 8. 银行审核后在额度内放款
9. 按外管相关政策进行联网核查后，银行将融资款项原币或结汇转入企业经常项下账户 | 10. 出口企业正常收汇后，归还融资项
11. 通过银行进行涉外收入申报
12. 银行出具出口收汇核销专用联 |

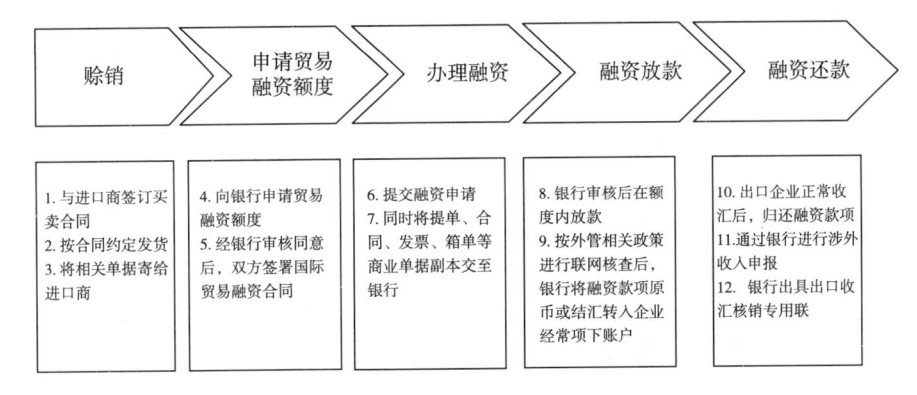

图 3-16　出口应收款融资业务流程图

（四）注意的问题

1. 慎重选择办理融资业务的基础交易

（1）选择基础交易时，应选择长期稳定的、无不良付款记录的进口商作为合作伙伴。

（2）出口货物的市场行情较好。

2. 保证收汇款项及时到账、还款

（1）为保证及时收汇还款，避免款项迟收而造成不必要的利息支出，出口商应在贸易合同中指定融资银行为其收汇行，并在发票上注明付款路径，指示进口商将款项汇至出口商在融资银行的账户，必要时可要求进口商书面确认出口商在融资银行开立的账号为唯一的收汇账号。

（2）可通过融资银行将出口单据寄往国外进口商，加具相应的寄单面函，面函中写明境外付款路径，并要求国外进口商在汇款时注明客户的发票号、合同号等，确保出口收汇首先用于偿还融资银行的出口应收款融资。

3. 出口商如已投保出口信用保险，应将有关保险赔款权益转让至融资银行

（五）案例

中国 A 公司长期向英国 B 公司出口商品，B 公司履约记录良好，双方一直以赊销方式进行资金结算。A 公司出口的产品市场行情良好，准备扩大出口规模，需要一定的资金支持，于是 A 公司向 C 银行提出出口融资需

113

求。经审核，C 银行同意给与 A 公司贸易融资额度，双方签署了国际贸易融资合同。

A 公司将融资申请及相关商业单据副本提交至 C 银行，C 银行审核批准后在额度内放款，按相关外管政策进行出口收结汇联网核查并将融资款项转入 A 公司账户。

在 A 公司正常收汇后，以收汇款归还融资款项并通过银行进行涉外收入申报，C 银行给 A 公司出具出口收汇核销专用联。

四、外币出口代付

外币出口代付是指出口商银行接受出口商的委托，依据出口商以信用证、托收或汇款为结算方式的远期出口收汇（国外应收款），指示另外一家银行（简称"代付行"）将外币远期出口收汇款部分或全部先行支付给出口商，待出口商收汇后（代付期限与出口收汇期限相匹配）再将代付本金及相关息费偿还给代付行的短期资金融通业务。

（一）适用企业

在出运后有短期融资需求，具有进出口经营权及独立法人资格的出口企业。

（二）特点

（1）适用于有账期的出口销售结算方式。

（2）结算方式为出口商银行认可的国外银行开具的信用证方式，一般不需要在银行有授信额度；结算方式为托收或者汇款的方式，需要在银行有授信额度或者能够提供银行认可的反担保条件。

（三）能够解决的问题

（1）提高资金流转速度——减少流动资金占压，提高资金使用效率。

（2）降低融资成本——海外资金充裕，价格较低，有效降低融资成本。

（3）规避汇率风险——出口业务提前收汇、结汇，有效规避汇率风险。

(四)业务流程

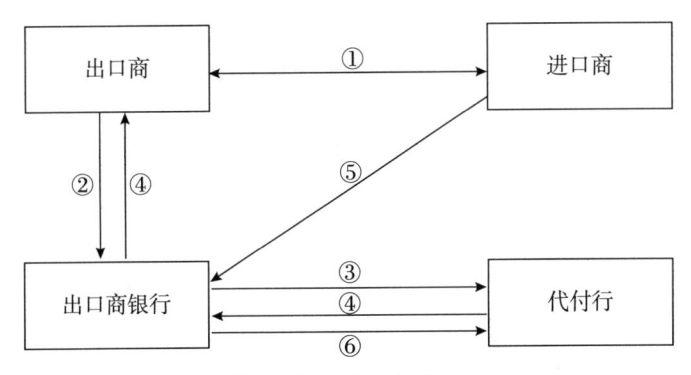

图 3-17　外币出口代付业务流程图

(1) 进出口双方签订贸易合同，出口商备货、发货，取得相关单据。
(2) 出口商提交出口相关单据及出口代付申请。
(3) 出口商银行审核单据无误后（信用证项下需取得开证行承兑报文），向代付行发出代付指示。
(4) 代付行代付。
(5) 进口商付款，出口商收汇。
(6) 偿还代付行代付本金及相关息费。

(五)案例

2011年6月初，北京出口企业D公司向哥伦比亚P公司出口价值500万美元的石油套管，双方约定采用90天远期信用证（90 DAYS AFTER B/L DATE）方式结算，开证行为当地H银行。

此时，哥伦比亚P公司对石油套管的需求量较大，D公司希望能够迅速回笼资金，用收回的资金去进行下一轮的国内采购，抓住市场机会扩大出口量及利润，但哥伦比亚P公司谈判地位较强，表示只能开出90天的远期信用证。D公司向其交单银行C银行提出了出口代付申请。C银行积极联系海外同业，成功联系到香港B银行，并达成出口代付合作意向。

随后，D公司积极备货、发货、交单。不久，C银行收到了H银行的承兑报文，随即向香港B银行发出代付指示，D公司在收到代付资金后马上结汇，并用于新一轮的石油套管采购。

五、跨境人民币出口代付

跨境人民币出口代付是指出口企业在以远期人民币信用证、人民币D/A（托收）或人民币O/A（赊销）等跨境人民币结算方式时，向银行申请办理出口贸易融资，出口商银行依据出口企业人民币远期出口收汇（国外应收款），指示另外一家银行（简称"代付行"）将人民币远期出口收汇款项部分或全部先行支付给出口商，待出口商收汇后（代付期限与出口收汇期限相匹配），再将代付本金及相关息费偿还给代付行的短期资金融通业务。

（一）适用企业

在人民币贷款利率上调且资金近一步趋紧的情况下，适用于有进出口经营权，同时需要进行人民币短期融资以满足境内原材料采购、生成运营等用途的境内出口企业。

（二）特点

（1）价格较境内人民币贷款低廉。
（2）适用于有账期的出口销售结算方式。
（3）与外币代付融资相比，代付期限可超过90天至180天，融资期限更长。
（4）结算方式为出口商银行认可的国外银行开具的信用证方式，一般不需要在银行有授信额度；结算方式为托收或者汇款的方式，需要在出口商银行有授信额度。

（三）能够解决的问题

（1）提高资金流转速度——减少流动资金占压，提高资金使用效率。
（2）降低融资成本——海外人民币资金充裕，价格较境内贷款成本低，有效降低融资成本。
（3）拓展商业机会——给外商更长的优惠付款账期，降低外商资金周转压力，建立长期合作关系。
（4）资金到达速度快——跨境人民币资金结算与境内人民币资金划转

第三章 如果你需要出口

实效一致，实时到账。

（四）注意问题

（1）代付银行通常不允许提前还款，如提前还款会额外收取一定比例费用。

（2）出口收汇核销手续只能在偿还代付行资金后才能办理。

（五）业务流程

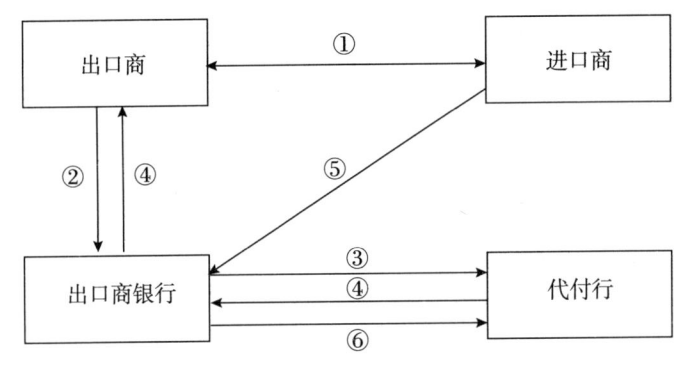

图3-18 跨境人民币出口代付流程图

（1）进出口双方签订人民币贸易合同，出口商备货、发货，取得相关单据。

（2）出口商提交出口相关单据及出口代付申请给出口商银行。

（3）分三种情况：

1）信用证项下，出口商银行审核单据无误后，寄单给进口商开证行，取得开证行承兑报文，出口商银行向代付行发出代付指示。

2）在D/A托收项下，出口商银行审核单据无误后，寄单给进口商账户行，取得账户行确认进口商付款日期的报文后，出口商银行向代付行发出代付指示。

3）在O/A赊销方式下，出口商银行审核出口商有关商业单据表面真实性、一致性和有效性后，向代付行发出代付指示。

（4）代付行代付人民币款项。

（5）进口商付款，出口商收款。

（6）偿还代付行代付本金及相关息费。

（六）案例

境内 A 公司向境外 B 公司出口机电设备，B 公司为国际知名公司，议价能力很强，要求 180 天之后才向 A 公司支付货款，而且要求采用结算成本较为低廉的 D/A 托收方式。当跨境人民币业务开通后，出口企业使用人民币收汇有效防止了在人民币升值背景下，外币结算项下因收款账期较长给出口带来的汇率损失，因此，A 公司答应了 B 公司的苛刻条件，同时要求与 B 公司采用人民币进行结算。最终，A 公司与 B 公司以人民币签订贸易合同，合同金额为 1 000 万元人民币，合同约定采用提单日后 180 天的 D/A 结算方式。

A 公司按期备货，一次性按时将全部货物发运，并将有关 D/A 项下单据向其账户行进行交单。A 公司在其账户行拥有一定的综合授信额度，为缓解资金压力，A 公司向账户行提出了人民币出口代付的融资申请。在账户行审核有关单据真实性、一致性和有效性后，将全套单据寄往代收行，同时，账户行在确认 A 公司授信额度可用的前提下，积极联系境外人民币代付行提前安排人民币代付事宜。

数日后，账户行收到境外 B 公司通过代收行发来的确认提单日后 180 天付款 1 000 万元人民币的报文。当天，账户行向境外人民币代付行发出报文，要求代付行向 A 公司在账户行指定账户汇入 B 公司确认的人民币资金（1 000 万元减代付行成本），就在同一天，A 公司收到了代付行付来的人民币资金。

通过人民币出口代付业务操作（境外代付融资成本为 5.8%），A 公司及时收到了人民币出口款项，而且，与在原有资金压力较大情况下，通过境内借同期限的流动资金贷款成本（半年期贷款利率基准 6.1% 上浮 10%）相比，节省了近 1%。

注意：以上案例需要在一定的市场条件下实现。

六、保险后出口押汇

企业在做出口贸易时，如果遇到新境外买家，希望发展新客户同时又担心对方付款信用，这时，投保出口信用险，将买家不履行付款义务的风险分担给出口信用险公司，从而企业可以放心发展新客户，扩大贸易规模。但是，如果新买家支付货款周期比较长，企业希望尽快回收资金，可以通过向银行申请办理已投保出口信用险的出口应收账款融资，即保险后出口押汇，提高应收账款流动性，提前回笼货款。

（一）适用企业

企业向出口信用险公司投保，缴纳了保费并履行了保单项下的义务。

（二）特点

1. 适合多种结算方式

只要企业投保了出口信用险，无论采用信用证、托收、赊销哪种结算方式，都可以向银行申请办理保险后出口押汇。

2. 锁定财务成本

账期较长的出口应收款，汇率波动对企业实际利润影响较大，采用保险后出口押汇，提前收汇，锁定汇兑成本，减少到期日前的汇率波动对利润影响。

3. 方便融资

企业在没有信保公司承保的情况下，直接向银行申请出口应收账款融资比较困难；投保后的出口应收账款，相对容易获得银行的融资。

（三）能够解决的问题

企业希望将手中的出口应收账款变现，但是直接向银行申请融资，信用等级可能达不到银行要求，在投保出口信用险后，出口应收账款回收安全性提高，银行通常比较容易接受。因此，企业可以选择在出口前向出口信用险公司投保后再向银行申请融资，以达到提前回款的目的。

（四）业务流程

1. 向信保公司投保阶段

（1）申请出口信用险，需要向信保公司重点说明出口交易记录、逾期未收汇情况以及赔偿比例的选择。

（2）信保公司为申请人核定保单最高赔偿限额，为申请人的具体买家核定信用限额。最高赔偿限额是保单有效期内信保公司承担最高累计限

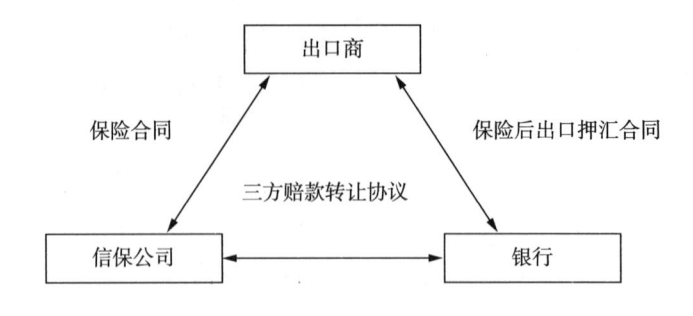

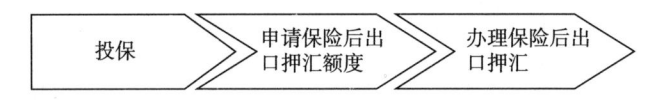

图 3-19　保险后出口押汇业务各方关系和流程图

额。信用限额是对特定具体买方承担的最高限额。

（3）信保公司签发保单。保单包括被保险人声明、投保单、保险单明细表、保险条款、国家（地区）分类表、费率表、信用限额申请表、信用限额审批单、出口申报单、批单及其他相关单据。

2. 向银行申请保险后出口押汇额度阶段

（1）企业向银行提供信保公司出具的买方信用限额审批单、短期出口信用保险承保情况通知书。

（2）企业、银行和信保公司三方签订赔款转让协议，约定保险项下的权益转让给银行。

（3）银行核准企业保险后出口押汇额度，与企业签订保险后出口押汇合同。

3. 办理保险后出口押汇阶段

（1）企业向银行申请具体一笔保险后出口押汇，提交保险出口押汇申请书及相关单据。

（2）银行审核企业该笔出口业务向信保申报、缴纳保费、赔款权益转让等情况落实后，向企业出具保险后出口押汇审批书办理放款。

（五）注意问题

信保公司的出口信用险承保两类风险：政治风险和商业风险。企业应注意信保公司对除外责任引起的损失不承担保险责任，同时设定赔偿比例。一般地，银行对保险后出口押汇金额比例不高于信保公司设定的赔偿比例，押汇的利率按押汇当日伦敦银行间同业拆放利率（LIBOR）加一定幅度收取。企业应注意，银行对保险后押汇保留追索权，如果到期境外买家不付款，银行将敦促企业向信保公司索赔，或者直接向企业追索融资款及相关的利息费用。

（六）案例

某小家电制造商新联系到一家澳大利亚客户，该客户需要一批榨汁机，付款方式是 O/A（赊销）90 天，货款金额 45 万美元。小家电制造商为了抓住新客户并确保回款的安全性和流动性，投保了出口信用保险，同时向银行申请保险后出口押汇额度。银行审核了由信保公司出具的以小家电制造商为投保人的保险合同、信用限额审批单和短期出口信用保险承保通知书以及缴纳保费的发票。经过与信保公司了解和沟通，银行给予该企业保险后出口押汇额度，并签署了赔款转让协议和保险后出口押汇合同。小家电制造商与该客户的每笔出口都办理了保险后出口押汇，应收账款回收时间平均缩短两个月。由于小家电制造商借助银行使得澳大利亚买家获得了更低的价格，因此买家扩大了采购量，企业自然也获得了更大的市场份额。

七、福费廷

福费廷（Forfaiting），意为放弃追索权，是指银行（或包买商）从出口商处无追索权地买断出口商在出口业务中合法取得的由开证行承兑的远期汇票或确定的远期债权或由进口商所在地银行担保或保付的远期汇票或远期本票的贸易融资方式。

（一）适用企业

福费廷与出口贸易密切相关。特别是对于采用分期付款方式以及期限较长的资本性商品和大宗商品的出口更适合通过福费廷方式融资。

（二）特点

1. 无追索权

相对于其他贸易融资方式，福费廷融资的最大特点是无追索权，出口企业叙做福费廷后，即放弃了对所出售债权凭证的一切权益，买断银行也将放弃对出口商的追索权。

2. 融资手续简便

出口商无须占用自身在银行的授信额度，就可从银行获得100%融资比率的资金融通。

福费廷成本分析：

1) 贴现率：福费廷利率的高低主要取决于进口国风险及开证行/保兑行/保付行的资信状况。在一般情况下银行贴现率由两部分组成：

一是基本利率：以伦敦同业银行拆放利率（LIBOR）为基础。

二是风险率：根据进口国国家评级及开证行/保兑行/保付行的信用评估来确定。

即贴现率 = LIBOR + 风险率

福费廷业务由于无追索权且融资期限较长，买断银行承担的风险比其他融资方式大，因此其贴现率通常也会高于其他融资方式。

2) 计息期：银行贴现日起至开证行/保兑行承兑的到期日或保付行保付的票据到期日加宽限期。

宽限期是指从债权到期日至银行实际收到款项的这段时间，宽限期视不同国家而定。一般不低于3天。

（三）能够解决的问题

1. 改善现金流量

对于出口企业来说，最关注的是发货后能否安全及时收回货款。福费廷可以满足企业的这一需求，同时缩短了远期收汇的时间，使出口企业提前获得资金，加速资金周转，减少资金占用时间。

2. 优化财务报表

企业通过福费廷方式融资，将远期应收账款变成现实的现金销售收入，反映在其资产负债表的资产方，从而改善了企业的财务结构。[1]

3. 节约管理成本

在办理福费廷后，企业不用再承担出口应收账款催收等后续工作及相关费用，节省了企业人力和财力的支出，降低了管理成本。

---

[1] 查忠民，金赛波. 福费廷实务操作与风险管理. 北京：法律出版社，2005.

第三章　如果你需要出口

4. 提前办理退税

银行对出口应收货款买断后即可出具出口收汇核销专用联，供企业办理出口收汇核销及退税手续，因而企业可以提前获得退税款项。

5. 增强风险保障

通过福费廷方式融资，出口商可以将远期收款可能带来的风险，如汇率、进口商信用等风险转嫁给买断银行，出口企业不用再承担这些风险。

（四）业务流程

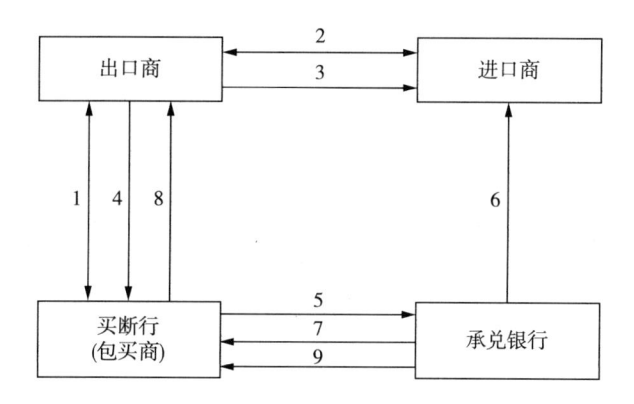

图 3-20　福费廷业务流程图

（1）出口商与买断行洽谈融资意向并签订福费廷融资合同。

（2）出口商与进口商签订远期付款贸易合同。

（3）出口商向进口商发货并缮制出口所需单据。

（4）出口商向买断行提示全套出口单据。

（5）经买断行向承兑银行提示出口单据，请承兑银行承兑出口商开具的远期汇票。

（6）承兑银行向进口商提示出口票据，经进口商确认同意付款后，由承兑银行承兑。

（7）承兑银行通过买断行将已承兑票据交出口商。

（8）买断行按与出口商事先签订的福费廷合同扣除贴现利息及相关费用后无追索权地买断已承兑的票据。

（9）票据到期时买断行从承兑银行收回出口货款。

（五）注意问题

福费廷是银行提供的一种无追索权的贸易融资便利。其业务必须具备真实的贸易背景，出口企业应提供有效洁净的债权凭证。

在以下情形下买断银行仍然保留对出口企业的追索权：第一，因法院止付令、禁付令、冻结令或其他具有相同或类似功能的司法命令导致银行未能获得偿付；第二，出口企业违反对银行的承诺，出售给银行的不是源于正当交易的有效债权。

（六）案例

A公司是一家从事建材产品生产销售的公司。随着国外市场对建材产品需求增加，A公司出口量逐年扩大，但在开拓市场的过程中公司感到资金压力很大，因为按照某进口商的要求，通常都是见票90天才支付货款。因而占用了A公司大量的资金，影响了公司的正常经营，使公司业务规模受到严重制约。同时按照A公司财务管理要求，在业务的考核指标中应收账款不能超过90天。A公司经过与C银行沟通后，C银行对A公司及相关出口业务进行了考察，认为该出口产品市场稳定，进出口双方长期合作，信誉良好，同意通过福费廷融资帮助企业解决当前企业发展中遇到的困难。双方经过进一步洽谈后，C银行与A公司签订了福费廷融资合同。

近期，A公司与进口商签订了一单建材出口合同，采用信用证方式结算，期限为见票90天远期，单据金额为236 000欧元。A公司按信用证条款一次性发货并将全套出口单据交C银行，C银行审单无误后于2009年7月7日将单据寄开证行，2009年7月14日，C银行收到开证银行通过SWIFT MT756发出的承兑通知，确认付款到期日为2009年10月9日。C银行根据A公司福费廷申请，在收到开证银行承兑后，于2009年7月17日以2.46%的贴现率买断A公司在该信用证项下的应收账款，扣除贴现利息EUR 1403.02后，C银行向A公司支付EUR 234 596.98贴现款项。

A公司这笔远期合同，通过福费廷融资，将远期应收账款变成现金销售收入，缩短了出口收汇的时间，加速了资金周转，减少了资金占用。同时C银行立刻为A公司出具出口收汇核销联，A公司收到相关财务凭证后办理了出口退税。

八、国际保理

在国际贸易中,买卖双方为降低交易成本和扩大业务量的意愿强烈,近年来赊销(O/A)方式越来越成为主要的结算方式,有数据显示赊销方式占比已达到 80%。出口商为获得更多的业务量,给予进口商一定账期的信用付款便利,出口商采用国际保理安全回款或者获得融资提前回款,提高资金的流动性。根据国际保理商联合会(FCI)公布的数据:2008 年全球完成国际保理业务 1 762 亿欧元,其中欧洲占比 65%,亚洲占比 28%。在亚洲,我国 2008 年完成国际保理业务 250 亿欧元,占亚洲国际保理业务量的 50%,在亚洲排名第一位[1],但与中国 2008 年全年进出口总额 25 616 亿美元(约 20 317 亿欧元)相比[2],份额较小,采用国际保理业务的贸易量只有 1.2%,而在欧盟内部,80%的贸易采用国际保理方式。

保理是保付代理的简称。国际保理是出口商采用赊销(O/A)、承兑交单(D/A)等信用方式向进口商销售货物时,由出口保理商(与出口商签有协议的保理商)和进口保理商(在进口商所在国与出口保理商签有协议的保理商)共同提供的集贸易融资、销售分户账管理、应收账款催收以及坏账担保于一体的综合性金融服务。国际保理通则(GRIF,General Rules for International Factoring)是国际保理商之间业务操作和解决争议的统一惯例。根据不同的分类方法,国际保理可分为出口保理和进口保理,由出口保理商和进口保理商共同参与的出口保理为出口双保理。根据是否通知进口商应收账款转让,可以分为明保理和暗保理。在出口双保理中参与四方分别为出口商、出口保理商、进口商和进口保理商。在这四方之间存在三对法律关系:销售合同约束出口商和进口商、出口保理协议约束出口商和出口保理商、国际保理业务协议约束出口保理商和进口保理商。在出口双保理中,进口保理商在核准的进口商信用额度内,承担应收账款全额担保。应收账款转让和支付顺序如图 3-21 所示:

---

[1] 国际保理商协会(Factors chain International):http://www.factors-chain.com/? p = ich&uli = AMGATE_ 7101 -2_ 1_ TICH_ L470153550

[2] 海关总署:http://www.customs.gov.cn/publish/portal0/tab400/module15677/info155564.htm

```
                            销售合同
        ┌─────────┐ ─────────────────── ┌─────────┐
        │  出口商  │                      │  进口商  │
        └─────────┘                      └─────────┘
             ↑                                │
             │                                │
         出口保理协议                          │
             │                                │
             ↓                                ↓
        ┌──────────┐                     ┌──────────┐
        │出口商保理商│ ←──────────────── │ 进口保理商 │
        └──────────┘                     └──────────┘
                        国际保理业务协议
```

- - - ▶ 应收账款转让顺序
─────▶ 应收账款支付顺序

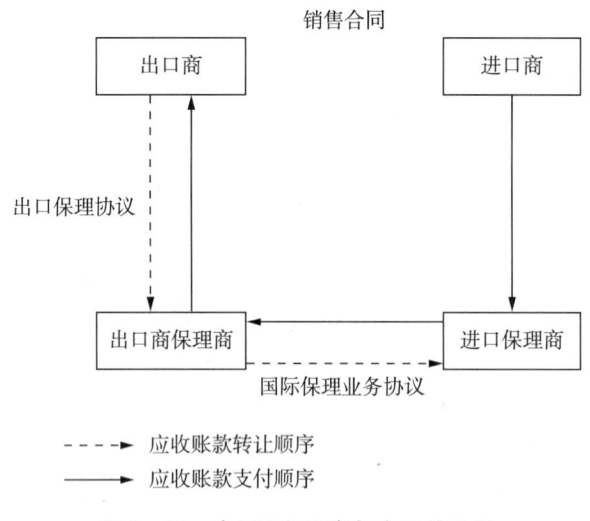

图 3-21　出口双保理参与方及关系图

（一）适用企业

（1）出口企业遇到进口商不愿意开立信用证，以赊销（O/A）承兑交单（D/A）结算，出口商担心回款安全性或者希望提前回收资金但又没有有效担保，可以采用国际保理方式，如期收回货款或者融通资金提前回款。

（2）企业希望改善财务报表。国际保理一般无追索权，因此企业可以通过国际保理在报表上减少应收账款余额，从而改善资产质量。

（二）特点

（1）销售分户账管理：进口保理商通过对出口商各对应买家的额度管理，进而为出口商管理销售分户账。

（2）应收账款催收：进口保理商承担向进口商到期催收应收账款，出口商可以免去投入更多的精力和物力去催收。

（3）坏账担保：国际保理最重要的功能之一，一旦出现进口商不付款，在发票到期日后90天，进口保理商承担担保付款责任。

（4）贸易融资：由于进口保理商承担坏账担保，出口商容易从出口保理商处获得贸易融资，提前回收货款。

第三章 如果你需要出口

（三）能够解决的问题

出口商不了解进口商信誉，实力怎样，能否到期付款？流动资金被应收账款占压，银行又不给贷款，资金如何周转？应收账款笔数较多，催收耗时耗力，如何有效催收？买方拒绝开证，要求赊销，市场与风险，如何取舍？公司马上要公开财务报表，应收账款余额太大，如何处理？国际保理可以解决上述问题。

（四）业务流程

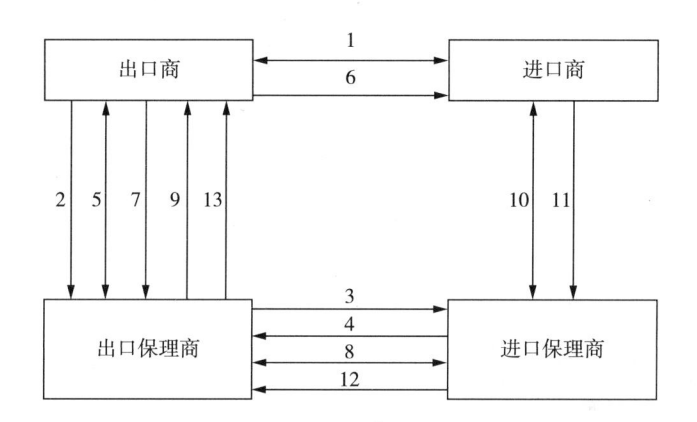

图 3-22 国际保理业务流程图

（1）出口商与进口商签订销售合同。

（2）出口商向出口保理商提交出口保理申请书，如果希望提前回收货款有融资需求一并申请。

（3）出口保理商通过"EDIFACTORING.COM"向进口保理商发报文，建立出口商信息并初询进口商额度。

（4）进口保理商在收到报文后，评估进口商资信，为进口商核准一个额度并报价，发报回复出口保理商。

（5）出口保理商根据进口保理商为进口商核准的额度报文，与出口商签订出口保理协议。

（6）出口商向进口商供货，将附有转让条款的发票寄送给进口商，通知应收账款已转让给出口保理商。

（7）出口商将发票副本、货运单据、商务合同和债权转让通知书递交给出口保理商。

（8）出口保理商通知进口保理商发票详情。

（9）如果出口商有融资需求，出口保理商可向出口商发放不超过发票金额80%的融资款。

（10）在付款到期日前，进口保理商向进口商催收。

（11）进口商付款给进口保理商。

（12）进口商扣除相关费用，付款给出口保理商。如果进口商在发票到期日90天后仍未付款，进口保理商做担保付款。

（13）出口保理商扣除融资本息（如有）及费用，将余额付给出口商。

（五）注意问题

在国际保理业务中，进口保理商在核定额度内承担进口商的信用风险。企业应注意，由于货物质量、数量引起的贸易纠纷而导致进口商拒付，进口保理商不予以担保。在交付货物时，企业应严格按照销售合同规定的执行，以免引起进口商拒付，进口保理商不承担担保付款责任。

（六）案例

一家出口五金制品的企业，主要供应欧洲市场，订单持续稳定，客户在发票日后60天付款。客户资信良好，无不良交易记录。由于该厂的主要客户都集中在欧洲几个买家，应收账款余额较大，给企业带来较大的资金压力。为了提高资金使用效率，尽快将应收账款变现，该企业向银行申请无追索权的出口保理，银行审核了欧洲客户的交易记录并向进口保理商询价，进口保理商评估后，为每个买家核定了额度并报价。出口保理商核算了自己的成本，给申请企业一个最终报价，该企业计算了融资成本和便利，决定接受报价，做应收账款融资。通过几手交易，该企业尝到了通过出口保理盘活应收账款带来的便利。为扩大市场份额，提高竞争力，该企业希望对刚刚接手的新客户以赊账方式结算并通过出口保理办理应收账款融资。经过进口保理商评估后，认为新建立的客户目前资信状况在恶化，尽管原先信用良好，但进口保理商持谨慎态度，没有为此新客户评估额度，拒绝对此买家的应收账款做保理。该企业通过出口保理，及时了解了新客户的资信现状，果断地终止了一笔坏账的产生，由此，该企业更深切地认识到出口保理的实用和便利。

九、出口卖方信贷

"走出去"战略是我国资本、产品、技术、服务和人员走出国门参与全球化竞争和国际化经营的发展战略。在我国"走出去"战略的支持下，越来越多的企业走出国门，利用国内丰富的劳动力资源及技术优势，开拓国际市场。出口卖方信贷就是给"走出去"企业的有力支持。

出口信贷是指一个国家为了支持和扩大本国出口，通过政府对出口信贷机构（Export Credit Agency，ECA）给予财政补贴或由出口信贷机构（ECA）对出口业务提供保险，由本国出口信贷机构或商业银行对本国出口商或外国进口商提供的融资便利。按照借款主体的不同，出口信贷业务可以分为出口卖方信贷和出口买方信贷，前者的借款主体是出口商，后者的借款主体是进口商。但从最终目的来讲，均是出口国政府为了扩大本国的出口，是国家垄断资本争夺销售市场的手段，故而又称为"官方支持的出口信贷"（Officially-Supported Export Credit，OSEC）。

出口卖方信贷是指在大型机械设备、成套设备进出口贸易以及境外工程中，为了解决出口商以延付方式提供设备、境外工程服务而遇到的资金周转困难，由出口商所在国银行向出口商提供的优惠贷款。在一个国家出口信贷发展初期，往往把卖方信贷作为其出口信贷的主要方式，这是因为提供信贷的银行或申请信贷的出口商都在一个国家操作比较方便。

（一）适用企业

出口商为我国机电产品、成套设备、对外工程承包等资本性货物和服务的出口商，以延付方式出口设备、机电产品或对外进行工程承包。由于延付结算方式的安排，给出口商日常资金周转带来压力，出口商希望能够获得较为长期的、融资利率较低的贷款。

（二）特点

1. 增强企业出口竞争力

作为出口国政府支持的融资，中国企业通过出口卖方信贷的安排，能够向进口商提供长期优惠利率的延付账款安排，同时满足进口企业取得长期融资支付货款的需求。从而使中国企业在日益激烈的国际竞争中增加业务机会，提高国际竞争力。

2. 降低出口收汇面临的风险

出口信贷是政府支持下的融资业务，在我国主要采取由中国出口信用保险公司为出口企业或提供出口信贷业务的银行提供出口信用保险的方式来扩大我国出口，提升企业出口竞争力，降低企业和银行面临的国别风险和商业风险。

3. 利率优惠

出口卖方信贷的利率一般比较优惠。出口信贷的根本就是利用政府资金进行利息补贴，提高本国出口产品的竞争力，进而带动本国经济增长。所以，出口信贷的利率水平一般情况下低于资金贷放市场利率，利率差由出口国政府补贴。

4. 贷款期限较长

出口卖方信贷主要用于解决本国出口大型设备或承包国外工程项目所面临的资金周转困难，是一种中长期贷款，通常贷款金额大，贷款期限长，根据项目的不同，贷款期限可长达 10 年。

（三）业务流程

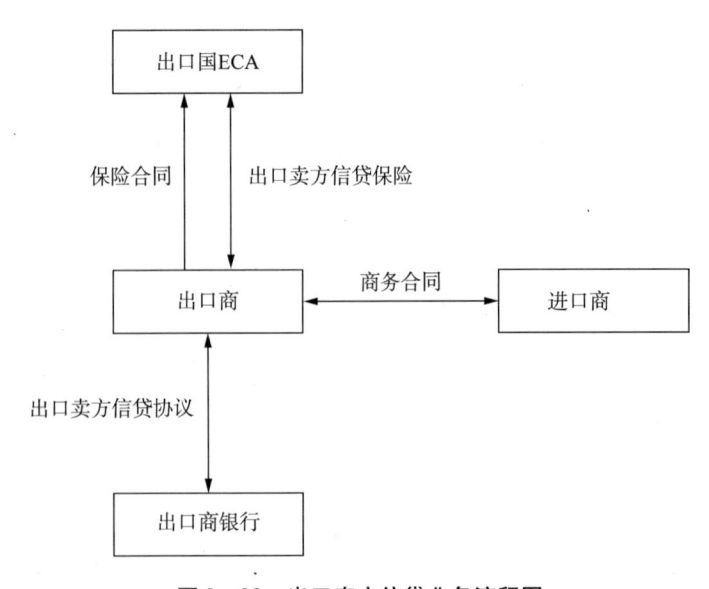

图 3-23　出口卖方信贷业务流程图

1. 融资意向阶段

企业（出口商）在进出口双方初步洽谈业务时或企业（出口商）参加境外投标时，与银行相关部门取得联系。针对企业的具体项目，银行在深入了解融资信息与融资需求并获得项目的相关资料后，由银行起草出口信贷方案建议书，并就建议书中相关融资条件与企业及进口商进行协商，确定基本方案。

2. 与中国出口信用保险公司确立承保意向

企业就该项目向中国出口信用保险公司询保，争取获得信保公司出具的兴趣函和承保意向书。在确认信保公司出具的兴趣函及承保意向书后，银行向出口商出具融资兴趣函或意向函。

3. 根据客户申请完成内部审批

银行相关人员协助出口商和借款人进行商务合同的谈判，明确出口买方信贷融资比率、结算方式，争取在支付贷款、结算方式等与贷款的提款期、支款等条件相匹配。银行将根据企业提交的正式书面申请，按照与企业确定的融资条件，完成内部审批。

4. 法律文本制定与签约

银行拟定相关法律文本，并与相关方就法律文本进行协商，达成一致后安排签约。

5. 发货及结算

进口商按照商务合同的约定，分期偿还货款并支付相应利息给出口商。出口商在收到进口商延期支付的货款后，按照贷款协议的约定分次偿还银行贷款本息。

（四）案例

某工程集团公司投标承建某国的公路项目。该项目采用国际公开竞争方式招标，该工程集团公司在与几家国际承包商激烈的竞争后，以极有优势的报价夺标，并顺利与业主签订了总承包合同。该工程集团公司能够在激烈竞争中取胜，成本优势在竞标中起了决定性作用。由于利用了卖方信贷，该工程集团公司的筹资成本大大降低，而且在资金规模上有了可靠的保证，使其在与国际承包商的角逐中能够报出有竞争力的价格，最终中标。该项目的成功实施带动了施工设备、劳务和技术服务的出口，体现了承包商的整体创汇能力。

十、出口买方信贷

出口买方信贷是指国家为支持本国产品出口，通过采取提供保险、融资或利息补贴等方式，鼓励本国金融机构向进口国政府、银行或进口商提供的优惠贷款，主要用于国外进口商购买本国的船舶、飞机、电站、汽车等成套设备以及其他机电产品。

（一）适用企业

出口商为我国机电产品、成套设备、对外工程承包等资本性货物和服务的出口商。借款人为进口商、进口商银行（转贷行）或进口国法定主权级借款部门（如财政部、中央银行等）。同时，商务合同项下须满足以下条件：

（1）商务合同项下进口商应支付15%的预付款。
（2）贷款金额最高不超过商务合同价的80%~85%。
（3）借款人须向保险公司投保出口信用险。
（4）按贷款人的要求签订贷款协议。
（5）由借款国的中央银行或财政部出具贷款担保。
（6）根据商务合同的期限确定支款期限。
（7）商务合同符合双方政府的有关规定，并取得了双方政府的有关批准。
（8）贷款货币为美元。
（9）商务合同项下的出口结算应在相应提供出口买方信贷的银行进行。
（10）商务合同应先于贷款协议生效。

（二）特点

1. 优化财务报表，扩大经营成果

银行为企业出口项目安排出口买方信贷，在不增加资产负债表中负债金额的情况下使出口项目获得资金支持，改善企业的财务状况，扩大企业当期经营成果，使企业经营业绩和资产负债表的质量得到明显改观。

2. 规避汇率风险

出口买方信贷可以使企业在出口商务合同履约后即期收汇，避免延期

第三章 如果你需要出口

收汇带来的汇率损失。

3. 提升企业的信用评级

出口买方信贷可以使企业获得融资的同时不在资产负债表中反映为负债，可以优化企业的财务报表，改善企业的财务指标，特别是降低了企业的资产负债率，提高了流动比率、速动比率，从而有利于提高企业的信用等级，使企业在进一步的融资活动中（如银行借款、发行债券、发行股票等）处于有利的地位。

4. 部分抵消通货膨胀对企业的影响

在历史成本计账的会计原则下，发生通货膨胀时，企业资产负债表的资产项目账面价值可能会低于其现值，企业财务状况看起来会比实际情况差。当企业以传统融资方式重置资产时，结果将会导致资产负债率的上升。出口买方信贷和出口应收债权融资可以将资产负债的变化置于表外，在一定程度上抵消了通货膨胀对企业财务状况的不利影响。

（三）业务流程

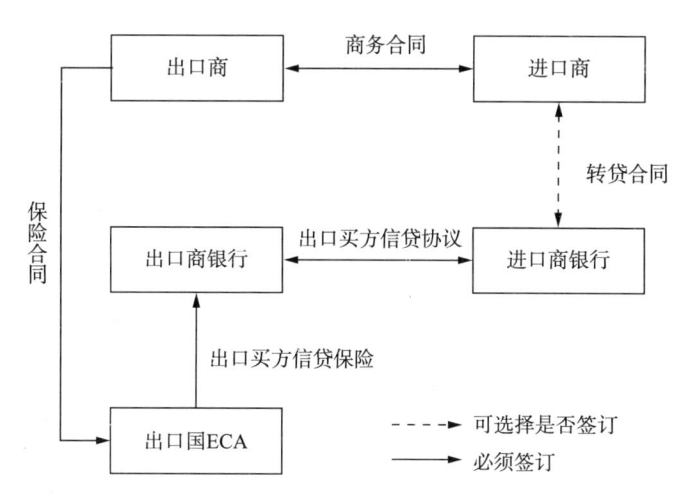

图 3-24 出口买方信贷业务流程图

1. 融资意向阶段

出口商在进出口双方初步洽谈业务时，或出口商参加境外投标时，与银行相关部门取得联系。针对企业的具体项目，银行在深入了解融资信息与融资需求并获得项目的相关资料后，起草出口信贷方案建议书，并就建议书中相关融资条件与企业及进口商进行协商，确定基本方案。

2. 与中国出口信用保险公司确立承保意向

企业就该项目向中国出口信用保险公司询保，争取获得信保公司出具的兴趣函和承保意向书。在确认信保公司出具的兴趣函及承保意向书后，银行向出口商出具融资兴趣函或意向函。

3. 根据企业申请完成内部审批

银行相关业务人员跟踪项目进展情况，协助出口商和借款人进行商务合同的谈判，明确出口买方信贷融资比率、结算方式，争取在支付贷款、结算方式等与贷款的提款期、支款等条件相匹配。银行将根据企业提交的正式书面申请，按照与企业确定的融资条件，完成内部审批。

4. 法律文本制定与签约

银行拟定相关法律文本，并与相关方就法律文本进行协商，达成一致后安排签约。

5. 用款阶段

出口商发送货物，按照协议规定的结算方式，委托银行办理托收或信用证业务，向借款人提交单据，要求借款人审核单据，并发送付款指令。所有前提条件满足后提用银行贷款。出口商定期提供出口合同进展报告，明确交货或工程进度，以及货款结算情况。

（四）注意问题

企业在项目的投标阶段应取得中国出口信用保险公司的初步同意，并把可提供出口买方信贷作为投标的融资方案。同时，因出口买方信贷最终由银行提供贷款，建议企业从投标开始就与银行保持密切的合作。

（五）案例

某企业是国内著名电信设备制造商，海外市场是其重要战略市场。2008年，该企业在非洲市场中标一个电信网络建设项目。业主是当地某电信运营商，需要长期的项目融资支持，该企业向其推荐了国内银行的出口买方信贷业务。在出口保险公司承保的情况下，为业主提供了10年期的出口买方信贷。国内企业通过提供出口买方信贷产品，扩大了进口商的融资渠道。由于出口买方信贷由中国信用保险公司承保，风险对价低，使得融资成本远低于海外市场商业贷款的成本，为国内电信设备制造商成功获得了海外订单。

十一、货运保险承保代理

保险单据作为信用证项下的重要单据，也是信用证安全收汇的影响因素之一。不少企业由于在制单过程中没有足够的经验，保险单据往往不符合信用证的要求，在交单后，需要根据银行要求再进行保险单据的修改，从而造成交单时间的延误。进出口货运保险承保代理是银行在保险公司授权范围内，通过专线联网系统，代理销售进出口货运保险的业务。

（一）适用企业

从事国际贸易的进出口企业，在货运过程中均需要购买货物运输保险。

（二）特点

（1）节省制单时间、提高单据正确率——在银行办理进出口结算业务的客户，通过银行柜台即可购买货运保险，节省时间，而且银行专业人士录单，保证单证一致，免去改单烦恼。

（2）获得较为优惠的保费——由银行统一与保险公司商定费率，能够享受较为优惠的保费。

（三）业务流程

受理投保 → 缴纳保费 → 打印单据 → 审核单据

图 3-25　货运保险承保代理业务流程图

1. 受理投保

企业可向银行柜台进行询价并确认投保险种，并填写"货物运输险投保单"。

2. 缴纳保费

企业在填写投保单时可自主选择委托银行在其开立的外币账户中直接划扣应付保费，或者授权银行必要时可直接从其人民币账户中购汇支付保费。

对于选择主动缴纳保费或其他类缴款方式的客户，可以以人民币、港币、美元 3 种币种计收保费。对于以美元、港币以外的外币投保的都按出单当日银行外汇牌价的中间价转换成美元或港币缴纳保费，不折合成人民币缴纳。

3. 打印单据

企业在缴纳全额保费之后，由银行经办人员打印保单，即可轻松完成货运保险的购买。

4. 审核单据

如果企业选择在银行办理交单，保险单据可以直接交于银行审单人员进行审核。

（四）注意问题

1. 事先沟通

贸易合同或者信用证项下对保险单据的要求各不相同，为了使保险单据满足贸易合同或者信用证项下单据的要求，可以在投保前与银行经办人员进行充分沟通。

2. 适用费率

银行有标准的货运保险费用表，但如果进出口的商品属于特殊商品，或者在货运过程中有特殊要求，或者属于非标准情况的，银行需要与保险公司进行沟通，单独确定费率。

（五）案例

某企业在银行办理出口交单时，审单人员发现保险单据与信用证要求不符，联系企业改单，并向该企业推荐了银行的进出口货运保险承保产品。经比较企业发现银行代理保险的机构在保险业内口碑较好，而且提供的保费费率比企业自己与保险公司谈的要低，决定使用银行代理的进出口货运保险。在办理业务过程中，企业发现在银行柜台就能完成投保、出单、交单等一系列工作，既提高了工作效率也保证了单据的质量。

第三章 如果你需要出口

第六节 收汇阶段银行能做什么

随着对外贸易的发展,很多出口企业"走出去",参与了全球市场的竞争。但企业国外经营过程中往往存在各类不可预期的风险,影响企业的产品销售和利润实现。一方面,由于利率、汇率或商品价格变动造成企业经营损失的风险已成为企业必须认真面对和解决的财务风险管理课题;另一方面,一旦企业出口收汇坏账增加,将影响企业的正常资金周转,不利于外贸出口的持续健康发展。

通过积极合理地运用多元化金融组合工具进行风险管理,不仅能够满足企业自身财务的需求,而且还能实现保值或增值的目标。随着外汇管理部门对一些具有套期保值作用的金融衍生产品政策的逐步放开,进出口企业可以基于贸易本身的收付汇开展适合企业自身的金融产品组合。本节新增了人民币与外汇货币掉期,就收汇阶段,企业可以通过外币直收业务、票据安全托收、远期结汇、代客外汇买卖、人民币与外币掉期、人民币与外汇货币掉期、人民币与外汇期权、国际商账追收、海外破产债权处置、海外拒收货物处置、代为设定物权保留、国际业务网上银行等产品实现快捷、安全收汇。

一、质量保函

质量保函根据适用场合不同,又可被称为保修期保函、保留金保函或尾款保函。进出口合同中一般约定,出口商在完成货物供货或服务等合同义务之后,合同将进入质量保证期,质量保证期的长短根据货物或服务的类别不同而有所不同。出口商须向进口商提交一份质量保函作为质量保证期间出口商保证产品质量或承担质量保修义务的保证。质量保函一般为合同价格的5%~10%。

(一) 质量保函的开立前提

(1) 具有真实的贸易背景。

(2) 贸易合同中约定了需要开立质量保函的相关条款。

(3) 符合《中华人民共和国对外担保管理办法》及《实施细则》的相关规定（详见履约及预付款保函对应章节中的介绍）。

(二) 质量保函的主要作用

质量保函对于出口商起着信用支持和融通资金的作用。在进出口合同中，合同款一般会随着合同执行的进度逐笔支付。一般来讲，供货义务或服务义务执行完毕后，进口商会预留 5%～10% 的合同尾款作为出口商在货物或服务质量保证期内的保证金，而出口商可通过提交保留金保函或尾款保函的方式请求进口商提前支付合同尾款，达到提前收取合同尾款的目的。质量保函一般至合同的质量保证期结束失效。

(三) 质量保函的主要特点

1. 生效条件特殊

质量保函的生效条件通常设定为"进口商签发交货单之日"，"合同的质量保证期开始之日"或是"出口商收到合同项下尾款之日"。因此，银行在开立质量保函时，通常要求出口商提供证明合同进入质量保证期的相关凭证。

2. 通常作为履约保函的外延和补充

从时间上来看，质量保函通常与履约保函紧密衔接。当合同供货阶段执行完毕后，履约保函失效，质量保函作为履约保函的外延开始生效，一直到合同的质量保证期的结束。若履约保函效期涵盖了质量保证期，出口商应避免再提供质量保函以保证自己的利益。

二、外币直收业务

外币直收业务是银行为满足企业在外汇资金流动性方面的需求提供的特色金融服务。该项服务改变了银行须收妥境外账户行对账单后再转款的传统做法，可以通过将境外账户行信息预先设置在银行先进的外汇清算系统中，实现企业资金 T+0 日的实时自动划转。该服务大大缩短了境外资金的清算时差，便于企业安排调用境外资金。

第三章　如果你需要出口

（一）适用企业

外币直收业务金融服务适用于对境外汇入资金到账速度有较高要求的企业，尤其适用于那些对资金链的连贯性有较高要求、资金频繁在境内境外及不同结算流程间划转的企业。

（二）特点

外币直收业务的核心是通过在银行外汇清算系统中事先设定账户行信息，将境外账户行发来的汇入款业务的款项当日解付给企业，能够节约资金流动成本，提高资金使用效率。主要有以下几个特点：

（1）加快收汇速度，缩短企业资金在途时间，可实现企业境外汇款资金起息日当日到账。

（2）处理方式灵活，打破了地区、时间差异，改变以往通行的收妥对账单解付头寸的方式，实现根据符合直收条件的账户行付汇报文，直接将款项记入企业账户的方式。

（3）直收货币范围广泛。目前银行可办理"外币直收业务"的货币共有13种，基本涵盖结算或收付汇常用币种，具体为：美元、欧元、日元、港币、英镑、瑞士法郎、瑞典克朗、丹麦克朗、挪威克朗、加拿大元、澳大利亚元、新加坡元、新西兰元。

（三）能够解决的问题

外币直收业务最大限度地解决了因世界各地时差及各清算货币国家清算时间的时限、收汇资金无法当日使用的问题，切实提高了收汇效率。另外，在目前国际汇率市场波动较大的形势下，还可以为企业争取到最佳的结汇时间点。

（四）业务流程

（1）境外汇款企业通过汇款行发出汇款报文。

（2）汇款报文在银行当日工作时间内到达的，进入银行外汇清算系统，自动判断是否符合直收条件。

（3）凡符合直收条件的账户行付汇报文，通过外汇清算系统的处理，将款项及信息划转至相关网点。

(4) 网点业务员将款项最终贷记企业账户,完成直收。

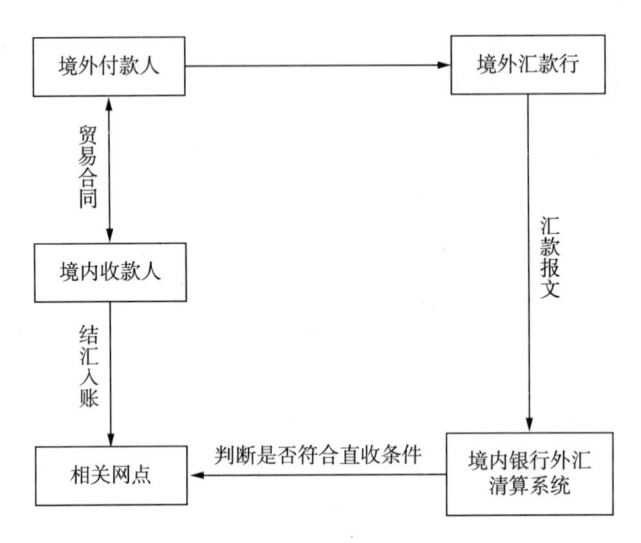

```
┌─────────────┐      贸易合同       ┌─────────────┐
│  境外付款人  │ ←─────────────→ │  境外汇款行  │
└─────────────┘                    └─────────────┘
       ↕                                   │
                                      汇款报文
                                           │
                                           ↓
┌─────────────┐                    ┌─────────────┐
│  境内收款人  │                    │  境内银行外汇 │
└─────────────┘                    │   清算系统   │
       │                            └─────────────┘
   结汇入账                                │
       │         判断是否符合直收条件        │
       ↓       ←─────────────────        │
┌─────────────┐
│   相关网点   │
└─────────────┘
```

图 3-26　外币直收业务流程图

(五) 注意问题

由于世界各地银行系统的清算截止时间不同,账户行直汇报文未在银行当日营业时间内到达的,银行无法办理直收。非账户行发送的报文也无法办理直收。

(六) 案例

我国某大型跨国企业将于 2009 年 6 月 2 日向全球供应商付款,汇出款总计 3 亿美元,该公司当天美元账户期初余额仅有 1 亿美元,尚有 2 亿美元的缺口,须从境外总部汇入后方能办理付款业务。

6 月 2 日上午九点半,银行外汇清算系统接收该公司境外汇入款报文,金额为 2.1 亿美元,为该公司总部授权境外银行发送,发报银行为该企业开户银行的美元境外账户行,经系统确认符合直收条件,将资金及信息自动划转至国际结算部门,相关部门立即办理收汇业务,使该公司账面余额满足当日付款要求,直接进入付款流程。

第三章　如果你需要出口

三、票据安全托收

票据安全托收是银行为满足企业在办理外币票据（注：所指票据为光票）托收业务时实现风险最小化的一种特色金融服务。企业只需在银行开有相关存款账户，并向银行提示所持票据采用"票据安全托收"方式办理即可。

（一）适用企业

票据安全托收适用于采用外币票据方式进行境外贸易结算且对票据风险控制有较高要求的出口收汇企业。

（二）特点

票据安全托收与其传统的票据托收方式相比具有风险小、费用低、速度快三大特点。

1. 风险小

采用传统方式办理的票据托收业务，根据国外票据法律的规定，即使在付款银行已付款的情况下仍保留对票据正面一年背面三年的追索权利。而"票据安全托收"是银行对企业提供了票据正面零风险的安全承诺，即票据托收款项一旦记入企业账户，银行不再保留对票据正面的追索权利，最大限度地保证了企业的资金安全。

2. 费用低

采用传统方式办理的票据托收业务，境外代理银行视其情况收取费用 30~60 美元不等，"票据安全托收"采用固定收费标准，境外代理银行根据协议对每张票据收取 5~10 美元费用不等。

3. 速度快

采用传统方式办理的票据托收业务，银行对企业承诺的到账时间为 40 天至 60 天，"票据安全托收"对企业承诺的到账时间为 40 天内。

（三）能够解决的问题

票据安全托收拓宽了境内外进出口企业之间贸易结算方式的选择空间，同时使境内出口收汇企业在发货收款后不再承担因票据正面假冒、伪造等原因产生的退票追索风险，为企业寻求简便而安全的结算方式提供了一个选择途径,有利于促进跨境企业间业务合作的成功与开展。

(四) 业务流程

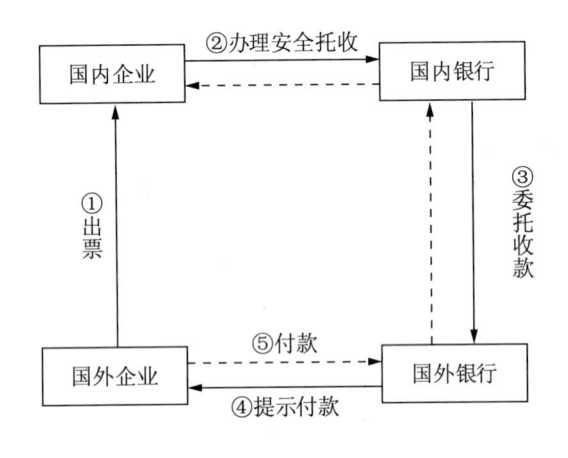

图 3-27 票据安全托收业务流程图

(1) 国外企业以外币票据方式支付款项,并将外币票据交国内收款企业。

(2) 国内收款企业持票据到国内银行要求以"票据安全托收"方式办理收款。

(3) 国内银行审核票据无误后将票据寄往国外代理银行委托收款。

(4) 国外代理银行收到票据后向国外企业提示付款。

(5) 国外企业确认票据无误后付款,国内银行收妥款项后立即计入国内企业账户。

(五) 注意问题

(1) 票据安全托收只适用于75万美元以下美国本土付款的美元票据。且出票人及境外付款银行对于票据背书的伪造和假冒等情况保留三年的退票追索权。

(2) 企业提交的票据必须为正本及完整票据、未过期及有完整正确背书的票据。

(3) 远期(未到期)票据、曾做过托收或曾发生退票的票据、美国财政部支票、邮政汇票等不适用于此项服务。

（六）案例

国内的 A 公司与国外的 B 公司签订了一份业务合同，金额为 500 000 美元。根据双方协议 B 公司将以美元票据方式支付货款。当 A 公司收到 B 公司签发的金额为 500 000 美元且由 C 银行纽约分行解付的票据后，于 2009 年 6 月 1 日持该票据到银行办理委托收款，并要求以"票据安全托收"方式办理。银行审核无误后受理，并告知 A 公司正常情况下托收款项应于 2009 年 7 月 10 日之前入账，在 C 银行扣除 10 美元的费用后，A 公司实际到账金额应为 499 990 美元，款项收妥后 A 公司不再承担票据正面的任何风险。

四、远期结售汇

远期结售汇业务是指企业与银行签订远期结售汇协议，约定未来结汇或售汇的外汇币种、金额、期限及汇率。到期外汇收入或支出发生时，按照该远期结售汇协议订明的币种、金额、期限、汇率办理的结汇或售汇业务。

远期结售汇币种包括美元、港币、欧元、日元、英镑、澳大利亚元等可自由兑换货币。期限包括 7 天、14 天、21 天、1 个月至 12 个月 15 档标准期限，也包括交割日为未来某一确定日的非标准期限。

远期结售汇业务品种分为固定期限交易（交割日为未来某一确定日）和择期交易（交割日为未来某一段时间）。

（一）适用范围

（1）境内企事业单位、国家机关、社会团体、部队等机构，包括外商投资企业等。

（2）远期结售汇业务的办理应遵循实需原则，企业不得进行投机性交易。办理远期结售汇的具体外汇收支应当符合国家法律法规的要求，并提供完整的有效凭证。

（3）根据国家外汇管理规定，可办理即期结售汇的收支，均可办理远期结售汇业务。

（4）远期结售汇应当依据远期结汇/售汇申请书中约定的外汇收入来源或外汇支出用途办理，应避免与其他外汇收支进行冲抵。

（二）特点

由于远期结售汇业务可以事先约定将来某一日与银行办理结汇或售汇业务的汇率，对于未来一段时间有收、付外汇业务的企业来说可以起到防范汇率波动风险，进行货币保值的作用。

（三）受理原则

企业如有以下外汇收支可向银行申请办理远期结售汇业务：
(1) 经常项下收支。
(2) 偿还银行自营外汇贷款。
(3) 偿还经国家外汇管理局登记的境外借款。
(4) 经国家外汇管理局登记的境外直接投资外汇收支。
(5) 经国家外汇管理局登记的外商投资企业外汇资本金收入。
(6) 经国家外汇管理局登记的境内机构境外上市的外汇收入。
(7) 经国家外汇管理局批准的其他外汇收支。

（四）业务流程

签订"远期结售汇人民币与外币掉期交易主协议"	落实交易担保	办理交易	交易成交	交割
1.企业和银行签订"远期结售汇人民币与外币掉期交易主协议"，并提交"交易风险说明书"及"交易授权书"	2.明确交易担保方式，如没有获得银行授信额度，则采用保证金方式，须开立保证金账户	3.企业向银行询价，并提交远期结售汇申请书，按照协议约定存入足额保证金或占用授信额度，确定交易要素	4.交易成交后，银行发出交易确认书，并经企业确认	5.市值重估损失达到约定比例，企业须补足保证金或补占授信额度 6.提前交割或展期 7.履约审核和交割

图 3-28　远期结售汇业务流程图

第三章　如果你需要出口

（1）签订协议。企业向银行提出业务需求，双方签订"远期结售汇/人民币与外币掉期主协议"（一式两份，企业与银行各执一份），并提交"交易风险说明书"及"交易授权书"。

（2）担保方式。如企业没有获得银行此类业务授信额度，应当在银行开立保证金账户。

（3）交易日，由企业向银行询价，并提交远期结汇/售汇申请书，按照协议约定比例存入足额保证金，或占用相应授信额度，确定交易币种、金额、汇率、交割日、资金性质等交易要素。

（4）单笔交易成交后，银行发出交易确认书，一式两份，由企业确认此次交易要素无误后，其中一份签章返回银行。

（5）市值评估。银行对交易存续期间交易市值情况进行监控，当市值重估损失达到约定比例，银行将通知企业补足保证金或补占授信额度，或落实其他银行认可的保障措施。

（6）因贸易的复杂性及其他原因可能导致远期结售汇交割日期的不确定，对于固定期限交易类型的远期结售汇业务，根据实际需要，企业可向银行申请提前交割或展期交割，调整原远期结售汇交易的交割日。银行收到企业的申请后进行操作，成交后向企业确认提前或展期交割日新的汇率。

（7）交割日审核和交割。交割日银行根据收付汇管理及结售汇的有关外汇管理规定，审核企业提交的有效凭证及/或商业单据，审核合格后根据企业申请办理交割。

（五）注意事项

企业因以下原因致使远期结售汇交易不能履约的，银行可以要求企业承担由此所造成的损失：

（1）企业在交割日无法进行实际交割，又未经银行同意办理展期。

（2）企业未能按约定及时补足保证金。

（3）企业未能在交割前提交银行要求的全部有效凭证及/或有效商业单据。

（4）企业办理的交割金额小于远期结汇/售汇申请书中所列金额。

（5）企业其他不符合远期结汇/售汇申请书中规定事项的交割行为。

（六）案例

远期结汇

在人民币大幅升值的预期下，结汇企业可采用远期结汇业务锁定美元结汇汇率。2011年12月2日，美元兑人民币的即期结汇价为6.347 5，6个月后的远期结汇价为6.377 5，对应的起息日（即交割日）为2012年6月2日。某企业预计6个月后将有1 000万美元的收汇须结汇，则该企业可与银行签订远期结汇/售汇总协议，并提交交易金额为1 000万美元、交割日为2012年6月2日，远期汇率为6.377 5的远期结汇申请。

若采取远期结汇交易方式，6个月后（2012年6月2日）该企业办理1 000万美元结汇时获得人民币：

远期结汇：10 000 000×6.377 5 ＝RMB 63 775 000.00

与交易日即期结汇相比，企业可多获得RMB 300 000元。办理远期结售汇锁定远期汇率即锁定了美元结汇成本，规避了日后因汇率波动带来的市场风险。

五、代客外汇买卖

企业在经营、投资、融资等活动中，须将一种货币转化成另一种货币而可能面临货币汇率波动风险，银行利用金融工具为其设计风险管理方案，从而规避因汇率波动可能导致的企业收入减少或支出增加的风险。

代客外汇买卖是指银行接受企业的申请，代理企业操作的可兑换货币之间的买卖业务。根据交割日的不同，可分为：即期外汇买卖和远期外汇买卖。

（1）即期外汇买卖：交割日在交易日后两个工作日内（即T＋0、T＋1或T＋2）的外汇买卖交易。

（2）远期外汇买卖：交割日为成交后第二个工作日以后的某一天，通常可以做到一年。超过一年的外汇买卖交易，称为超远期外汇买卖。

代客外汇买卖业务，在锁定汇兑成本、规避汇率风险、实现外汇保值和增值目的的同时，避免了以往通过人民币套算汇率的行为，节约了企业的换汇成本。

第三章　如果你需要出口

（一）受理原则

（1）根据监管机构的有关规定，具备从事远期外汇交易业务资格。

（2）资金来源必须符合国家有关外汇管理政策。

（3）企业具有合法的贸易背景或其他保值背景，并能提供能证明其贸易背景或保值背景的相关经济合同或其他文件；企业在银行开有外汇资本金账户或结算账户。

（4）银行规定的其他条件。

（二）适用范围

代客外汇买卖业务适用于有换汇需求的企业为：

（1）进口付汇、对外投资、偿还贷款本息、支付红利等活动，需将一种货币兑换成另一种货币进行对外支付；

（2）出口收汇、接受投资、境外借款、收到外币红利等活动，需将收到的外币兑换成其他币种。

（三）优点和特点

企业通过代客外汇买卖，可以调整手中外币的币种结构；能够在实现未来外币币种互换的同时，将未来要支付或收入外汇的成本或收益固定下来，有利于成本核算，从而能有效地规避汇率风险。

（四）业务流程

（1）企业提出业务需求，与银行签订"外汇买卖交易主协议"（一式两份），并提交"交易风险说明书"及"授权委托书"。

（2）担保方式。没有获得银行授信的企业在银行办理远期外汇买卖业务，应当在银行开立保证金账户。

（3）交易日，企业向银行询价，并提交外汇买卖交易指令及相关单据和有效凭证，按照约定比例存入足额保证金或占用授信，确定交易币种、金额、汇率、交割日等交易要素。

（4）单笔交易成交后，银行向企业发出交易确认；如交易未能达成，应及时通知企业。

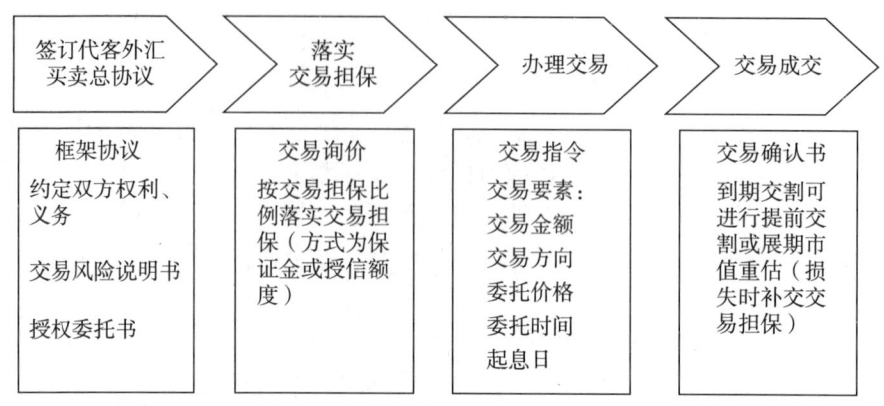

```
签订代客外汇     落实         办理交易       交易成交
买卖总协议      交易担保

框架协议        交易询价      交易指令       交易确认书
约定双方权利、   按交易担保比   交易要素：     到期交割可
义务            例落实交易担   交易金额      进行提前交
               保（方式为保   交易方向      割或展期市
交易风险说明书   证金或授信额   委托价格      值重估（损
               度）          委托时间      失时补交交
授权委托书                    起息日        易担保）
```

图 3-29 代客外汇买卖业务流程图

（5）银行对交易期间交易市值情况进行监控，当市值重估损失达到约定比例时，通知企业补足保证金，或落实其他银行认可的保障措施。

（6）根据实际需要，企业可向银行申请提前或展期交割，调整原远期外汇买卖交易的交割日。银行收到企业申请后进行操作，在成交后向企业确认提前或展期交割日及新的汇率。

（7）在约定交割日，按约定汇率交割资金。

（五）案例

2011 年 11 月 21 日，某企业收到由其开出的远期信用证项下来单，金额为 15 亿日元，付款日为 2012 年 5 月 21 日，其收入主要为美元。目前美元/日元即期汇率（Spot Rate）约为 77.10，6 个月后的美元兑日元的远期汇率（Forward Rate）为 76.30，企业预测未来日元兑美元有升值可能，且升值幅度远超过 80BPs（77.10-76.30=0.8）。

为了锁定付汇成本，企业选择与银行叙做远期外汇买卖业务，将 6 个月后的实际交割汇率固定为 76.30。如果 6 个月后（2012 年 5 月 21 日），美元对日元即期汇率为 75.90，日元实际升值幅度为 120BPs，则企业通过远期外汇买卖交易将节约付汇成本 10.36 万美元（15 亿/75.90 -15 亿/76.30=10.36 万）

六、人民币与外币掉期

人民币与外币掉期是银行推出的一项旨在为企业规避汇率风险、降低成本的汇率产品，企业在业务前与银行签订协议，约定在一定期限内，期初按照约定的汇率将其持有的某种货币（人民币）转换为人民币（某种货币），并在期末按照约定汇率进行与期初金额相等、方向相反的货币交换。实质上，人民币与外币掉期业务是外币对人民币即期/远期交易与远期交易的结合。

（一）适用范围

（1）同远期结售汇业务的适用范围。

（2）通过掉期业务直接以人民币换入外汇，换入外汇资金的支付使用应符合外汇管理规定。

（3）掉期远端换入外汇资金原则上应进入原换出外汇资金账户；对于近端来自外商投资企业资本金账户、外债专户、外债转贷款专户的外汇资金，远端换入时可以进入经常项目外汇账户，不得再进入上述三类资本项目外汇账户。

（二）业务种类

（1）即期对远期的掉期交易——在买进（卖出）某种即期外汇的同时，卖出（买进）相同金额同种货币的远期外汇。它是掉期交易里最常见的一种形式。

（2）远期对远期的掉期交易——买进并卖出两笔相同金额同种货币、不同期限的远期外汇。例如，买进（卖出）较短期限的远期外汇，同时，卖出（买进）较长期限的远期外汇。

（三）特点

通过人民币与外币掉期业务，企业可实现收入货币与支出货币在币种上的匹配，同时，防范汇率波动可能导致收入（原持有货币资产）减少的风险。

（1）通过人民币与外币掉期交易，可帮助客户实现即期买入高息货币，远期卖出高息货币的方式，获得额外的利息收入，实现外汇业务的保值增值。

（2）通过人民币与外币掉期交易，可帮助客户提高本、外币流动资金的使用效率，实现本、外币资金的互换，解决客户资金流动性的问题，同时，锁定汇率成本，规避汇率风险。

（四）业务流程

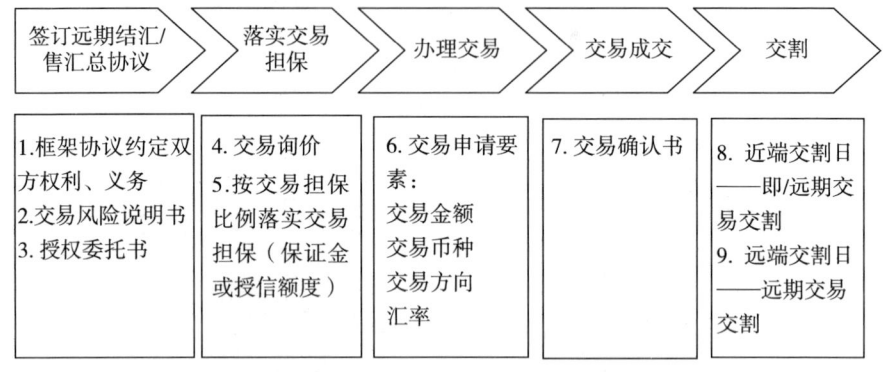

```
签订远期结汇/      落实交易         办理交易         交易成交         交割
售汇总协议         担保
```

| 1.框架协议约定双方权利、义务
2.交易风险说明书
3.授权委托书 | 4.交易询价
5.按交易担保比例落实交易担保（保证金或授信额度） | 6.交易申请要素：
交易金额
交易币种
交易方向
汇率 | 7.交易确认书 | 8.近端交割日——即/远期交易交割
9.远端交割日——远期交易交割 |

图3-30　人民币与外币掉期业务流程图

（1）企业提出业务需求，与银行签订"远期结售汇/人民币与外币掉期总协议书"（一式两份，客户与银行各执一份），并提交"交易风险说明书"及"授权委托书"。

（2）担保方式。如企业没有获得银行此类业务授信额度，业务办理前应当在银行开立保证金账户。

（3）交易日。由企业向银行询价并提交人民币与外币掉期申请，按照约定比例存入足额保证金或占用授信，确定期初、期末交易币种、金额、汇率、交割日、资金性质等交易要素。

（4）在单笔交易成交后，银行将向企业出具交易确认书。

（5）市值评估。银行对交易期间交易市值情况进行监控，当市值重估损失达到约定比例，银行将通知企业补足保证金，或落实其他银行认可的保障措施。

（6）因贸易的复杂性及其他原因可能导致远端交易交割日期的不确定，根据实际需要，企业可向银行申请提前交割或展期交割，调整原远端交易的交割日。银行收到企业的申请后进行操作，在成交后向企业确认提前或展期交割日新的汇率。

（7）交割日审核和交割。在近端及远端两个交割日，银行根据收付汇管理及结售汇的有关外汇管理规定，审核客户提交的有效凭证及/或商业单据，审核合格后根据客户申请办理交割。

第三章　如果你需要出口

七、人民币外汇货币掉期

人民币外汇货币掉期交易，是指在约定期限内交换约定数量人民币与外币本金，同时，定期交换两种货币利息的交易。

本金交换的形式包括：（1）在协议生效日双方按约定汇率交换人民币与外币的本金，在协议到期日双方再以相同的汇率、相同金额进行一次本金的反向交换；（2）中国人民银行和国家外汇管理局规定的其他形式。

利息交换是指双方定期向对方支付以换入货币计算的利息金额，可以固定利率计算利息，也可以浮动利率计算利息。

（一）业务背景

2011年1月30日，国家外汇管理局发布了《关于外汇指定银行对客户人民币外汇货币掉期业务有关外汇管理问题的通知》（汇发【2011】3号）（以下简称《通知》）。《通知》规定，自2011年3月1日起允许银行开办对企业的人民币外汇货币掉期业务。

（二）适用范围

（1）企业办理人民币外汇货币掉期业务遵循实际需要原则，企业交易的外汇收支范围限于按照外汇管理规定可办理即期结汇的外汇收支。

（2）企业掉期近端换出的外汇资金，限于按照外汇管理规定可以办理即期结汇的外汇资金；掉期远端换出的外汇资金，限于近端换入的外汇资金。企业如不能按时提供全部有效凭证，银行不得为其办理交割。

（3）企业可以通过货币掉期业务直接以人民币换入外汇，换入外汇资金的支付使用应符合国家外汇管理规定。

（4）企业掉期远端换入外汇资金原则上应进入原换出外汇资金账户，对于近端来自外商投资企业资本金账户、外债专户、外债转贷款专户的外汇资金，远端换入时可以进入经常项目外汇账户，不得再进入上述三类资本项目外汇账户。

（三）业务品种

（1）期初本金交换方向：人民币换外币、外币换人民币。

(2) 利息交换方式：固定对固定、固定对浮动、浮动对浮动。

（四）产品特点

人民币外汇货币掉期的推出，使得企业多了一种汇率风险管理的工具，它可以有效降低融资成本和减少汇率风险。如果跨国企业在境内有子公司需要人民币融资，但是在境内融资成本较高，可以在境外以美元融资，并与银行进行人民币外汇货币掉期交易。这样做的结果相当于以人民币融资，但是所付出的融资成本一般会低于直接在国内以人民币融资的成本。

（五）业务流程

```
┌──────────┐    ┌──────────┐    ┌──────────────┐
│ 交易准备 │ →  │ 交易成交 │ →  │ 存续期与到期 │
│          │    │          │    │ 日资金交割   │
└──────────┘    └──────────┘    └──────────────┘
```

交易准备	交易成交	存续期与到期日资金交割
1. 签订"人民币外汇货币掉期交易主协议" 2. 签订"交易风险说明书" 3. 客户提交"授权委托书" 4. 企业存入保证金或办理授信额度使用手续	5. 企业提交"人民币外汇货币掉期交易申请书" 6. 交易达成，向企业出具"人民币外汇货币掉期交易证实书" 7. 起息日，银行与企业按约定汇率交换本金	8. 利息交割日，银行与企业按约定计息方式交换利息 9. 到期日，银行与企业按约定汇率交换本金

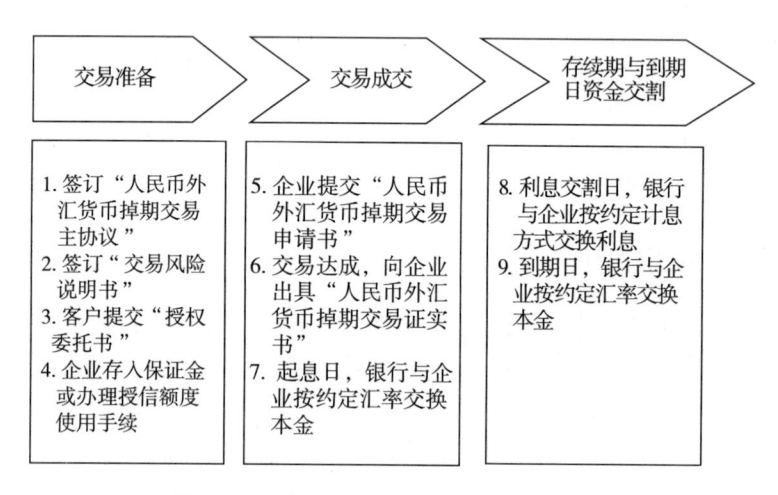

图 3-31　人民币外汇货币掉期业务流程图

（1）企业与银行签订"人民币外汇货币掉期交易主协议"（一式两份）、"交易风险说明书"，并向银行提交"授权委托书"。

（2）担保方式。如企业没有获得银行此类业务授信额度，应当在银行开立保证金账户。

（3）企业根据拟办理货币掉期的资产或负债币种、期限等要素，选择合适的产品类型，向银行提交"人民币外汇货币掉期交易申请书"。

（4）银行按照"人民币外汇货币掉期交易申请书"进行交易，成交后与企业签订"人民币外汇货币掉期交易证实书"。

（5）起息日，银行与企业按约定汇率交换本金。

（6）在确定的利息交割日，银行与企业按约定计息方式计算利息并交换。

（7）到期日，银行与企业按约定汇率交换本金。

（六）案例

某企业发行了1亿元2年期人民币中期票据，发行利率为4.15%，年付利息。同时，该企业经常会有美元应收账款。为规避债务币种与收入币种不匹配带来的汇率风险，该企业可以向银行申请办理人民币外汇货币掉期业务。

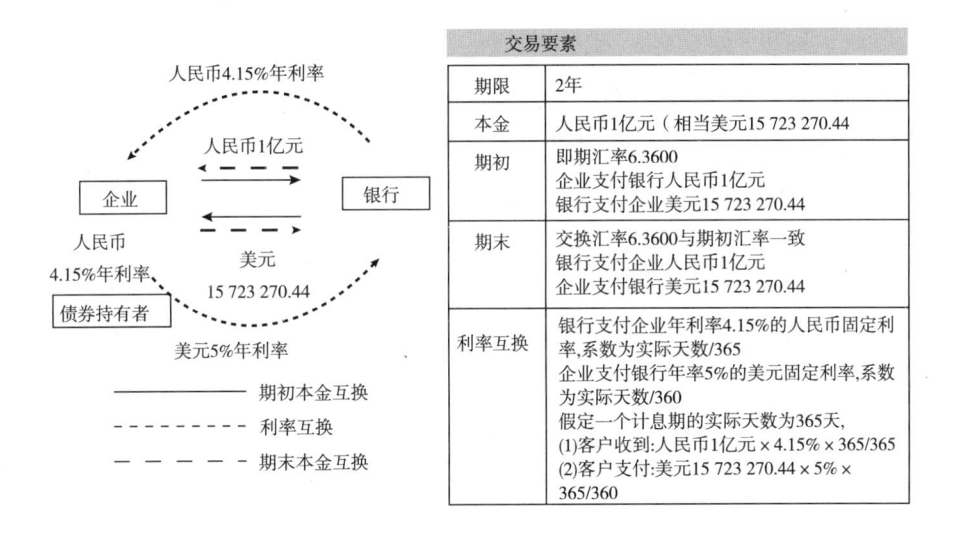

交易要素	
期限	2年
本金	人民币1亿元（相当美元15 723 270.44）
期初	即期汇率6.3600 企业支付银行人民币1亿元 银行支付企业美元15 723 270.44
期末	交换汇率6.3600与期初汇率一致 银行支付企业人民币1亿元 企业支付银行美元15 723 270.44
利率互换	银行支付企业年利率4.15%的人民币固定利率,系数为实际天数/365 企业支付银行年利率5%的美元固定利率,系数为实际天数/360 假定一个计息期的实际天数为365天, (1)客户收到:人民币1亿元×4.15%×365/365 (2)客户支付:美元15 723 270.44×5%×365/360

交易过程：

期初，企业用1亿元人民币按照约定汇率（美元对人民币即期汇率6.36）与银行交换获得1 572万美元。

交易期间，企业每年收到银行人民币利息415万元（1亿×4.15% = 415万元人民币），用于偿还债务利息。同时，企业用美元收入向银行支付美元利息110万元（15 723 270.44×5%×365/360 = 797 082.46美元）。

期末，企业按照约定汇率向银行支付1 572万美元，企业从银行收到1亿元人民币用于偿还债务本金。

交易效果：

通过人民币外汇货币掉期交易，企业将人民币债务转化为美元债务，并用美元收入偿还美元债务本息，规避了汇率风险。

八、人民币对外汇期权

人民币对外汇期权是指普通欧式期权，即企业作为期权的买方支付给期权的卖方一笔以人民币计价的期权费，由此获得一种权利，可于期权到期日当天，以执行汇率与期权卖方进行约定数量的人民币对外汇交换的交易。人民币对外汇期权是货币期权的一种。

（一）业务背景

2011年2月16日，国家外汇管理局发布《关于人民币对外汇期权交易有关问题的通知》（汇发【2011】8号）（以下简称《通知》），自2011年4月1日起，允许银行开办对企业的人民币对外汇期权业务。

（二）适用范围

（1）企业只能办理买入外汇看涨或看跌期权业务，除对已买入的期权进行反向平仓外，不得卖出期权。

（2）企业叙做期权业务符合套期保值原则。在期权签约前，企业须提供基础商业合同供银行审核。

（3）期权到期前，当企业的基础商业合同发生变更而导致外汇收支的现金流变化时，在提供变更证明材料及承诺书并经银行审核确认后，企业方可对已买入的期权进行对应金额的反向平仓。因反向平仓产生的损益，按照商业原则处理。

（4）期权到期时，企业如果行权，交割的外汇收支必须由银行进行真实性和合规性审核。企业期权交易的外汇收支范围与远期结售汇相同，限于按照外汇管理规定可办理即期结售汇的外汇收支。

（5）企业行权应以约定的执行价格对期权合约本金全额交割，原则上不得进行差额交割。企业以其经常项目外汇账户存款在开户银行叙做买入外汇看跌期权，可以进行全额或差额交割，但期权到期前，企业若支取该存款，须将对应金额的期权合约进行反向平仓。

第三章　如果你需要出口

(6) 企业如因基础商业合同发生变更而导致外汇收支的现金流部分消失，在提供变更证明材料及承诺书并经银行审核确认后，可以办理部分行权。

（三）业务品种

1. 看涨期权

看涨期权指期权买方有权在到期日，以执行汇率从期权卖方买入约定数量的外汇。

2. 看跌期权

看跌期权指期权买方有权在到期日，以执行汇率向期权卖方卖出约定数量的外汇。

（四）产品特点

对于看涨期权，如果到期日的实际汇率高于约定汇率，则期权买方就会执行期权，获得收益；如果到期日的实际汇率低于约定汇率，则期权买方不会执行期权，此时外汇买权的价值为零，期权买方损失期权费。

对于看跌期权，如果到期日的实际汇率低于约定汇率，则期权买方就会执行期权，获得收益；如果到期日的实际汇率高于约定汇率，则期权买方不会执行期权，此时外汇卖权的价值为零，期权买方损失期权费。

（五）业务流程

（1）企业与银行签订"人民币对外汇期权交易主协议"（一式两份）、"交易风险说明书"，并向银行提交"授权委托书"。

（2）企业提交商业基础合同。

（3）根据实际需要，对于单笔交易，企业向银行提交"人民币对外汇期权交易申请书"，确定交易要素。

（4）向银行支付以人民币计价的期权费。

（5）银行根据企业指令办理交易，成交后向企业出具"人民币对外汇期权交易证实书"。

（6）期权到期日，如期权被执行，银行与企业根据执行价格办理资金交割。如采取差额交割，银行出具"人民币对外汇期权交易差额交割损益证实书"。

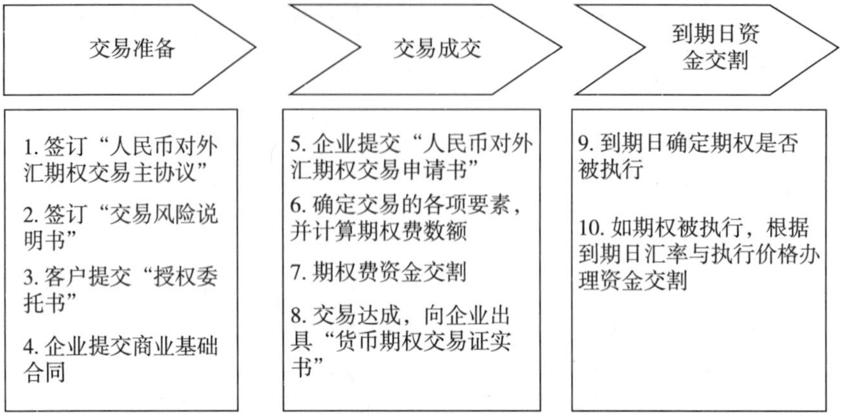

```
┌─────────────┐   ┌─────────────┐   ┌─────────────┐
│  交易准备   │──▶│  交易成交   │──▶│ 到期日资    │
│             │   │             │   │ 金交割      │
└─────────────┘   └─────────────┘   └─────────────┘
```

1. 签订"人民币对外汇期权交易主协议"	5. 企业提交"人民币对外汇期权交易申请书"	9. 到期日确定期权是否被执行
2. 签订"交易风险说明书"	6. 确定交易的各项要素，并计算期权费数额	10. 如期权被执行，根据到期日汇率与执行价格办理资金交割
3. 客户提交"授权委托书"	7. 期权费资金交割	
4. 企业提交商业基础合同	8. 交易达成，向企业出具"货币期权交易证实书"	

图 3-32　人民币对外汇期权业务流程图

（六）案例

2011 年 12 月 1 日，某企业向银行提交某出口合同，将于 2012 年 6 月 1 日收到货款 100 万美元。当时市场美元对人民币即期结汇汇率 6.36，企业担心人民币继续升值可能带来收入减少的风险。

企业向我行买入美元对人民币看跌期权，并支付期权费 6 万元人民币，执行价为 USD/CNY = 6.36，期限 6 个月。

若 2012 年 6 月 1 日 USD/CNY = 6.38，企业不行使期权，可以在市场上卖出 100 万美元，则企业损失期权费 6 万元人民币。

若 2012 年 6 月 1 日 USD/CNY = 6.28，企业则行使期权，按 6.36 的汇率卖出 100 万美元，扣除期权费后，企业可增加结汇收入 2 万元人民币 [100 万 ×（6.36 - 6.28）- 6 万 = 2 万]。

九、国际商账追收

作为中国经济的"三驾马车"之一的出口贸易对我国的经济增长作出了巨大贡献，与此同时，迅速扩大的贸易规模也带来了一些问题，比如逾期账款。根据商务部贸易研究院对 500 家外贸企业的抽样调查显示，中国出口业务的坏账率高达 5%，是发达国家的 10 倍到 20 倍，中国外贸企业每年新增的海外坏账正逼近 300 亿美元。对于高速增长的国际贸易所伴生的信用风险，中国企业不得不提高警惕①。

许多出口企业在出现逾期账款时，苦于不了解债务人当地法律制度、惯例和程序，再加上语言方面的障碍，无法有效地进行境外账务追收。在此背景下，许多银行纷纷与资信调查机构合作，推出了国际商账追收业务，帮助公司有效化解出口收汇风险，降低坏账出现的概率。

（一）适用的企业

出口企业在出口收汇环节，应收账款不能按时收回时，均可以通过银行的国际账款追收服务追收拖欠款项。

（二）国际商账追收业务能够解决的问题

（1）有效追回欠款：银行通过已建立长期合作关系的专业商账追讨机构为出口企业有效地从进口商追回拖欠款项。

（2）减少逾期账款，提高现金流：通过银行的国际商账追收服务，出口企业可有效降低坏账率，提高现金流量。

十、海外破产债权处置

对于债权人而言，债务人陷入困境甚至破产是一个坏消息。如果陷入困境的债务人位于国外，势必将加大企业求偿的难度。出口企业往往难以参与债务人破产资产的重组和清算过程，遭受损失的风险更大。因为不熟悉破产企业所在国家的法律环境和操作程序，出口企业往往不知所措——债务人是否进入破产保护阶段？债务人公司是被托管、被清算，还是处于重组过程中？破产清算/托管人的来函应该如何回复，才能维护企业的利益？是否需要参加债权人会议，是否该投票赞成财产分配方案？一旦债务人申请破产保护，继续向债务人供货能否收回货款？上述问题都是困扰国内企业的难题②。

当企业面临上述问题时，可以通过银行为其查询债务企业的破产信

---

① 商务部网站：http://www.mofcom.gov.cn/aarticle/difang/shandong/200512/20051201168088.html?2661836461=19674914

② 中国信保商账追收网：http://www.sino-credit.com

息，并利用银行的专业代理机构参与破产全过程，行使债权人权利，最大限度地实现债权。

（一）适用企业

已如期履行商务合同，向外商（买方）交付货物，但由于外商无力支付所拖欠货款，甚至已向当地政府部门申请破产保护，致使货款无法收回的出口企业。

（二）服务种类

破产信息查询服务——为企业查询国外买方是否处于破产状态，还是处于破产程序的哪个环节。

破产清算代理服务——根据企业的授权，代表企业参加债权人会议，参与整个破产程序，帮助企业最大限度地实现债权。

（三）特点

（1）节省精力，轻松处理问题。
（2）产品丰富，灵活选择。
（3）加速债权处理过程，降低时间成本。

（四）注意问题

海外债权处置费时、费力又费钱，企业都不希望与外商的贸易往来陷入如此困境。因此，为避免发生海外债权的纠纷，企业应加强预防，在签订贸易合同前要尽可能地了解外商的情况，同时要注意保存各种单证，以防万一；在签订合同时要认真地"抠"合同细节，出口企业必须让外商详细填写销售确认书的所有内容，经双方一致同意的所有交易细节（包括销售数量、商品说明、运输和交付条款、价格及其他相关信息），并由买方签字；但是，万一外商出现拖欠货款的情况，要及时果断采取措施，避免形成较长的坏账。同时，提供外商属地司法体系认可的证据，并将相关文件由具有相关资质的机构按照外商属地语言体系进行翻译及公证和认证。

十一、海外拒收货物处置

货物出运后,如果遇到国外买家由于市场行情变化、自身财务状况恶化等原因拒绝收货的情况,则将面临进退两难的境地。借助于商业银行的专业代理机构遍布全球的合作机构网络和买家信息资源,出口企业可以及时对拒收货物进行处理,尽量降低企业支出、减少可能造成的损失。

(一)适用的企业

企业在货物出运后,遭遇国外买家拒绝收货的情况,均可以利用商业银行海外拒收货物处置服务,最大限度地减少可能造成的损失。

(二)特点

(1)节省人力、物力,提高工作效率。
(2)经验丰富的专家团队提供合理的最佳解决方案。

(三)能够解决的问题

海外拒收货物处置服务可以降低企业支出成本、减少损失。买方一旦拒收货物,如果选择退运货物,则成本高昂,费用可能超过货值;如果选择不退运而去追究买家的法律责任要求赔偿,则耗时较长且结果难以预测。同时,滞留港口的货物每天都在产生费用,加重公司的支出成本与损失,及时选择在海外对货物进行有效处置,能有效达到减少支出和损失的目的。

十二、代为设定物权保留

企业(卖方)与外商(买方)签订出口合同后,如期将货物运送至买方指定目的地,然而,买方可能因为种种原因,无理拖延付款时间,最终恶意不履行合同付款的约定,这时,卖方既失去了控制货物的权利,又没能获得付款。为避免钱、货两空的情况出现,企业可以通过银行的专业代理机构所提供的代为设定物权保留业务,为出口提供有力保护[1]。

---

[1] 中国信保商账追收网:http://www.sino-credit.com

物权保留是指卖方与买方在货物买卖合同中规定，在卖方交货后，只有当买方充分履行付款义务时，货物的所有权才转移到买方手中。在此之前，卖方将一直保留对货物的所有权，并在买方不履行付款义务时，卖方仍有追偿货物的权利。

（一）适用企业

适用于从事国际贸易商品出口业务，但因为与买方处于合作初期，或因为买方强势而给予一定付款账期，但又担心买方不能按期付款，存在违约可能的出口企业。

（二）特点

（1）开拓买方市场，提高签约概率。通过使用代为设定物权保留产品，可与买方在初次合作的时候即给予其一定付款账期，以此开拓国际市场，吸引买方与自己建立长期的合作关系。

（2）费用较低，争取更好的价格。前期代为设定物权保留只须支付少额的服务费用，通过在合同中设定物权保留条款，在一定程度上约束买方的商业信誉，利用物权保留条款的保障力，有效替代因引入银行信誉保障而需要买方支付更高成本的信用证结算方式，企业可与买方争取更为有利的价格。

（3）在一定程度上可以防范买方信用风险和商业风险。

（三）能够解决的问题

企业在激烈的市场竞争环境下，面对处于强势地位的买方可能需要压低出口货物的价格，或给予买方更长的放账期限来促成交易的实现。然而，面对合作历史不长，甚至初次合作的买方，既要满足其要求，又要为企业自身利益提供更强保障的前提下，通过利用银行遍布全球的强大网络以及对贸易实务的经验和对各国法律、法规的熟知，以设定物权保留条款有效实现商品贸易和商业信誉的良好结合，即使在买方出现恶意违约甚至破产的情况下，基于企业事先设定的物权保留条款约定，而行使"取回权"，最大限度地保护自身权益。

第三章　如果你需要出口

十三、国际业务网上银行

中国互联网络信息中心于 2009 年发布了《第 23 次中国互联网络发展状况统计报告》显示，截至 2008 年年底，我国互联网普及率已达到 22.6%，超过了 21.9% 的全球平均水平，我国在网民人数、宽带网民数、国家 CN 域名数三项指标上稳居世界排名第一位。国家电子商务"十一五"规划提出，到 2010 年，我国企业网络化生产经营方式将基本形成，网上采购与销售额占采购和销售总额的比重分别超过 25% 和 10%，据中国 B2B 研究中心的研究数据显示，中国境内网上银行客户数已连续 4 年增幅超过 90%，年交易量超 95 万亿元。

我国作为当今世界第三大外贸国，越来越多的企业采用电子商务参与国际贸易。ERP 系统或第三方电子商务平台已经广泛应用于订单查找、合同签订、单据制作和应收账款管理等多个贸易环节，贸易经济正在向"网络化"和"无纸化"的趋势发展。与此相应，这种趋势对于银行的贸易金融服务提出了新要求，虽然国内各大商业银行均早已推出各自的网上银行品牌，但是，对于服务于贸易金融业务的国际业务网上银行由于受到交易复杂性高、安全性要求高、外汇管理要求高等多方面因素的影响，其发展较个人网银、对公人民币网银相对滞后。

"业务国际化、手段电子化"是国内各大商业银行的发展目标和趋势，随着各家商业银行对网上金融超市理念的不断强化，网上银行功能的不断升级和完善，以服务进出口企业为核心用户的国际业务网上银行正在被纷纷推出，国际业务网银平台已经成为各银行间产品创新竞争的焦点。

（一）国际业务网上银行功能

综合国内各主要商业银行国际业务网上银行服务功能发现，各行国际业务网银服务均是围绕进出口企业国际结算业务的流程和实际特点设计的，国际业务网银作为各行网上银行模块之一，将银行的网上银行服务渠道与国际结算业务系统嫁接，为客户提供包括网上进口结算、网上出口结算、申请类业务在线查询服务、海外账户查询、在线支持五大主要服务功能。

1. 网上进口结算服务

（1）进口信用证申请服务

客户可在线提交开证、修改、撤证、付款、承兑、拒付申请，划转开证保证金，业务申请一般直接传递到银行国际业务操作系统中进行处理，客户可通过网银对业务进度进行查询。

（2）汇出汇款业务服务

网上汇出汇款业务：通过网银系统向银行提交贸易、非贸易及资本项下汇出汇款申请，业务申请一般直接传递到银行国际业务操作系统中进行处理，以电子信息逐渐取代先前的纸质的汇款申请书。

网上结售汇业务：客户可以根据汇率变化情况，适时提交自有外汇的结汇申请和贸易项下的人民币售汇申请。

2. 网上出口结算服务

出口通知/汇入汇款查询：通过国际业务网银即时获得出口信用证通知、出口托收单据通知，并浏览出口信用证报文，对汇入汇款款项业务明细进行查询和打印。

3. 申请类业务在线查询服务

客户对于在银行办理的（一般包含网上银行渠道和传统柜台方式）进口信用证开立和修改、汇出汇款业务的处理状态进行查询和打印。

4. 海外账户查询

（1）发送账单业务

银行根据客户指定的时间和指定的账务信息在银行 SWIFT 处理系统中以 SWIFT 方式发送给总部客户，能够满足客户进行自动电子对账的需求，减少客户财务人员的工作量，同时也保证了工作的准确性，客户可通过银行国际业务网银查询发送的 SWIFT 报文明细和状态。

（2）大型企业资金集中归集账户查询

国内总公司对其海外各子公司账户明细查询依托国际通用的 SWIFT 系统。海外成员公司可授权要求其当地开户行通过 SWIFT 系统定时向银行发送账户对账单；银行将各子公司通过当地账户行发来的 SWIFT 报文在银行 SWIFT 报文处理系统整合汇总成账户交易明细；传递至银行网上银行系统，从而实现总公司通过网上银行对境外子公司账户的查询功能。

5. 在线支持

网银客户可以通过多种渠道与银行进行交流，并通过在线提问、客户留言等方式随时向银行提出问题，银行专业的服务团队会在最短时间内响应。

当前各家银行的国际业务网上银行服务多集中于上述领域，通过银行网银提供的服务，企业可以更方便地掌握账户信息、更便捷地办理国际结算业务，把握国际贸易的商机。

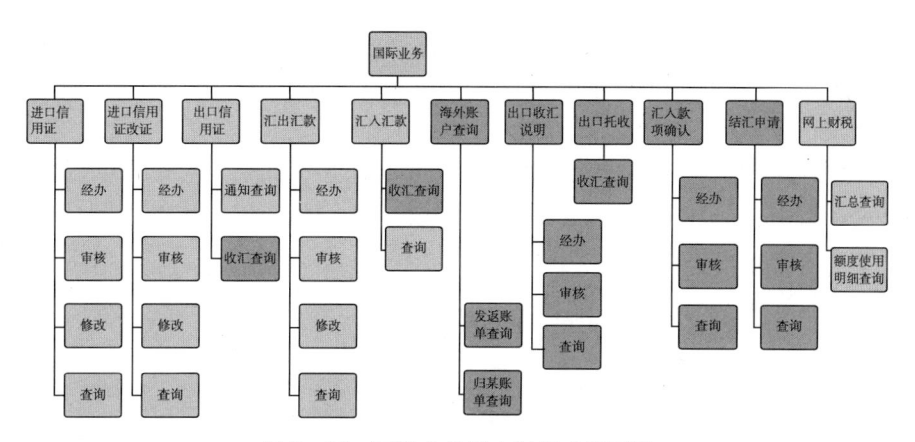

图 3-33 国际业务网上银行功能图示

在我国，国际贸易的参与主体主要由外贸公司、外商投资企业、民营私营进出口生产型企业以及国有大型企业构成。这些企业的生产经营国际化程度较高，注重信息的获取效率，是银行客户群中与银行沟通最为频繁的客户群体，对于银行服务的时效性、准确性、专业性一般有较高的要求，希望能够及时、准确地获取银行的信息反馈和自身的资金情况，因为这些信息往往能够直接影响到他们的业务开展。因此，各家银行的国际网银服务上都提出了"3A"理念，即 Anytime（任何时间）、Anywhere（任何地点）、Anyway（任何方式），保证客户可以在任何时间——24 小时×365 天、任何地点——覆盖全球网络、任何方式——进行任何方式的操作，让客户时刻掌握业务最新状态。

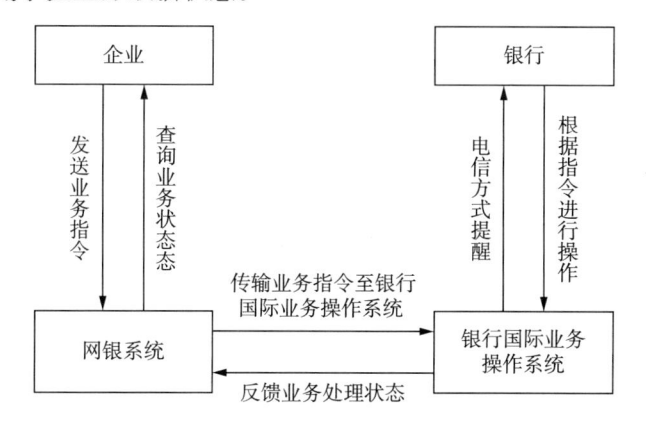

图 3-34 代为设定物权保留业务流程图

国际业务网银的推出使银行和客户摆脱了传统的电话、纸质凭证、人工传递等业务办理手段，使客户足不出户就能掌握业务处理状态、打印往来报文、了解账户信息。只要有网络存在，即使客户身在国外或是在非银行工作时间，也可以通过网络掌握企业的国际业务动态，克服了由于国际业务流程复杂、外管严格、规范较多为银行和企业带来的跑单、排队、资料不齐、章证不符的困扰，节省了时间和成本。

（二）国际业务网上银行的特点

国际业务网上银行的特点如下：

（1）业务链——更为灵活，改变过去由权限设置的业务链，升级为由业务模块进行设置的业务链，为客户提供更多的设置方案选择。

（2）操作界面——更加友好，使得客户可在更为操作简洁舒适的系统中进行业务操作。

（3）业务模块——更为强大，涉及信用证、托收、汇款等各种结算方式，为客户提供更广泛的服务范围。

（4）功能模块——更为齐全，为客户提供申请和查询类服务，并可直接在网上进行结汇申请、出口收汇说明申请、汇入款项确认等业务的操作，真正做到足不出户轻松进行业务操作。

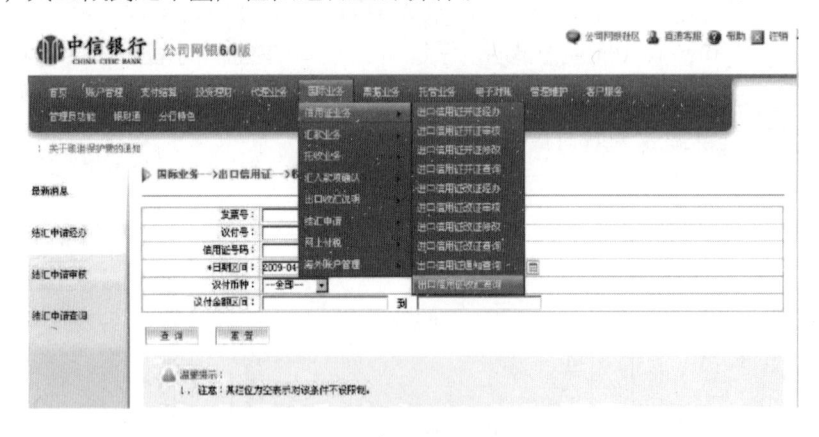

图3-35 国际业务网银操作界面

（三）国际业务网上银行的安全性

国际业务网上银行系统作为开放于互联网上的业务系统，其系统的安全性直接关系到银行和客户的资金安全及银行的信誉。因此,在追求方便服务之外,保证系统开放在公众网络上的安全性,是各大银行在国际业务网银开发上重点关注的内容。当前各家银行普遍从以下方面入手加强系统的安全性:

1. 严格访问客户的身份认证

普遍采用中国金融界最权威的证书认证机构——中国金融认证中心(CFCA)的数字证书进行客户身份验证,证书或存储于特制的 USB KEY 内或自行掌握用户名和密码,结合客户的安全需要自行掌握。

2. 加强信息传输保护

普遍采用我国研发的 128 位对称加密法,对于公共网络传输的信息进行加密,防止数据包被截后失密,保障商业银行国际业务网上银行系统与客户之间信息交流的安全,保证了客户信息的私密性以及银行资金的安全性。

3. 网银设计强化分岗操作监督

银行内部一般会将系统管理人员与业务操作员岗位严格分开,形成不同的信息获取和授权机制,同时细分客户授权,提供给客户自行根据金额进行分级授权的设置,帮助企业加强内控,降低风险。

第四章
如果你需要进口

　　商业银行在现代国际贸易中扮演了十分重要的角色。时至今日，商业银行利用自身的资信、资金、代理网络等专业优势，已经较为深入地渗透到国际贸易的各个环节，对于贸易的支持不仅仅局限于传统的结算业务。本章就进口流程中银行能提供的服务逐一详细介绍。

　　进口业务从寻找出口商开始到提货包括签订合同、支付货款、进口报关等五个阶段。这其中每一个阶段商业银行都能提供丰富的产品支持，这些产品涵盖了银行的结算、融资、清算、代理、汇率以及网上银行等业务种类，可以帮助进口商解决在各环节遇到的问题。

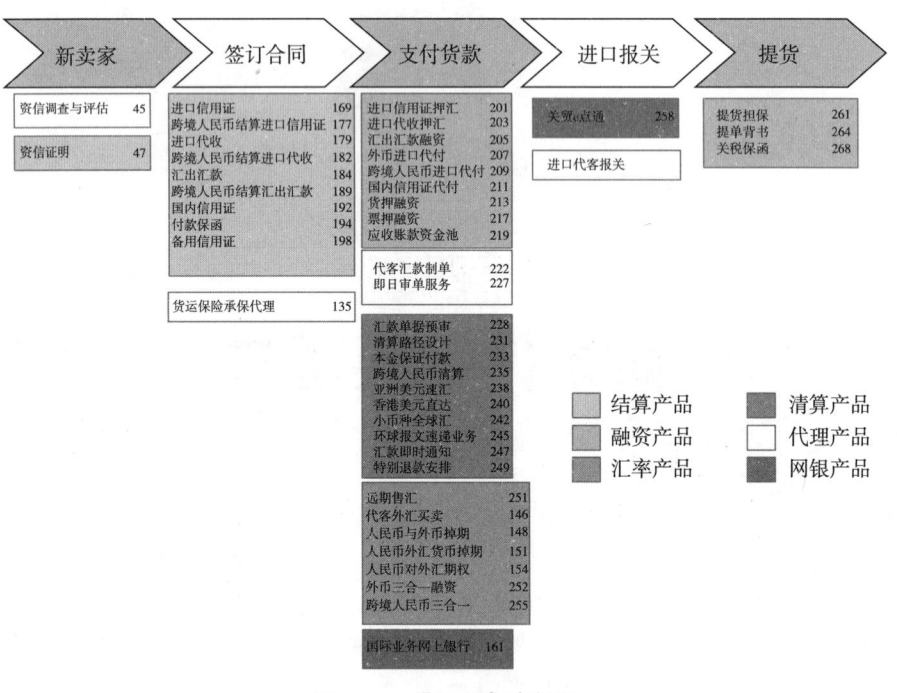

新卖家	签订合同	支付货款	进口报关	提货
资信调查与评估 45	进口信用证 169	进口信用证押汇 201	关贸e点通 258	提货担保 261
资信证明 47	跨境人民币结算进口信用证 177	进口代收押汇 203	进口代客报关	提单背书 264
	进口代收 179	汇出汇款融资 205		关税保函 268
	跨境人民币结算进口代收 182	外币进口代付 207		
	汇出汇款 184	跨境人民币进口代付 209		
	跨境人民币结算汇出汇款 189	国内信用证代付 211		
	国内信用证 192	货押融资 213		
	付款保函 194	票据融资 217		
	备用信用证 198	应收账款资金池 219		
	货运保险承保代理 135	代客汇款制单 222		
		即日审单服务 227		
		汇款单据预审 228		
		清算路径设计 231		
		本金保证付款 233		
		跨境人民币清算 235		
		亚洲美元速汇 238		
		香港美元直达 240		
		小币种全球汇 242		
		环球报文速递业务 245		
		汇款即时通知 247		
		特别退款安排 249		
		远期售汇 251		
		代客外汇买卖 146		
		人民币与外币掉期 148		
		人民币外汇货币掉期 151		
		人民币对外汇期权 154		
		外币三合一融资 252		
		跨境人民币三合一 255		
		国际业务网上银行 161		

结算产品　融资产品　汇率产品　清算产品　代理产品　网银产品

图 4-1　进口业务流程图

第一节　寻找出口商阶段银行能做什么

进口商在寻找适合的出口商时,普遍会遇到以下两个问题:第一是面

·168·

第四章　如果你需要进口

对众多陌生的供应商,如何真实客观地从第三方了解其资信情况。第二是面对"心仪"的供应商,如何向对方表明自身的优势来争取合作的机会。不妨借助商业银行提供的资信调查与评估、资信证明服务,增加对出口商的了解或向出口商证明自己的经济实力和履约能力。

(资信调查与评估、资信证明详见第三章第一节)

第二节　签订合同阶段银行能做什么

进口商寻找到适合的出口商,经过商务谈判之后,接下来就是合同签订阶段,双方约定结算方式是国际贸易合同的重要组成部分。随着跨境贸易人民币结算政策的放开,进出口企业可以选择以人民币结算进行国际贸易,根据自身情况争取有利的结算方式和结算币种。本节就各种进口结算方式包括:进口信用证、跨境人民币结算进口信用证、进口代收、跨境人民币结算进口代收、汇出汇款、跨境人民币结算汇出汇款、国内信用证、付款保函、备用信用证等产品进行详细的介绍。

一、进口信用证

进口信用证业务的基本流程如下图所示。

(一) 适用公司

进口信用证一方面适用于在国际贸易中进出口双方初次合作或合作时间较短,尚不能完全信任的企业。通常,出口商不愿先发货后收款,而进口商不愿先付款后收货。在这种情况下,出口商往往希望以银行信用作为信用中介,因此要求使用信用证方式进行结算。

另一方面适用于希望在信用证项下办理融资业务的进口商,既满足了出口商保障收款的要求,又能通过银行提供融资便利,减轻进口商资金压力。

在银行办理信用证开证业务的企业应具备以下条件:

(1) 持有国家工商行政管理部门核发的企业法人营业执照,并经工商行政管理部门办理年检手续。

(2) 必须是经对外经济贸易合作部或其授权单位批准的经营进口业务

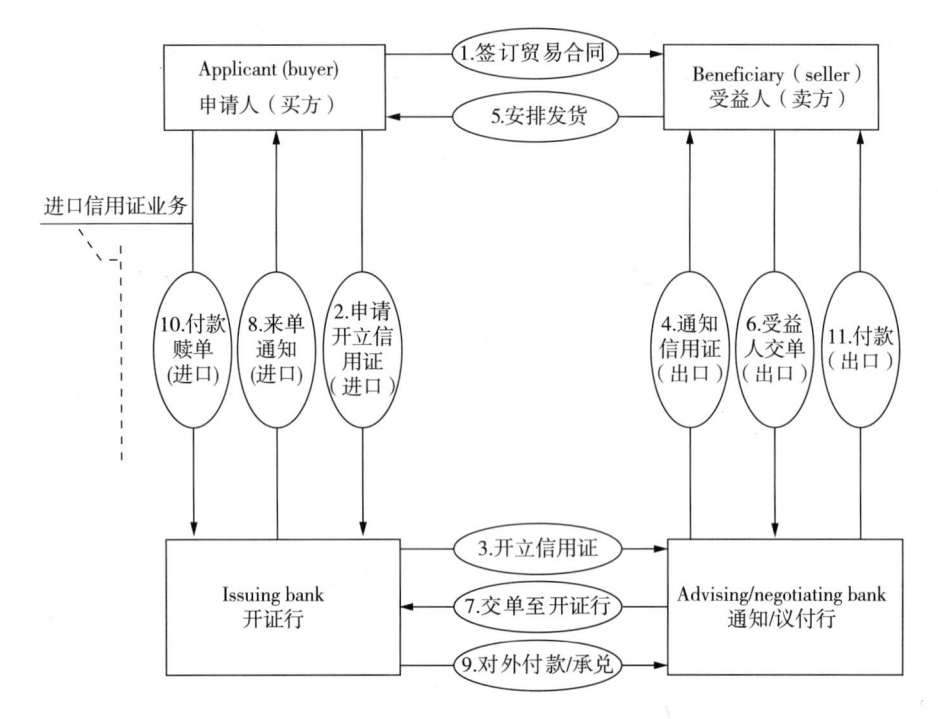

图 4-2　进口信用证业务流程图

的各类企业，包括外商投资企业。

（3）是银行综合授信客户，或能够提供相应开证保证金的企业。

（4）资信状况和经营效益良好，在银行无不良信用记录。

（二）进口信用证能够解决的问题

（1）进口商可在信用证项下向开证行办理提前购汇、远期售汇等业务，利用银行外汇方面的金融产品避免汇率波动的风险，控制贸易成本。

（2）改善进口商谈判地位。开立信用证相当于为出口商提供了强于商业信用的有条件付款承诺，提高了进口商的信用等级，进口商可据此争取到比较合理的货物价格。

（三）银行进口信用证业务流程

1. 信用证开证

首次在银行开立信用证时，须提供以下资料：

第四章　如果你需要进口

1) 单位基本情况表（加盖公章）
2) 客户基本情况调查表（加盖公章）
3) 营业执照复印件，有正常年检记录（加盖公章）
4) 组织机构代码证复印件（加盖公章）
5) 进出口企业资格证书/对外贸易经营者备案登记表（加盖公章）
6) 贷款卡复印件，卡号及密码

如果是在银行有授信额度的企业，须与银行签署综合授信协议或进口开证协议及相关担保协议后，方可申请开立信用证。若企业在银行无授信额度，则须缴纳100％的保证金的形式开立信用证。企业通常须先在银行开立信用证保证金账户，并在申请开立信用证前备足保证金款项。

在上述手续办理完毕后，企业即可在银行办理信用证业务。具体申请开立信用证时，一般须提供以下资料：

1) 开证申请书（加盖财务印鉴章）（见附件1）
2) 开证申请人承诺书（加盖公章）（见附件2）
3) 进口合同副本（加盖公章）
4) 代理协议复印件（如为代理进口业务）
5) 销售合同、信用证/保函（若为转口贸易）
6) 异地付汇备案表（若开证申请人为异地注册企业）
7) 技术引进合同数据表（若为技术服务贸易）
8) 境外工程承包合同（若为境外工程使用物资）
9) 保税监管区域企业的营业执照和外汇登记证（若受益人为保税区企业）

2. 信用证修改

当贸易过程发生变化、相应的信用证条款需要修改时，申请人可提出改证申请。申请改证时须提交以下资料：

1) 信用证修改申请书（加盖财务预留印鉴）
2) 合同修改（涉及金额等重要变化）

3. 信用证到单

银行收到国外交单行/议付行交来的单据后，将于签收单据后通知申请人，并将对外付款/承兑通知书提交给申请人。

对外付款/承兑通知书也是银行代客户向外汇管理局办理申报的信息来源和重要单据。因此，申请人对外付款/承兑通知书的填写要完整、准确，以免上报信息错误，影响付汇核销及申报。

对外付款/承兑通知书样式见附件 3。

4. 信用证拒付

当单据存在不符点并要办理对外拒付时，申请人应在来单后 3 个工作日内将全套单据连同明确标明拒付理由的对外付款/承兑通知书（加盖财务预留印鉴）退回开证行，银行将在 5 个工作日内对外拒付。

5. 信用证承兑及付款

即期信用证：申请人应在来单后 3 个工作日内将填写完整的对外付款/承兑通知书（加盖财务预留印鉴）交回银行，以便银行在来单后 5 个工作日内对外付款。申请人应在付款到期日前将款项备好存入指定账户。

远期信用证：申请人应在来单后 3 个工作日内将填写完整的对外付款/承兑通知书（加盖财务预留印鉴）交回银行，银行在来单后 5 个工作日内对外办理承兑手续。申请人应在付款到期日前将款项备好存入指定账户，银行在到期日对外付款。

（四）信用证业务需要注意的问题

1. 贸易伙伴的信用风险

由于信用证业务处理的是单据，有关各方是基于单据来完成信用证项下的支付，而开证行付款的唯一依据是相符交单。只要单据表面相符，开证行就必须付款。因此，无法排除出口商有可能利用信用证的此种性质伪造单据，实施诈骗的可能性。

防范措施：在寻找贸易伙伴和贸易机会时，应尽可能多地了解客户，在签订合同前，应委托相关资信机构对客户进行资信调查，谨防受骗。

2. 信用证独立性原则

由于信用证结算方式是一种独立于基础贸易合同纯粹的"单据买卖"行为，只要"单证相符"，开证银行就一定要付款，进口商也一定要付款才能拿到单据。因此，进口商有可能虽然得到与信用证规定完全相符的单据，可是并不一定能得到与单据条款完全相符的货物。对于进口商而言，在提货之前，是无法获悉出口商所发运的货物质量是否能满足其需要，这就使进口商很被动。并且只要相符交单，即使货物质量存在缺陷，进口商也必须先付款，然后再依照法律在贸易合同项下寻求补偿。

防范措施：在信用证中明确规定贸易合同相关内容。如进口商可在信用证中加列有关条款来要求出口商提交出口商当地政府检验部门出具的商

第四章　如果你需要进口

品检验报告，或进口商指定的在出口地经营的第三方公正机构出具的检验证书，或进口商在出口地自己指定的委托人出具的检验报告，如此可保障货物未实际装船或装船货物的质量，避免出现诸如此类的问题。

3. 汇率风险

无论是即期信用证还是远期信用证，从贸易合同签订对外开证到进口商实际对外支付货款总有一段时间的间隔，如果在即期信用证项下自信用证开出之日起到发货，直至单据到达开证行及银行合理审单，间隔较长，远期信用证更要加上从承兑日至到期日这段时间，一旦需支付的货币汇率升值，则进口商将支付多于预期的本币金额。"汇率猛于虎"，有时这种汇率方面的风险所造成的损失会让人瞠目结舌，这种例子在实际业务中不胜枚举。

防范措施：进行外汇保值。

有些进口商抱有一种侥幸心理，即假如付汇货币贬值，将来付汇就可能少支付本币。这种心理有时可能使公司获利，但经常听到的是因汇率风险而产生损失的消息。外汇市场瞬息万变，即使炒盘高手也有失手的时候，作为进口商进口货物应坚持一种观念，即赚钱应从贸易差价中得到，而不是靠在汇率上的一搏。汇率风险的规避除正常的远期掉期和远期售汇外，最好是在签订合同时与出口商订立外汇风险共担条款，由买卖双方共同分担汇率风险。

4. 市场风险

进口商品无论是用做再加工的原料还是直接进入贸易流通领域的成品，均会面临市场风险。一旦同类商品的国内价格降低，则进口货物价格相对变高，其在市场上的流通就会受到影响，形成积压。即使是用于再加工的进口商品，也会因为再成品的成本高于市价而遇到销售困难。这些都会直接造成进口商经济上的损失。

防范措施：摒弃投机心理，做好贸易的下游工作。

首先，做进口贸易一定不能有投机心理，对于一些大宗热门商品，尤其是已形成炒作的商品务必要谨慎，审时度势之后再决策是否介入，以免公司经营随市场的大起大落而受到影响。其次，无论进口的是贸易性商品还是再成品的原料，须先落实商品或再成品的下家，即在进口之前就与国内买家签订销售合同，如是再成品的出口则与国外客户签订好出口合同，固定好销售价格，以此将进口商品的市场风险转嫁出去。

开证申请书
IRREVOCABLE DOCUMENTARY CREDIT APPLICATION

(Please mark x in appropriate boxes)
TO: China CITIC Bank   Date:

Credit to be issued by ( )Full Teletransmission ( )Airmail ( )With A Preliminary Advice by Teletransmission	Irrevocable Documentary Credit No._____ Date and Place of Expiry Date :_____ Place:_____
Advising Bank	Beneficiary (Name and Address)
Applicant (Name and Address)	Currency Code and Amount In Figures _____ In Words _____

Partial Shipments ( )allowed ( )not allowed	Transhipment ( )allowed ( )not allowed	Credit available with ____ ( ) any bank ( ) Issuing Bank ( )____ ( )by sight payment ( ) by acceptance ( ) by negotiation ( )by deferred payment

Loading on board/dispatch/taking in charge at /from _____ For transportation to _____ Latest Date of Shipment_____	Against presentation of the documents detailed herein and ( )beneficiary's draft for ____% of invoice value at ( )sight ( )___days sight ( )___days after date of shipment ( )_____ drawn on ( ) Issuing Bank ( )____

Trade Term: ( )FOB   ( )CFR   ( )CIF
( )other term (please specify):_____
	Form of L/C:
	  ( )Transferable
	  ( )Not Transferable
		Confirmation
		  ( )Confirm
		  ( )Without

Documents Required: (marked with x)
1. ( ) Signed Commercial Invoice in ___originals and ____ copies indicating L/C No. and Contract No._____
2. ( ) Full set ( ) 2/3 set (including ____originals and ____ non-negotiable copies) of clean on board ocean Bills of Lading made out to order and blank endorsed, marked Freight ' ( )To Collect ( )Prepaid' _____, notifying ( )Applicant with full name and address ( )_____
3.( ) Airway Bill consigned to ( )Applicant   ( )Issuing Bank and notify   ( )Applicant ( )Issuing Bank, marked Freight '( )To Collect ( )Prepaid' and indicating actual flight date
4.( ) Railway Bill showing Freight   ( )Collect   ( ) Prepaid and consigned to _____
5.( ) Full set (including ___originals and ____copies) of Insurance Policy/Certificate for at least 110% of the invoice value showing claims payable in China in currency of the draft, blank endorsed, covering ( )ocean marine transportation ( )air transportation ( )overland transportation all risks, war risks and _____
6.( ) Packing List/Weight Memo in___originals and_____copies indicating _____
7.( ) Certificate of Quantity in___originals and _____ copies issued by _____ indicating _____
8.( ) Certificate of Origin in___originals and_____ copies issued by _____
9.( ) Certificate of Quality in___originals and_____copies issued by _____ indicating _____
10.( ) Beneficiary's Certified Copy of Cable/Telex/E-mail/Fax dispatched to the applicant within ___hours after shipment advising name of vessel/ flight No./wagon No., B/L No., loading port /airport of departure, date of shipment, contract No., L/C No., commodity, quantity, weight and value of shipment
11.( ) Beneficiary's Certificate certifying that extra copies of all documents required in this Credit have been sent to the Applicant within ___ days after shipment
12.( ) Other documents

Description of the goods:

Additional Conditions
1.( )All Banking charges and interest, if any, outside Issuing Bank and our reimbursement charge are for account of the Beneficiary.
2.( )Documents to be presented within ____ days after the date of shipment but within the validity of the Credit.
3.( )Third party as shipper/consignor in transport documents not acceptable.
4.( ) Short form/blank back B/L not acceptable.
5.( )Both quantity and amount ____% more or less are allowed.
6.( )Documents must not be dated prior to the issuance date of this credit.
7.( )All documents must be issued in English.
Other Terms :

保证金扣款账号: 申请人预留印鉴: 申请人 / 联系人: Tel. No. Fax No.	For bank user only

图 4-3   开证申请书

第四章 如果你需要进口

开证申请人承诺书

中信银行股份有限公司总行营业部：

我公司已办妥一切进口手续，兹请贵行按照我公司申请书条款（见正面英文）开出不可撤销跟单信用证，并承诺如下：

一、我公司同意贵行依属《跟单信用证统一惯例》（2007 年修订版）国际商会第 600 号出版物（以下简称"UCP600"）办理该信用证项下一切事宜，并同意承担由此产生的一切责任。

二、我公司保证该笔信用证所涉及的交易符合国家执行的各项法律法规和外汇管理政策，并具有真实的贸易背景。

三、我公司保证在贵行"对外付款/承兑通知书"中规定的时间内向贵行支付该笔信用证项下的款项、手续费、利息及一切费用（包括国外受益人拒绝承担的有关银行费用）等所需的外汇和人民币，并承担汇率风险。我公司授权贵行从我公司在贵行开立的任何账户中主动予以扣款，而无须事先通知本公司。

四、我公司承认该信用证项下所有单据的权利（包括但不限于贵行）在我公司未能以自有奖金付款赎单并清偿一切相关费用之前，完整地、自主地归属贵行所有。我公司现代贵行对该笔信用证项下的货物进行保管、存仓保险和/或按贵行的提示代为执行。并在收到货款后，及时付予贵行，我公司保证该笔信用证项下的货物不会发生任何形式的货权转移，没与货物买卖合同无关的其他债权债务发生任何联系。

五、我公司保证在贵行"对外付款/承兑通知书"中规定的赔արา之内通知贵行输对外付款/承兑，否则贵行可视为我公司已接收单据并同意对外付款/承兑。

六、为保证贵行债权的实现，我公司向贵行提供以下一项为数项担保：

□ 交出保证金

我公司已于_____年_____月_____日在我公司于出行开立的账号为_____的保证金账户中存入了币种为_____，金额为_____的保证金，为贵行在该笔信用证项下的债权提供抵押担保，保证金质压存续期间，我公司承诺不得对保证金账户内资金进行支用、周转或者任何其他处分。

□ _____；
□ _____。

七、我公司保证在受益人提交的单据构成相符交单的条件下属有关付款/承兑手续，如因单证有不符点而拒绝付款/承兑。我公司保证在贵行"对外付款/承兑通知书"中规定的时间之前将全套单据如数退还贵行并附书面理由，由贵行按国际标准银行实务确定能否对外拒付。如贵行认为我公司所拒付理由不成立；或拒付理由成立，但我公司未能退回全套单据；或单据退回贵行时已超过"对外付款/承兑通知书"中规定的期限，贵行有权主动输对外付款/承兑，而不必征得我公司同意。

八、该笔信用证如需修改，我公司恪向贵行提出书面申请，由贵行根据具体情况决定能否办理，该笔信用证下所有修改受 UCP600 约束。

九、我公司收到贵行开出的信用证、修改书副本后，保证及时与开证申请书核对。如有不符之处，保证在收到副本之日起两个工作日内通知贵行。如未通知，当视为正确无误。

十、我公司保证：如发生临时性资金周转困难，我公司将不迟于付款日前 15 个工作日内向贵行提出经作进口押汇的书面申请，如我公司未按规定提出申请或在付款日前两个工作日内信用证未按贵行要求办妥有关付款手续，贵行有权主动办理该笔信用证项下进口押汇的各项相关手续，进口押汇所涉及的期限、金额、利率等由贵行按贵行有关文件的规定自选确定，我公司在此承认贵行办理该笔信用证项下进口押汇之各项手续的有效性及合法性，并承诺对由此而引发的全部债务和一切费用承担全部的还款责任，并承诺放弃上述进口押汇所涉及的任何及一切债务的所得权。

十一、我公司同意贵行享有 UCP600 所规定的免费事项，包括但不限于：单据有效性的免责、信息传递的免责，不可抗力及被指示银行行为的免责。

十二、如因申请书字迹不清或词意含混而引起的一切后果由我公司承担。

十三、该笔信用证如因电信位址发生遗失、失误、错漏，贵行概不负责。

十四、我公司同意，为便于该笔信用证的通知，即使我公司指定了通知行，贵行亦有权另行选择其他通知行。

十五、不论该笔信用证所涉交易或该笔信用证的开立是否存在委托关系，贵行均有权要求我公司直接承担该笔信用证项下的付款责任。

十六、若发生信用证项下垫款，我公司同意贵行按该信用证垫款当日贵行的资金成本上浮 50% 确定罚息利率，计息期限为信用证垫款当日到我公司最终偿还日期。

我公司在申请书正面的签字及签章构成对本承诺书的有效确认。

开证申请人：
授权签字盖章
年　月　日

图 4-4　开证申请人承诺书

国际贸易金融服务全程通

中信银行 对外付款/承兑通知书

银行业务编号		日 期	
结算方式	□信用证 □保函 □托收 □其他	信用证/保函编号	
来单币种及金额		开证日期	
索汇币种及金额		期 限	到期日
来单行名称		来单行编号	
收款人名称			
收款行名称及地址			
付款人名称			
□对公 组织机构代码□□□□□□□□−□ □对私	个人身份证件号码 □中国居民个人 □中国非居民个人
扣费币种及金额		
合 同 号	发 票 号	
提运单号	合同金额	
银行附言		
申报号码 □□□□□□□□ □□□□□□□□	实际付款币种及金额
付款编号	若为购汇支出,则购汇汇率
收款人常驻国家(地区)名称及代码 □□□	是否为进口核销项下付款 □是 □否
是否为预付货款 □是 □否 最迟装运日期	外汇局批件/备案表号
付款币种及金额	金额大写
其中	购汇金额	账 号
	现汇金额	账 号
	其他金额	账 号
交易编号 □□□□□ □□□□□	相应币种及金额	交易附言
□同意即期付款 □同意承兑并到期付款 □申请拒付	付款人印鉴(银行预留印鉴)	银行业务章
联系人及电话		
申报日期	经办 复核 负责人

第二联 银行留存联

图 4−5 对外付款/承兑通知书

二、跨境人民币结算进口信用证

跨境人民币结算进口信用证业务，是指企业在进口货物贸易中以人民币计价，并在合同中约定以信用证方式进行跨境对外结算时，银行为其开立的采用人民币作为结算货币的进口信用证业务。

（一）适用企业/范围

在进口货物贸易中以人民币计价并以信用证方式进行跨境对外结算的进口企业。相比较外币计价的进口信用证，企业无须申请列入"进口付汇单位名录"，具备相关资质的进口企业均可办理此业务。

首次办理跨境人民币业务的企业应当选择一家境内结算银行作为其跨境贸易人民币结算的主报告银行，向主报告行提交意向函；还须向其境内结算银行提供企业名称、组织机构代码、海关编码、税务登记号及企业法定代表人、负责人身份证等信息。经人民银行审核并在"人民币跨境收付信息管理前置系统"中激活后，即可向银行申请办理此项业务。

（二）业务优势

（1）信贷管理方面：跨境贸易人民币进口信用证结算中产生的人民币贸易信贷，企业暂不需在外汇局的贸易信贷登记管理系统中进行录入操作；跨境贸易人民币进口信用证项下预付货款无须办理贸易信贷系统登记，不存在超比例须经外汇局审批的环节。

（2）付款方式方面：相较 T/T 汇款或托收，由于有开证银行提供信用支持，有助于进口商扩大贸易规模；银行负责单据流转和资金收付，安全方便；银行可提供配套人民币贸易融资，解决企业资金周转需要。

（3）汇率方面：直接使用本币结算，可有效锁定交易成本，避免汇差风险，降低财务成本。

（三）特点

依据现行政策，90 天以上的人民币远期信用证无须纳入银行短期外债指标管理。

（四）能够解决的问题

1. 降低财务成本，锁定企业预期收益

在目前金融危机导致的主要结算币种汇率波动较大的情况下，采用人民币作为贸易结算币种，进口付款无须本外币兑换环节，可以帮助企业有效规避汇率风险，节约企业汇兑和套期保值等方面的成本，有效测算每笔业务的预期利润。

2. 扩大融资渠道

在银行外币资金紧张，短期外债指标普遍吃紧的情况下，外币贸易融资相对比较困难。而人民币进口信用证，不再占用银行的外债指标，可以延长付款期限。因此，跨境人民币进口信用证可为企业提供新的贸易融资渠道。

3. 降低交易成本，提高效率

使用跨境贸易人民币进口信用证结算，从"人民币"到"人民币"的直通式处理有助于加快企业资金周转速度，提高资金使用效益，节省交易费用。

（五）业务流程

（1）承办业务银行登录"人民币跨境收付信息管理系统"（RCPMIS），帮助企业确认已经在系统中激活。

（2）开证行根据企业提交的开证申请书及人民币计价并结算的进口合同，开立以人民币为结算币种的信用证；并在"人民币跨境收付信息管理前置系统"（RCFE）中录入相关业务信息，生成相关数据文件。同时，登录"人民币跨境收付信息管理系统"（RCPMIS），按照要求报送相关业务信息。

（3）开证行收到交单行提交的以人民币计价的信用证项下单据。

（4）开证行收到客户提交的以下材料：对外付款承兑通知书、跨境贸易人民币结算进口付款说明。经审核后，开证行根据已确定的人民币付汇金额及付款路径完成对外支付。

（5）受益人银行收到相应的人民币款项。

（六）案例

境内A公司与我国香港B公司签订合同进口化工品，总金额为3 000万元人民币。香港B公司接受人民币信用证，A企业向开证行C行申请开立180天远期进口信用证。C行审批后于2011年2月10日开出该笔跨境贸易人民币180天远期信用证。通知行为香港D行。境外B公司于2月17日通过D行交单，C行在2月25日对外做出承兑，并于承兑到期日即2011年8月17日对外付款3 000万元人民币。

假设：若A公司以美元开证，按开证当天即2011年2月10日美元/人民币购汇价6.572 5，该笔信用证开出金额为456.45万美元。受外债指标限制以及内部授信控制，开证期限一般最长为90天，若90天到期后办理3个月的进口押汇或海外代付（利率按5%计算），A公司须多支付利息456×5%/4=5.7万美元，总成本为462.15万美元。按2月10日远期6个月购汇牌价（6.564 3）计算，A公司须支付人民币462.15×6.564 3=3 034万元。

由此可见，第一，A公司使用跨境贸易人民币较美元结算可少支付3 034-3 000=34万元人民币；第二，采用人民币结算可以适当延长信用证期限，付款期限可以做到90天以上，并且人民币结算不纳入外债额度管理，融资上更为便利。

三、进口代收

进口代收是指代收行收到托收行寄来的托收单据（和汇票）后，根据托收行的指示通知付款人，凭付款人的付款或承兑放单并予以付汇的业务。进口代收的基本流程如图4-6所示。

（一）适用公司

进口代收适用于在国际贸易中进出口双方合作时间较长、互相较信任的交易双方。进口代收是建立在商业信用的基础上，较信用证结算方式成本较低、手续简便，对于进口商而言，可减少费用支出，又无须承担较大信用风险，是一种较为有利的结算方式。

在银行办理进口代收业务的企业应具备以下条件：

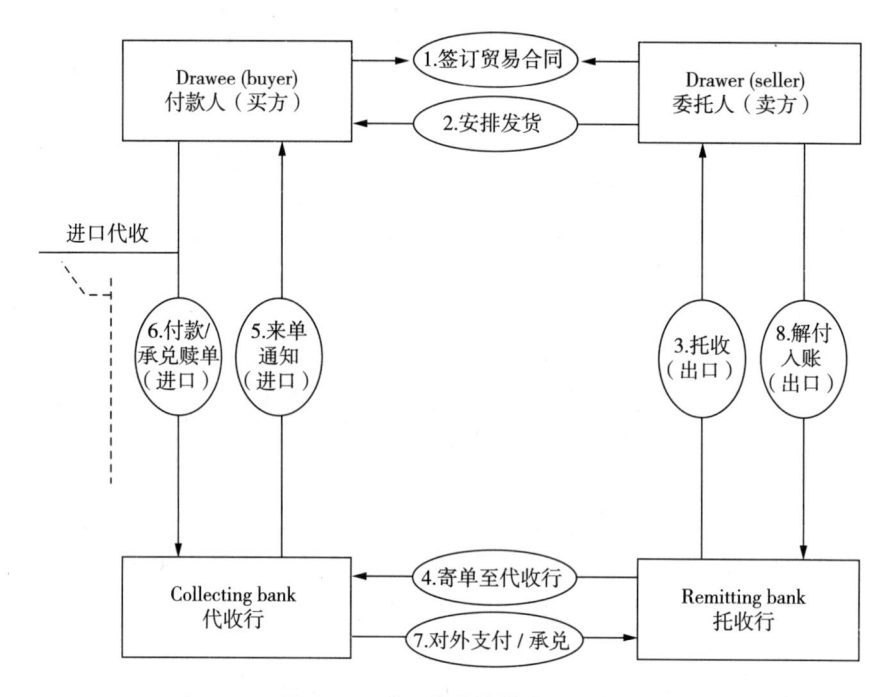

图4-6 进口代收的基本流程图

（1）持有国家工商行政管理部门核发的企业法人营业执照，并经工商行政管理部门办理年检手续。

（2）必须是经对外经济贸易合作部或其授权单位批准的经营进口业务的各类企业，包括外商投资企业。

（二）特点

1. "收妥付汇、实收实付"

进口代收业务是建立在商业信用基础上的一种结算方式，其最大的特点就是"收妥付汇、实收实付"，银行与企业之间只是一种委托代理关系，银行并不承担付款的责任。

2. 费用较低

进口代收业务与进口开立信用证业务相比，银行费用较低，有利于节约进口商的财务费用、降低成本。

3. 简便易行

进口代收业务与进口开立信用证业务相比，手续简单、易于操作。

第四章　如果你需要进口

4. 资金占压少

进口商在出口商的备货和装运阶段不必预付货款、占压资金，支付货款甚或做出承兑后即可取得货物单据并处置货物。

5. 改善现金流

在承兑交单（D/A）项下，进口商承兑后即可取得货权单据并处置货物，在售出货物并有现金流入后才对外支付，资金占压近乎为零，财务状况和偿债能力得到有效的改善。

（三）进口代收能够解决的问题

进口代收是一种对进口商较为有利的结算方式。一方面，进口代收远比 T/T 预付货款要安全得多，进口商在付款或承兑后能够当即取得货权单据，尤其是 D/A 方式，对进口商更为有利。另一方面，进口商免去了申请开立信用证的各项手续，也不必向银行交纳保证金，从而减少有关费用支出和资金占压，有利于加速资金的周转。

（四）银行办理进口代收提供资料

1. 进口商首次在银行办理进口代收业务须提供以下客户资料：

1）单位基本情况表（加盖公章）

2）客户基本情况调查表（加盖公章）

3）营业执照复印件，有正常年检记录（加盖公章）

4）组织机构代码证复印件（加盖公章）

5）进出口企业资格证书/ 对外贸易经营者备案登记表（加盖公章）

2. 进口商在具体办理付款赎单或承兑赎单的手续时需要提供以下资料：

1）进口合同副本（加盖公章）

2）代理协议复印件（如为代理进口业务）

3）销售合同、信用证/保函（若为转口贸易）

4）异地付汇备案表（若付款人为异地注册企业）

5）技术引进合同数据表（若为技术服务贸易）

6）境外工程承包合同（若为境外工程使用物资）

7）保税监管区域企业的营业执照和外汇登记证（若委托人为保税区企业）

（五）进口代收业务需要注意的问题

进口代收这种结算方式无论交单条件是 D/P 还是 D/A，总是出口商发货在先收取货款在后，因此，它是一种对进口商更为有利的结算方式。虽然如此，进口商在采用这种结算方式的时候仍然有一些问题需要注意。

进口代收业务中银行并不审核单据，银行只是代为传递单据，因此进口商在收到单据时应审慎地审核单据以确保单据符合合同要求。尤其是在 D/P 的交单条件下，进口商在付款前的验单显得格外重要。"KYC（Know Your Customer）"原则不可忽视，尽可能接触和了解客户，可以通过上网查询、委托专业咨询机构等方式对客户进行资信调查，防范出口商伪造单据进行欺诈的风险。

在 D/A 的交单条件下，汇率风险应予以重视。从进口商承兑汇票到实际对外支付货款有一段时间间隔，在这段时间内，一旦人民币汇率贬值，则进口商将支付多于预期的本币金额。进口商可通过进行远期掉期和远期售汇的安排锁定汇率，以规避汇率风险。

四、跨境人民币结算进口代收

跨境人民币结算进口代收，指用人民币进行结算的进口代收业务。代收行收到托收行寄来的人民币托收单据（和汇票）后，根据托收行的指示通知付款人，凭付款人的付款或承兑放单并最终完成人民币对外支付。

（一）适用企业/范围

在进口贸易合同中以人民币计价，并以托收方式进行跨境对外结算的进口企业。目前，全国所有省市的企业，经人民银行等相关部门审核批准后，均可以跨境人民币进口代收方式进行款项结算。

首次办理跨境人民币业务的企业应当选择一家境内结算银行（通常为代收银行），作为其跨境贸易人民币结算的主报告银行，向主报告行提交意向函；还须向其境内结算银行（通常为代收银行）提供企业名称、组织机构代码、海关编码、税务登记号及企业法定代表人、负责人身份证等信息。经人民银行审核并在"人民币跨境收付信息管理前置系统"中激活后方可办理跨境人民币结算业务。

（二）优点/特点

与外币进口代收相比，跨境人民币进口代收除了具有一般代收业务的特点之外，还有以下优点：

结算中产生的人民币贸易信贷，企业暂不需在外汇局的贸易信贷登记管理系统中进行操作，预付贸易信贷暂不实行贸易信贷登记及比例管理。

企业无须申请列入"进口付汇单位名录"。

（三）能够解决的问题

跨境人民币进口代收能够解决一般外币代收业务所能解决的问题，除此之外，对于企业来说最大的好处是，可以锁定货物成本，无须承担汇率变动的风险，尤其是对于技术含量比较高、建设周期比较长的大型成套设备来说，更为有利。

（四）注意问题

（1）同一加工贸易合同项下的结算不得同时使用人民币和外币作为结算货币。

（2）企业在同外商签订人民币合同之前，须向外商确认其所在国家和银行可以开展人民币结算业务，以保证将来提交单据的银行（托收银行）能够收到款项。

（3）办理人民币进口代收结算的跨境货物贸易，可以以外币报关，但必须是以人民币结算。

（4）以人民币计价、报关并付款的业务需要进行国际收支申报。

（5）付款时企业需要提交"跨境业务人民币结算付款说明"。

（6）D/A 项下延期付款超 210 天时，企业需要向银行提交"进口延期（210 天以上）付款（境外抵扣）申报信息提示单"。

（五）业务流程

首次开展跨境人民币代收业务的企业，需要承办业务的银行登录"人民币跨境收付信息管理系统"（RCPMIS），帮助企业确认已经在系统中激活。进出口双方签订以人民币计价的进出口合同后，后续流程如图 4-7 所示。

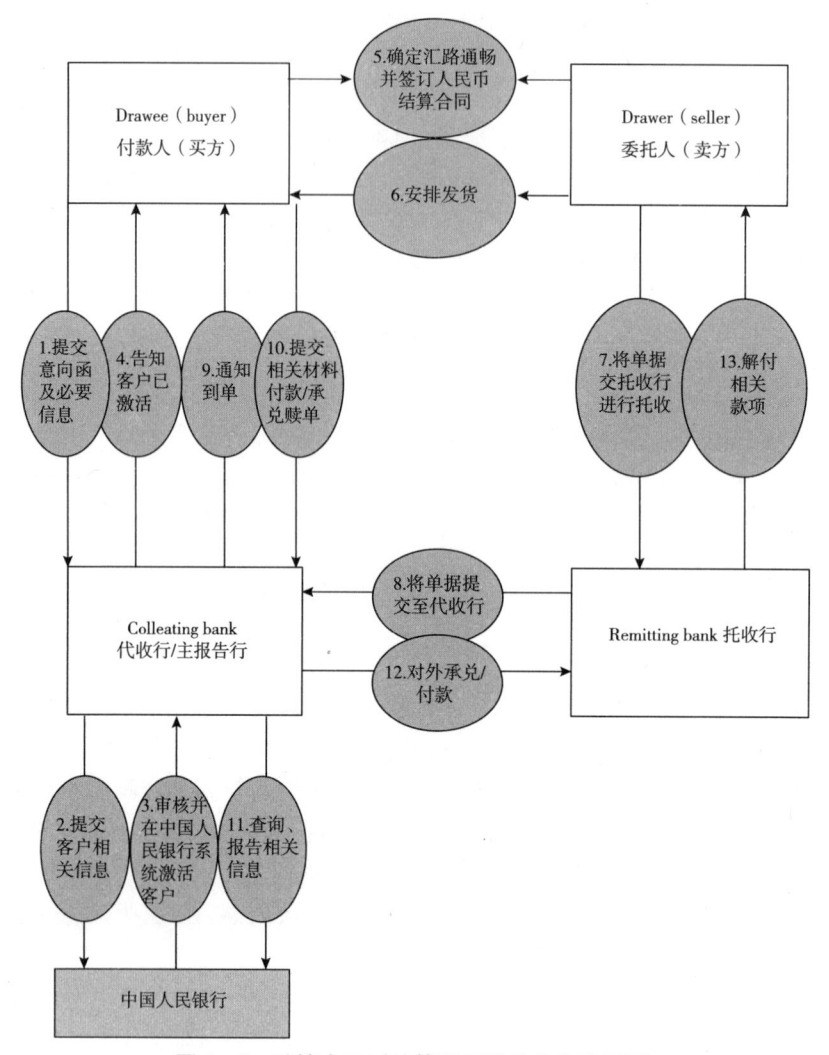

图 4-7　跨境人民币结算进口代收业务流程图

五、汇出汇款

汇款是银行接受汇款人的申请,通过国外联行或代理行,以一定的方式将一定金额的外币支付给收款人的一种国际结算方式。按照汇款使用的支付工具不同,汇款可分为电汇、信汇、票汇三种。其中,电汇(T/T)以其安全、方便、快捷等特点,在实际业务中得到广泛使用。

第四章　如果你需要进口

汇出汇款的基本流程为：汇款人按照现行的外汇管理政策提交所需单据，银行按贸易真实性及合规性的原则审核后，以加押电报、电传或 SWIFT 等电信方式，向汇入行发出电汇委托书，汇入行收到电信指令后，核对密押无误后，通知收款人收款。汇入行借记汇出行账户，取出头寸，解付汇款给收款人。[1]

（一）适用企业

（1）与上游供应商保持长期稳定贸易关系的企业。
（2）对资金周转时效性要求较为严格的企业。
（3）全球性的跨国集团及其境内的关联企业。

（二）T/T 汇款特点

1. 操作简便

与信用证和托收相比，T/T 汇款银行需要审核的单据比较简单，手续较为简便，企业操作起来更加容易，尤其当上下游企业之间账期一旦确定下来，固定 T/T 结算方式能够为贸易双方的资金安排提供便利。当然，这要建立在买卖双方相互诚信的基础上。

2. 成本经济

对于汇款人来说，T/T 汇款比信用证、托收等其他结算方式的费用要低很多，因此，如果进口商能取得货到付款等比较有利的贸易条件，T/T 汇款不失为能够实现成本控制的最有效的结算手段。

3. 高效快捷

资金时效性强是 T/T 汇款的又一大优势。由于手续简便，T/T 付款可以满足企业资金快速周转的要求。特别对于资金流动量大，即收即付的企业，银行可以针对该类企业选择特定的汇款路径，提供当日到账的服务，满足企业的用汇需求。

（三）一般进口贸易项下汇出汇款业务流程

汇款人在申请办理汇出汇款业务时，必须符合国家相关外汇管理政策，提交相应的有效商业单据，银行按照真实性和一致性的原则审核无误

---

[1] 苏宗祥，徐捷. 国际结算（第 4 版）. 北京：中国金融出版社，2009（2）.

后，方可办理售付汇手续。

按照我国现行的外汇管理制度，一般进口贸易项下，汇款人办理汇款的基本流程如图4-8所示。

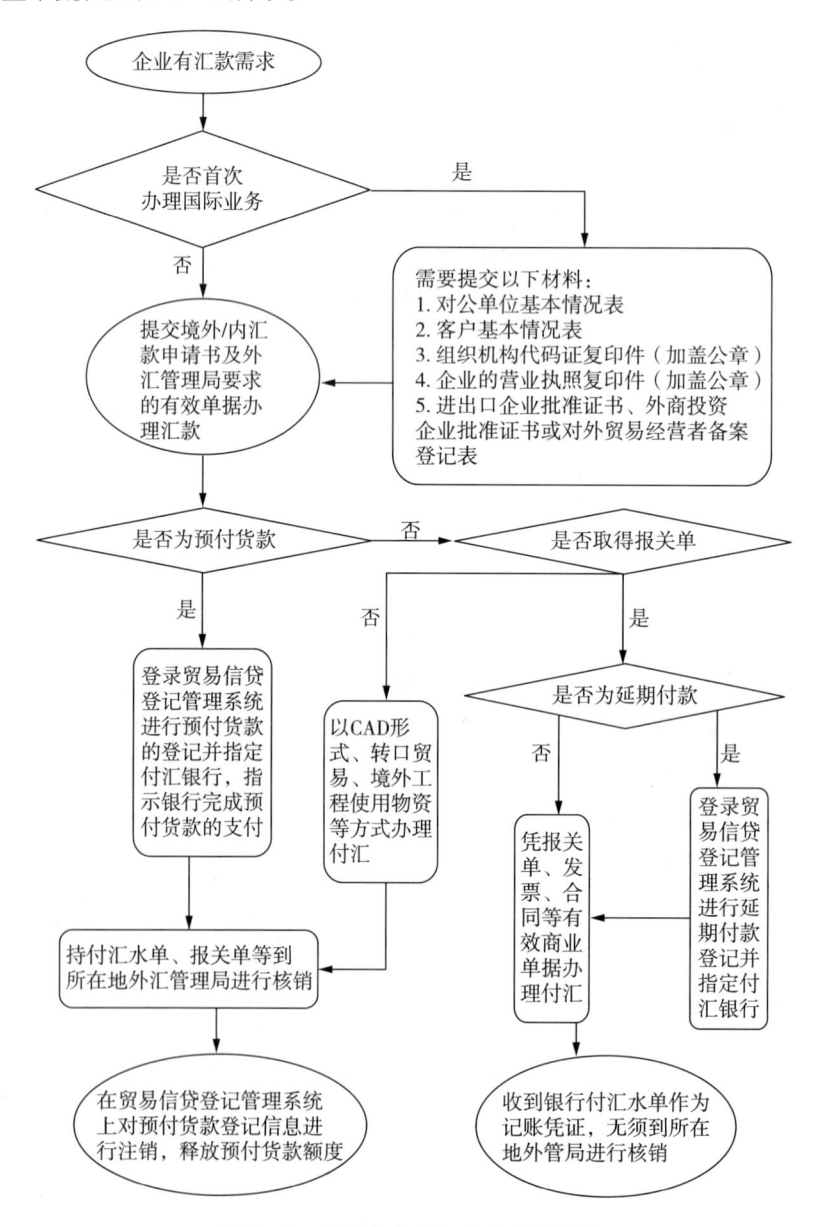

图4-8 汇款人办理汇款基本流程图

第四章 如果你需要进口

（1）汇款人在进行预付货款登记时，要确保汇款币种、金额、汇款人名称、收款人名称与汇款申请书中填写的内容一致。登记日期应至少比实际付汇日期提前一天。登记当日 23：00，外汇管理局统一对企业登记信息进行处理。若登记申请未经通过，则说明预付货款额度不足，企业可自行到所在地外汇局申请调高本次预付货款额度，抑或是全年预付货款额度。

（2）所谓延期付款，即从海关签发报关单的次日起，至实际付汇日期止，期间所涵盖的自然天数超过 90 天的付款。企业须在海关签发日期后 90 天起的 15 个工作日内进行延期付款提款登记。逾期未登记者，须到所在地外管局申请办理超期限登记核准。

（3）CAD，即单到付款。付款人在取得海关签发的进口报关单前需要对外付汇时，如已取得提单、运单等，可凭以对外付汇，且无须办理预付货款登记。

（4）对于货物不入境的转口贸易企业，应凭收汇水单、货物所有权转移单据等办理贸易信贷登记手续。银行无须审核登记情况。

（四）几种常见的贸易方式下，对外付汇所需审核材料分类汇总

1. 境外电汇

表 4-1 境外电汇所需审核材料

	预付货款	凭报关单货到付款	CAD 形式单到付款	境外工程使用物资	转口贸易（先收后支）	转口贸易（先支后收）
进口发票	√（正本或副本盖章）	√	√	√	√	√
进口合同	√（正本或副本盖章）	√	√	√	√	√
盖有海关验讫章的正本进口货物报关单		√				
企业电子口岸 IC 卡		√				

续表

	预付货款	凭报关单货到付款	CAD形式单到付款	境外工程使用物资	转口贸易（先收后支）	转口贸易（先支后收）
提单/运单			√（正本或副本盖章）			
出口发票					√	√
出口合同					√	√
工程承包合同				√		
项目分包合同				√（如有分包）		
出口贷记通知					√	
买方开立的信用证或经国内银行核对密押的外方银行开具的保函						√

2. 境内外币汇款

由于除国家另有规定外，境内禁止外币流通，并且不得以外币计价，因此，如果企业想办理境内外币汇款，需要满足特定条件。常见的境内外币汇款所需提供的材料汇总如表4-2所示。

表4-2 境内外币汇款所需审核材料

	收款人在保税区	报关单贸易方式为进料深加工	出口加工区货物出区深加工结转
进口发票	√	√	√
进口合同	√	√	√
盖有海关验讫章的正本进口货物报关单	√（货到付款）	√（报关单贸易方式为进料深加工）	√（报关单贸易方式为进料深加工）

第四章 如果你需要进口

续表

	收款人在保税区	报关单贸易方式为进料深加工	出口加工区货物出区深加工结转
保税监管区域外汇登记证	√		
出口货物报关单		√（贸易方式为进料深加工）	
出口核销单		√	
正本出口加工区出境货物备案清单			√

值得注意的是：

1）境内区外企业在向保税监管区域内企业支付预付货款或办理延期付款时，无须登录贸易信贷登记系统办理登记手续。

2）对于报关单贸易方式为进料深加工的进口付汇，如果与其对应的出口报关单贸易方式为来料深加工，则只能付到境外。

（五）注意问题

汇出汇款这种结算方式对于进出口双方来说，承担的风险是不对等的。一方面，在预付货款形式下，进口商承担的风险较大；另一方面，在货到付款项下，出口商又比较被动。这是 T/T 汇款难以解决的问题。因此，对于进出口双方诚信水平有较多考虑的企业，依据谨慎性的原则，建议采用信用证等其他结算方式。

六、跨境人民币结算汇出汇款

跨境人民币结算汇出汇款是指企业进口项下向境外客户汇款时使用人民币结算。随着我国经济的发展和国家综合实力的增强，人民币在国际上的认可度日益提高，从而形成了人民币可跨境结算的基础，人民币可跨境结算契合了市场和企业的实际需求。

（一）适用企业

(1) 进口项下交易对方愿意接受或使用人民币结算的企业。
(2) 希望规避汇率风险、节省汇兑成本的企业。
(3) 对资金时效性要求很高或要求资金实时到账的企业。
(4) 有人民币贸易融资需求的企业。

（二）特点

使用人民币作为进口结算货币与使用外币相比有以下特点：

1. 有效避免汇率波动可能产生的风险

从签订进口合同到货款结算一般会间隔一段时间，该时间差可能导致汇款时因汇率的波动需要更多的人民币来购买外汇，尤其是货款金额较大时该项差异更加明显，而使用人民币结算则可以避免汇率变化产生的风险、提前锁定进口成本。

2. 清算渠道更便捷、更低廉

外币汇款一般须通过其他国家的清算系统进行资金清算，而人民币汇款业务通过中国人民银行的大额支付系统或境内代理行进行清算，可做到资金即刻到达、实时到账。这种清算模式也大幅降低了清算中间行费用，为企业节省了汇兑成本。

3. 获取配套人民币贸易融资

以人民币结算的进口业务可凭有真实贸易背景的商业单据在以符合银行融资条件下，直接获取人民币贸易融资，解决企业资金周转的需要。

4. 不同的监管要求

与外币汇款在监管要求上的不同主要表现在人民币汇款只需办理国际收支统计申报、不纳入现行外债规模管理、无须进行贸易信贷登记等；跨境人民币业务应逐笔由承办银行向中国人民银行"人民币跨境收付信息管理系统"（简称 RCPMIS 系统）上报业务相关信息，该系统对结算业务按日进行总量匹配核对、对所有跨境人民币业务进行统计和监测。

（三）业务流程

人民币汇出汇款的业务流程与外币汇出汇款有所不同，如图 4-9 所示：

第四章 如果你需要进口

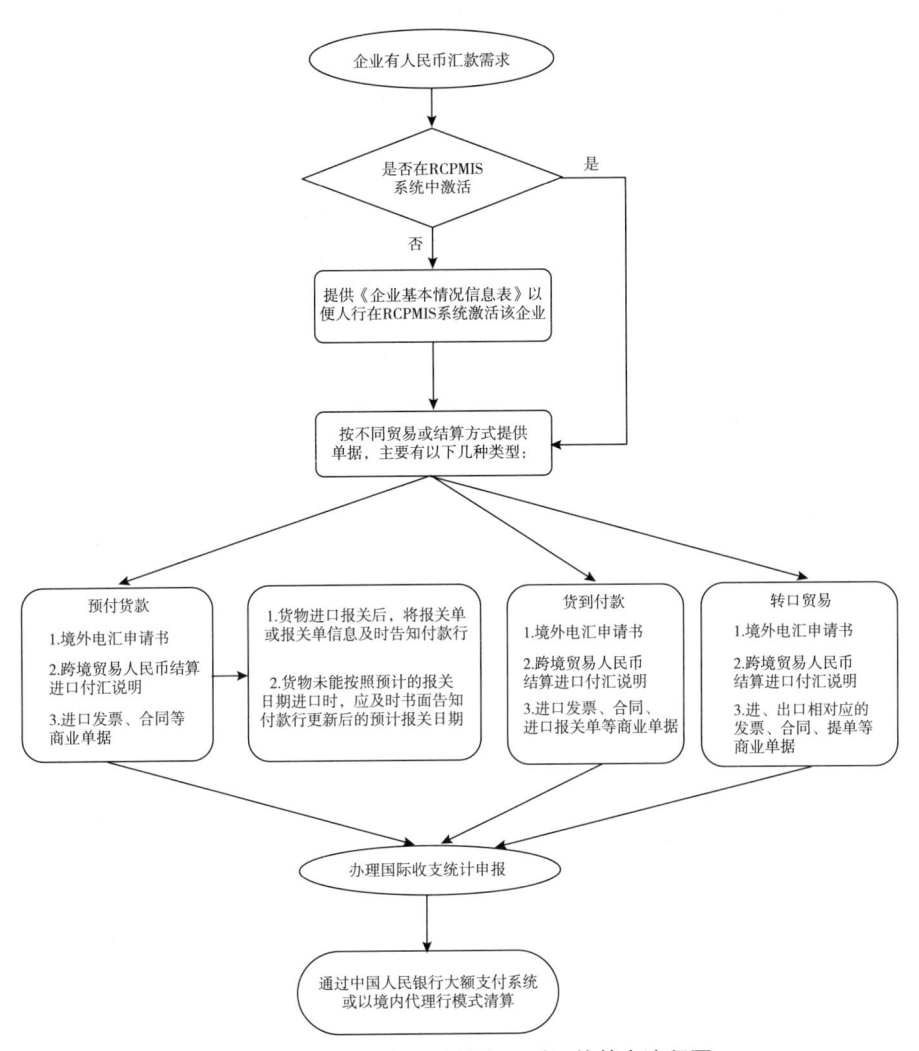

图4-9 汇款人办理跨境人民币汇款基本流程图

(四) 注意问题

1. 确定主报告行

使用人民币进行跨境结算时，企业应选择一家境内结算行作为主报告行负责向 RCPMIS 系统报送和备案延期付款信息。企业在货物进口报关后 210 天仍未对外付款的属于延期付款。延期付款提示的企业应及时向主报告行说明未付款原因和相关情况，以便主报告行向 RCPMIS 系统报送和备案延期付款信息。

2. 建立跨境人民币结算台账、做好预付货款的管理工作

监管机构在跨境贸易人民币结算的相关文件中要求企业建立台账、准确记录报关信息和人民币资金收付信息。从业务的实际操作上来看，建立台账将有助于企业做好预付货款的管理工作。在预付货款时，企业在进口付汇说明中填写了预计进口报关日期，在报关后或未按预计时间报关的还需将报关信息或新的预计报关日期告知付款行。监管机构要求在 RCPMIS 系统中录入预付款相匹配的物流信息后，才确定该笔预付款的真实性。

3. 确定清算路径

人民币汇款使用中国人民银行的大额支付系统或以境内代理行模式进行清算，由于人民币跨境结算尚处于初始阶段，各方对它的清算路径还比较陌生，企业在以人民币支付货款时，为了避免因清算路径问题造成资金无法及时到账，应和交易对方及对方的收款银行加强沟通，了解收款行或中间行是否在港、澳地区清算行或境内代理行开立了人民币同业往来账户，且该账户已在 RCPMIS 系统进行了报备，只有确定了正确的清算路径，才能顺利地将款项汇出并及时到账。

4. 树立合规意识

人民币汇款应当具有真实合法的交易基础，必须遵守我国反洗钱和反恐融资等有关法律法规的规定。企业应当树立守法合规意识，积极配合监管机构和银行的相关要求，才能将业务做大做强，获得长远发展。

七、国内信用证

（一）国内信用证概念

国内信用证是我国国内贸易结算工具的一种，它同国际信用证一样，是开证银行依照申请人（购货方）的申请向受益人（销货方）开出的有一定金额、在一定期限内凭信用证规定的单据支付款项的书面承诺，亦是开证行向受益人作出不可撤销、不可转让的，凭符合信用证条款的单据支付的付款承诺。

国内信用证受中国人民银行颁布的《国内信用证结算办法》约束，只适用于国内企业之间商品交易产生的货款结算，结算币种为人民币。

第四章　如果你需要进口

(二) 适用企业及服务对象

一般来说，只要经国家工商管理部门注册登记并正常办理年检手续，具有独立法人资格、信誉良好、合法经营的国内企业均可采用国内信用证进行结算。特别对于异地企业首次交易时，由于交易双方彼此不了解，缺乏良好的互信机制，希望以银行信用代替商业信用进行国内贸易的企业，或企业在贸易交往中需要融资解决交易过程中的资金短缺问题或增加资金的流动性，这时候，企业可以开立国内信用证，通过国内信用证项下的融资安排来解决此问题。

(三) 国内信用证特点

与国际信用证类似，国内信用证是一种有条件的资金支付承诺，是银行信用介入贸易流程的一种结算方式。只有在单证相符，单单一致的条件下，开证行才支付信用证项下的款项。通过国内信用证结算，买卖双方均能较好地控制贸易货款的收付风险。具体如下：

(1) 国内信用证是一个给买卖双方都提供较好保障的结算方式。在这种结算方式下，买方的付款是以收到单证相符的单据为前提，因此可以通过单据对卖方完成交货义务进行控制；而贸易的卖方只要履行交货义务，并提供单证相符的单据，货款的收取就有银行的付款承诺作为保障。

(2) 国内信用证是一种具有融资功能的结算方式。贸易的买方可以申请减免保证金开证或国内信用证付款融资，卖方资金不足时可以凭单证相符的单据申请国内信用证议付融资。

(四) 实际应用中能够解决的问题

(1) 买方有效约束卖方履约，中间商减少资金占用。

在与其他结算方式同等交易条件下，开证申请人可借助银行信用增强商业信用，争取先行交货的优惠交易条件，实现杠杆采购，约束卖方按约提交合格单据，到期安全支付或向银行申请买方押汇缓解支付压力。特别是中间商可在商品转手后再付款，或货到后可向银行申请融资，取得单据实现销售后再向银行清偿。

(2) 卖方安全收款、有效控制交易风险，加快资金周转。

卖方可以得到银行信用的有力保证，只要按合同规定发货，并提交合格单据即可取得货款。此外，卖方还可以凭合格单据向议付银行申请议付，将应收账款提前变现，加快资金周转。

（五）国内信用证需要注意的问题

对于买方来说，买方必须是在真实货物贸易背景下申请开立信用证，开立信用证的基础是买卖双方的贸易合同，买卖双方必须在所签订的合同中规定采用国内信用证这种结算方式，买方应该依据合同内容填写国内信用证申请书，信用证的金额不能高于合同金额，货物的单价应该与合同一致，信用证条款必须单据化，国内信用证必须列明据以付款或议付的单据，税务部门统一印制的增值税专用发票是其中所必须的单据。信用证的有效期最长不得超过6个月。此外，信用证的有效期、交单期、相关费用等也须在信用证中作出明确的规定。买方更应该注意的是，国内信用证只有即期付款信用证、延期付款信用证、延期付款可议付信用证三种类型，其中对于延期付款可议付信用证，即使法院止付，议付行作为善意第三人的权利也会受到保护。对于延期付款信用证，付款期限如果是货物发运日后一定期限付款的，此期限最长不得超过6个月。其付款行一旦发出承诺付款通知书，就对受益人付款且付款是没有追索权的。而对于即期付款信用证，其银行的付款是最终性质的付款，对受益人的付款是没有追索权的。

对于卖方来说，卖方必须注意到国内信用证只限于转账结算，不得支取现金。当其收到的国内信用证中没有规定交单期时，交单期通常视为15天。国内信用证的议付行必须是开证行指定的受益人开户行。未被指定议付的银行或指定的议付行不是受益人开户行，不得办理议付。卖方审核其收到的信用证，检查信用证是否符合基本合同的规定，是否规定了不利于自己的条款，尤其是软条款，可以视其情况而决定是否接受开来的信用证。卖方一旦接受信用证，就要按照信用证的条件备货制单，单据一定要符合信用证的要求，避免因单据不符造成买方的拒付。

八、付款保函

"付款保函"是指银行应进口商的申请而向出口商出具的书面文件，保证买方履行因购买商品、技术、专利而产生的付款义务，在出口商按合

第四章 如果你需要进口

同提供货物、技术服务或资料后,如进口商不按约定支付合同款项,则银行接到出口商书面索偿后代为支付相应款项。

(一)适用企业

"付款保函"适用于"进口贸易型"企业。

(二)"付款保函"的特点

(1)业务操作简单:在商品贸易中,付款保函与信用证作用相似,但办理手续简便。

(2)格式灵活多样,适应不同需求:信用证遵循固定的格式、惯例,而付款保函格式则因项目而异,可为客户量身定做。

(3)适用范围广:"付款保函"不仅可以用于商品贸易,还可以用于工程项目等,范围相对于信用证来说更为广泛。

(4)解决交易双方互不信任的问题:银行凭借其自身良好的信誉介入交易充当担保人,为当事人提供担保,促进交易的顺利进行。

(三)解决的问题

(1)对于出口商而言,获得了充分的收回货款的保证,以利其发货,为贸易的顺利进行提供了便利。

(2)对于进口商而言,付款保函中的付款条件可以在一定程度上制约出口商的行为,并保证货物表面上达到买方的要求,从而维护买方的利益。

(四)申请材料

(1)保函申请表。
(2)贸易合同正本复印件。
(3)进出口许可证复印件。
(4)保函文本。
(5)银行要求的其他材料。

(五)业务流程

"付款保函"的办理过程,与一般的保函相同,流程图如图 4 - 10 所示:

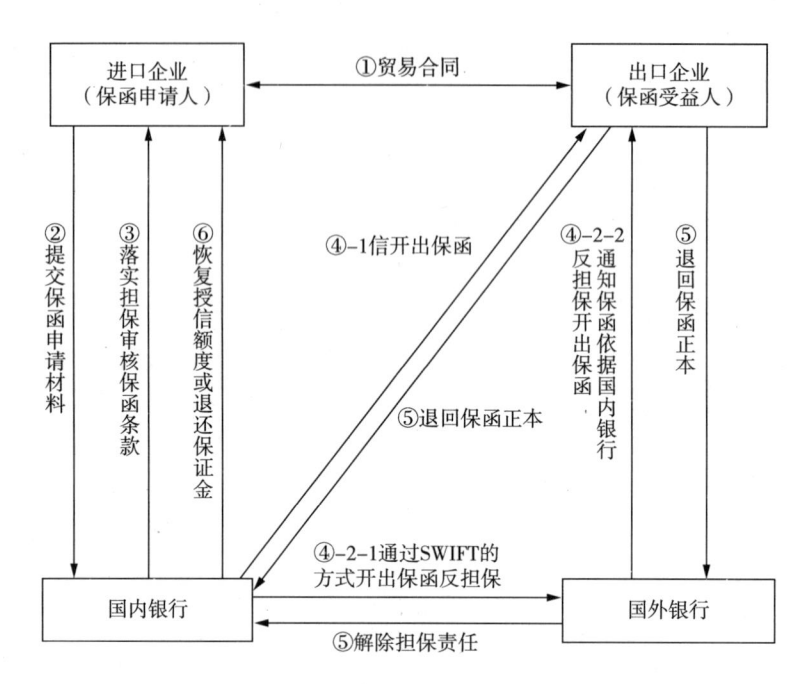

图 4-10 付款保函业务流程图

（1）保函申请人（进口企业）与国外出口企业签订贸易合同，并在合同中约定使用付款保函。

（2）保函申请人向银行提交开立保函申请书、保函格式等资料。

（3）银行对保函进行审批，包括落实担保方式、审核保函条款及贸易背景。

（4）银行审批通过，银行开立保函。

开出方式：①信开：国内银行以信函的方式直接开出以国外出口企业为受益人的付款保函。

②电开：A. 转递：国内银行以加押电报（AUTH. SWIFT）的方式将付款保函发往国外银行，国外银行将付款保函通知给国外出口企业；B. 转开：国内银行以加押电报（AUTH. SWIFT）的方式向国外银行开出反担保函，国外银行依据反担保函向国外出口企业开出付款保函。

（5）交易合同履行完毕后

若为信开，保函受益人（出口企业）退回保函正本给保函申请人，保函申请人退回银行注销保函。

若为电开，A. 转递：保函受益人（出口商）退回保函正本给国外银行，并通过国外银行向国内银行发出加押电报，解除国内银行担保责任；B. 转开：保函受益人（出口商）退回保函正本给国外银行，国外银行解除国内银行反担保责任。

（6）银行审核相关资料后注销保函，并恢复保函申请人的授信额度或退还保证金。

（六）案例

我国 A 进口公司与美国 B 出口公司签订了以美元为结算货币的贸易合同，合同金额为 100 万美元。因为 A 公司和 B 公司是首次合作，所以在合同中不仅规定了预付款比率为 20%，另外要求 A 公司向 B 公司开出合同金额 80% 的付款保函；同时，B 公司向 A 公司开出 20% 的预付款保函和 15% 的履约保函。A 公司和 B 公司均要求保函由其所在国家的银行开出。

A 公司向其国内合作银行 X 银行提出付款保函申请，因为 A 公司在 X 银行有可用的保函授信额度，因此担保方式即占用其保函授信额度，X 银行在审核了 A 公司的申请材料及保函条款后，同意为 A 公司开立付款保函。B 公司的合作银行是美国 Y 银行，因此 B 公司要求付款保函应由 Y 银行最终开出，X 银行和 Y 银行是代理行关系，于是以加押电报（AUTH. SWIFT）的方式开出反担保函给 Y 银行，Y 银行依据 X 银行的反担保函，开出了付款保函并递交给了 B 公司。

A 公司和 B 公司合同履行完毕后，B 公司将保函正本退回给了 Y 银行，Y 银行担保责任解除，同时 Y 银行以加押电报（AUTH. SWIFT）的方式解除 X 银行的反担保责任。X 银行接到 Y 银行解除责任的电报后，注销保函，并恢复申请人的授信额度。

（七）延期付款保函

"延期付款保函"（DEFERRED PAYMENT GUARANTEE）是银行根据申请人的申请向出口商出具的对延期支付或远期支付的货款以及相应的利息所作出的一种付款保证。保证在出口商发货后，申请人将按合同规定的延付进度表中的到期时间支付本金及利息。否则，银行将代为付款。

"延期付款保函"较付款保函可将付款期限适当延后，或增加付款次数；减少缴纳现金保证金引起的资金占用；帮助申请人提高商业信用度，获得有利的支付条件。

备注：根据国家外汇管理局颁布的《境内机构对外担保管理办法》及《境内机构对外担保管理办法实施细则》规定："1年期以上（不含1年的）对外担保，由担保人报经其所在地的省、自治区、直辖市分局初审后，由该分局报国家外汇管理局审批。"

九、备用信用证

（一）备用信用证产生的历史背景

在银行担保发展史上，"备用信用证"是与银行保函相对应的一个概念，由于银行保函与备用信用证都具有担保的功能，因此经常容易被混淆。

备用信用证实际上是一种信用担保工具，作为商业信用证的一个分支，起源于19世纪中叶的美国，并在第二次世界大战后的美国逐步发展起来。经过20世纪30年代的金融危机之后，美国的银行法规定，一般商业银行不容许开立银行保函。为与国外银行竞争，达到为客户提供担保之目的，美国的商业银行将保函以信用证的名称和形式出具，由于备用信用证不同于保函的观点占优势，因此确认了提供备用信用证是属于商业银行权限内的业务。备用信用证由此逐步发展起来，经过多年的发展，目前已成为一种较为流行的现代担保业务。

（二）备用信用证的基本概念

美国联邦储备银行管理委员会给备用信用证下的定义是"是一种信用证或类似安排，构成开证行对受益人的下列担保：（1）偿还债务人的借款或预支给债务人的款项；（2）支付由债务人所承担的负债；（3）对债务人的违约而付款"。

由上可以这样理解，备用信用证是一种特殊形式的光票信用证，是商业银行代替企业签发保证书和保函文本的对外担保业务。

（三）备用信用证与银行保函的主要区别

尽管银行保函与备用信用证都具有担保的功能，常易被混淆，但实际上还是有很大的差异。备用信用证与银行保函的主要区别如下：

1. 二者所要求的索款单据不同

备用信用证一般要求受益人在索赔时提交即期汇票及说明申请人未能履约的书面声明。银行保函不要求受益人提交汇票，担保银行凭借受益人提交的书面索款声明即可付款。

2. 二者的付款依据不同

备用信用证的付款依据是受益人在有效期内按规定提交的书面声明或单据，银行与申请人和受益人之间的合同无关。银行保函的付款依据是申请人未能履行有关合同或交易，因此担保银行在决定是否付款时有可能被牵扯到基础合同或交易中去，甚至被牵扯到申请人与受益人之间的合同争议中去。

因此，"备用信用证与单据相联系，银行保函与合同履约相联系"。

3. 二者的法律属性认定不同

备用信用证是独立性的担保，而银行保函分为独立性保函和从属性保函两大类。备用信用证一经开出，担保银行就承担第一性的付款责任。而银行保函根据索款条件的不同，可能承担第一性的付款责任，也可能承担第二性的付款责任。

4. 二者适用的国际惯例或国际公约不同

国际商会关于备用信用证的统一规则是《国际备用信用证惯例》（INTERNATIONAL STANDBY PRACTICES），简称 ISP98。国际商会关于银行保函的国际惯例有《见索即付保函统一规则》（The Uniform Rules on Demand Guarantees），简称 URDG458，以及《合约保函统一规则》（THE UNIFORM RULES FOR CONTRACT BONDS），简称 URCB524 等。但在实际操作中，由于各国都有自己的担保法，并且更倾向于银行保函适用于本国的担保法，因此国际商会关于银行保函的统一规则仍未获得大多数国家的普遍认同和接受。

（四）备用信用证的主要类别

根据融资性质，可分为融资性备用信用证和非融资性备用信用证。

根据备用信用证的具体用途，可分为以下几种：

（1）投标备用信用证（TENDER BOND STANDBY）：是用于向招标人保证投标人将遵守其在投标书中作出的承诺的一种书面付款保证文件，若投标人未能遵守承诺，开证人必须按备用信用证的规定向受益人进行赔付。

（2）履约保证备用信用证（PERFORMANCE STANDBY）：用于向合同一方保证合同另一方将忠实履行合同约定的一种书面付款保证文件。

（3）预付款保证备用信用证（ADVANCE PAYMENT STANDBY）：用于担保合同一方对合同另一方支付的预付款所应承担的义务和责任的一种书面保证文件。

（4）质量保证备用信用证（WANRANTY STANDBY）：用于担保合同一方对合同另一方应承担产品质量责任或提供产品保修义务的一种书面保证文件。

（5）反担保备用信用证（COUNTER STANDBY）：又称对开备用信用证，它支持反担保备用信用证受益人所开立的另外的备用信用证或其他承诺。

第三节　支付货款阶段银行能做什么

在支付货款阶段，企业可以利用银行提供的服务实现对资金融通、付款时效性和安全性以及汇率风险管理等多样化金融需求。

对于应付账款，企业出于自身流动性管理的需要寻求银行的融资支持，常见的应付账款融资包括各种结算方式的进口融资、利用他行资金的进口代付、跨境人民币进口代付、国内信用证他行代付等代付业务，还有货押融资和票押融资以及银企合作程度较高的资金池融资。

对于资金划转的效率和安全性，企业也提出了更高的要求，希望付款能在预期时间足额到达指定的收款账户，但由于其自身对当前国际清算系统缺乏了解，时常会出现付款时效性达不到预期效果或是货款被扣减、退回的情况。企业可以利用商业银行强大的清算网络和技术优势通过付款前的汇款单据预审、清算路径设计，保证全额到账的本金保证付款，为跨境贸易人民币结算特别设计的跨境人民币清算以及为提高付款效率的、亚洲美元速汇、香港美元直达、小币种全球汇、环球报文速递、汇款及时通知和特别退款安排等清算服务产品，保证付款的时效性和安全性。

国际货币市场特有的变化快、趋势难以预测等特点，给进口企业的汇

第四章　如果你需要进口

率风险管理提出了巨大的挑战。商业银行作为市场的直接参与者，在外汇交易及外汇风险管理等方面具有专业优势，进口企业可以利用银行提供的各类外汇资金产品来实现外汇的风险规避和成本控制。常见的外汇资金产品包括远期结售汇、代客外汇买卖、人民币与外币掉期、人民币与外汇货币掉期、人民币与外汇期权以及利用汇率利率市场变动为企业设计的组合产品（三合一融资、跨境人民币三合一融资）等。

本节就进口企业支付货款阶段，银行提供的融资、清算和汇率产品作详细介绍。

一、进口押汇

进口押汇是指在信用证或代收业务项下，进口企业将其进口货物的单据以及单据代表的货物上所具有的一切权利包括所有权转移给银行作为其对银行债务的担保，并应银行要求提供其他担保措施，在此条件下银行代进口企业对外支付进口货款，进口企业在约定期限内偿还银行本息、费用等，以此获得资金融通。

进口押汇按结算方式可以分为进口信用证押汇和进口代收押汇，按押汇币种可分为外币押汇和人民币押汇，按付款资金来源可分为银行自有资金付款和其他银行代付。

企业可以通过综合考虑人民币和外币现在及未来的利率、汇率情况来决定押汇币别。另外，由于进口押汇涉及汇率、利率，所以进口企业押汇时也可以根据具体情况，将银行的远期售汇、利率掉期等业务同押汇业务结合起来，从而达到规避汇率风险、降低融资成本的目的。

（一）进口信用证押汇

进口信用证押汇是指银行为开证申请人（进口商）开立信用证后，开证申请人将其在单据以及单据代表的货物上所具有的一切权利包括所有权转移给银行作为对银行债务的担保，并按照银行要求提供其他担保措施，在此条件下银行代开证申请人对外支付信用证项下进口货款，开证申请人在约定期限内偿还银行本息、费用等，以此获得资金融通。

1. 适用企业

进口商在银行开立信用证，在收到信用证项下的相符单据必须履行付款责任时，因自身需要且已获得进口押汇授信额度的前提下，可向银行申请该信用证项下押汇。

2. 特点

增加进口商的周转资金——押汇相当于进口商利用银行的资金进行商品进口和销售，无须占用其自有资金，相当于增加了企业的周转资金。

提高进口商的谈判地位——有了银行的押汇支持，进口商可在商务谈判中接受即期付款的商品报价，从而获得较之远期付款优惠更多的价格优势。

3. 能够解决的问题

进口商销售货款尚未回笼，没有足够的资金用于信用证项下的付款，销售账期与付款周期不匹配。

4. 业务流程

进口信用证流程如图 4-11 所示：

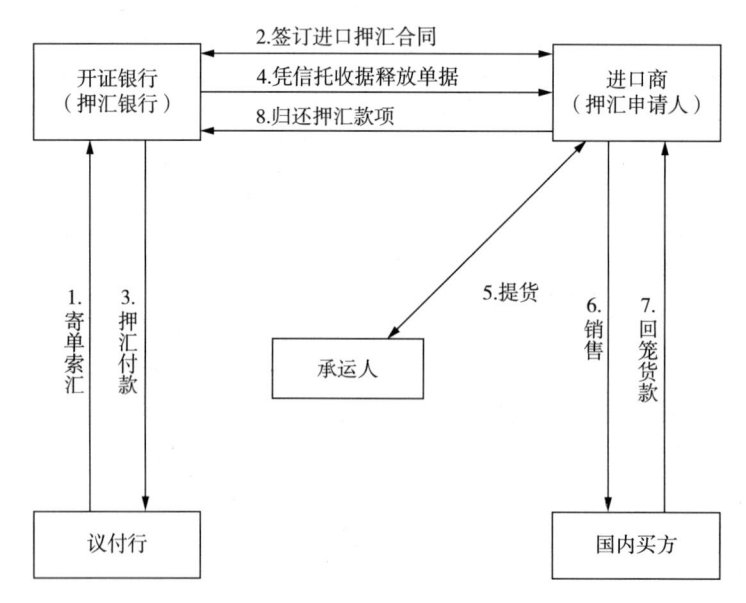

图 4-11 进口信用证押汇流程图

（1）出口商通过议付银行向开证行寄单索汇，开证银行向进口商提示到单。

（2）进口商向开证银行提出押汇申请，并签署押汇合同和信托收据。

（3）开证/押汇银行向议付行支付货款。

（4）开证/押汇银行凭信托收据将单据发给进口商。

（5）进口商凭单据提货。

（6）进口商销售货物。

（7）进口商回笼货款。

（8）进口商向开证/押汇银行归还押汇本金及利息，进口押汇结清。

5. 注意问题

（1）如进口押汇单据中存在不符点，进口商在办理押汇前须向银行出具接受不符点单据的书面证明。

（2）银行接受办理押汇的进口货物通常为市场适销的商品。

（3）押汇期限通常与进口货物销售回款周期相匹配。

（4）银行对进口信用证押汇通常按照贷款方式进行管理，押汇款只能用于相应的信用证项下对外付款。

6. 案例

某钢铁企业2008年年末根据公司采购计划在银行集中开立了35笔近2.1亿美元的不可撤销即期信用证，进口商品为铁矿石。在信用证开出后，由于受经济危机的影响，铁矿石等原材料价格持续走低，该钢铁企业资金安排存在压力。2009年年初进口商单据陆续寄达开证行，该钢铁企业向开证行提出信用证项下90天押汇申请。银行在收到书面押汇申请后，就现阶段市场需求情况进行分析后，给予了该钢铁企业近2.1亿美元的进口信用证押汇额度，并与其签署了押汇合同及信托收据。银行在信用证付款日当天代企业支付货款，帮助企业缓解了资金压力，该企业随后跟踪销售回款情况陆续顺利偿还了银行的押汇款项及利息。

由于银行对该钢铁企业所提供的短期融资帮助，企业减小了资金压力，把握了外购内销的好时机，使得进口商获得了更大的商机。

（二）进口代收押汇

进口代收押汇是指进口商在代收银行收到出口商通过托收行寄来的全套托收单据后，将其在单据以及单据代表的货物上所具有的一切权利包括所有权转让给代收银行作为对银行债务的担保，并应银行要求提供其他担保措施，在此条件下代收银行代进口企业对外支付进口代收项下的货款，到期后进口企业再向银行支付本息、费用等的一种短期融资方式。

进口代收押汇与进口信用证押汇相比，在业务特点、可解决的问题、业务流程、注意问题等方面大体一致。

1. 适用企业

进、出口商以托收方式进行结算，全套单据到达代收银行后，进口商在已获批银行进口代收押汇额度的前提下，可向代收银行申请进口代收押汇。

2. 特点

增加进口商的周转资金——押汇相当于进口商利用银行的资金进行商品进口和销售，无须占用其自有资金，相当于增加了企业的周转资金。

提高进口商的谈判地位——有了银行的押汇支持，进口商可在商务谈判中接受即期付款的商品报价，从而获得较之远期付款优惠更多的价格优势。

3. 能够解决的问题

进口商货物尚未销售，没有足够的资金在代收项下付款赎单；或企业有足够的资金，但准备用于较好的投资项目以获得更高的收益，需要借用资金付款以取得代收单据提货销售。

4. 业务流程

进口代收押汇流程如图 4-12 所示：

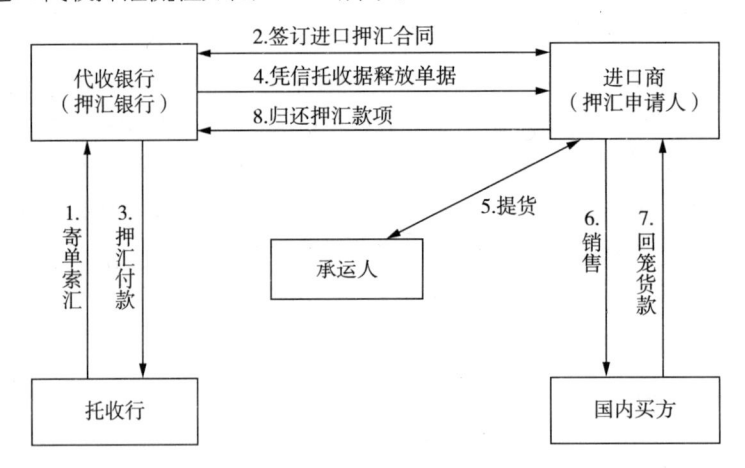

图 4-12 进口代收押汇流程图

（1）出口商通过托收银行将单据寄至代收银行，代收银行向进口商提示到单。

（2）进口商向代收银行提出押汇申请，并签署押汇合同和信托收据。

（3）代收/押汇银行向托收银行支付货款。

（4）代收/押汇银行凭信托收据将单据释放给进口商。

第四章　如果你需要进口

（5）进口商凭单据提货。

（6）进口商销售货物。

（7）进口商回笼货款。

（8）进口商向代收/押汇行归还押汇本金及利息，进口代收押汇结清。

5. 注意问题

（1）代收项下进口押汇必须具有真实的贸易背景，押汇的进口货物须为市场适销的商品。

（2）押汇期限通常与进口货物销售回款周期相匹配。

（3）银行对进口代收押汇通常按照贷款方式进行管理，押汇款只能用于相应的代收项下对外付款。

（4）通常D/A项下代收银行不予办理押汇。

6. 案例

某农贸企业于2008年11月17日在代收银行收到以D/P方式结算的全套托收单据，到单金额USD32 647 527.00，进口商品为钾肥。由于该企业流动资金有限，一时无法筹措足够的资金支付此笔单据项下的货款，因此，该企业于2008年11月20日向代收行提出90天押汇申请，以便尽快取得单据办理提货销售等手续，避免滞港费等不必要的费用支出。银行审批同意给予该企业进口代收押汇额度。2008年11月21日，与该企业签署了"押汇合同"及"信托收据"后，当日将全套托收单据交至该企业，并代企业对外支付了货款。该企业由于及时取得了货运单据，商品销售良好，资金回笼较快，最终如期偿还了银行的押汇款项及利息。

由于银行对该农贸企业所提供的短期融资帮助，其在临时资金短缺的情况下，顺利实现销售，便利了其业务的正常开展，实现了企业销售赢利。

二、汇出汇款融资

汇出汇款项下融资，是指在贸易汇款项下银行根据进口商申请，并凭其提供的有效凭证及商业单据由银行代其先行支付进口应付款项的一种有追索权的短期融资业务。

（一）适用企业

（1）进口商遇到临时资金周转困难，无法按时付款。

(2) 进口商在付款前遇到新的投资机会，且预期收益率高于融资利率。

（二）特点

（1）减少资金占压——利用银行资金完成商品的进口和国内销售，不占用资金实现交易并赚取利润。

（2）把握市场先机——在不支付货款的情况下就可取得物权单据，提取货物并转卖，从而抢占市场先机。

（3）优化资金管理——到期付款时遇到更好的投资机会，且该投资的预期收益率高于贸易融资的利息成本，则汇出汇款项下融资在不影响进口商品转售的同时又赚取投资收益，实现资金使用效率的最大化。

（三）业务流程

1. 所需材料

（1）与银行签订汇出汇款项下的融资合同，如须提供担保的，还应提交保证人的有关资料和保证合同。

（2）申请人填写的进口应付货款项下融资通知单，并加盖其预留印鉴。

（3）进口应付货款融资审批表。

（4）进口付汇业务的相关单据。

2. 业务流程

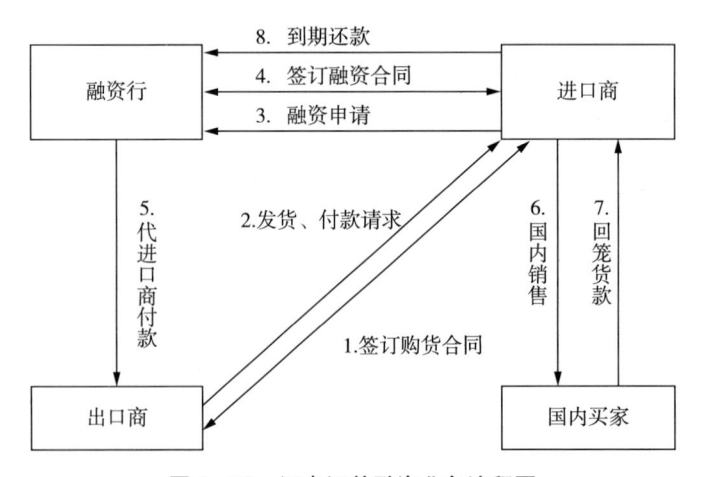

图 4-13 汇出汇款融资业务流程图

第四章 如果你需要进口

（1）进口商与出口商签订贸易合同；
（2）出口商履约并提出付款请求；
（3）进口商向融资行提出融资申请；
（4）融资行与进口商签订融资合约；
（5）融资行凭进口商提供的贸易单据以及其他相关材料向出口商付款；
（6）进口商收到货物后再进行国内销售；
（7）进口商回笼货款；
（8）进口商向融资行归还融资本金及利息，贷款结清。

（四）注意问题

（1）进口手续符合国家有关政策，贸易背景真实；
（2）与银行签订了正式融资协议，确定合理的金额、期限、利率、还款日期等；
（3）申请人应有完备的汇款手续。

三、外币进口代付

外币进口代付是指在进口信用证、进口代收和 T/T 货到付款项下，银行应进口商要求，根据其资信状况，授权另外一家银行（即"代付行"）即期代理付款给进口信用证项下的议付行或受益人或其指定人，或进口代收项下的托收行或出口商，或 T/T 货到付款项下的收款人，进口商银行在确定的到期日向代付行支付其所垫款项的本金、利息及相关费用，进口商同时按约定费率偿还其银行所支付的相应本息及费用。外币进口代付的实质是银行以自身资信为担保利用代付行资金为进口商提供的一种短期贸易融资。

（一）适用企业

进口企业在进口信用证、进口代收和 T/T 货到付款项下，因自身流动资金不足无法在付款日前筹措到付款资金，需要银行给予融资支持时，考虑银行头寸及流动性安排状况，企业可以向银行申请进口代付业务。

（二）特点

银行根据自身头寸及资金成本等情况利用同业资金而为进口商提供的

短期融资安排。

(三) 能够解决的问题

企业货款尚未回笼，没有足够的资金用于信用证、代收或 T/T 项下的付款；企业有足够的资金，但出于提高资金使用效率的目的，需要借助银行融资用于信用证、代收或 T/T 项下付款，而这时进口企业银行的资金成本高于其代理行的资金成本，企业可向其银行申请进口代付。

(四) 业务流程

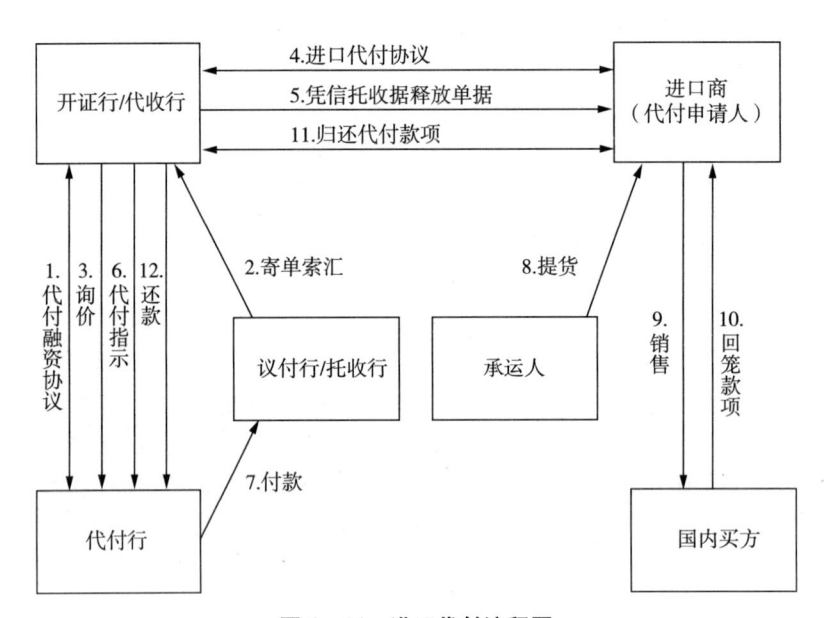

图 4-14 进口代付流程图

（1）进口商银行和代付银行签订代付融资协议。
（2）出口商通过银行将单据寄给进口商银行索汇。
（3）根据进口商的要求，进口商银行向代付行进行代付询价。
（4）进口商银行同进口商签订进口代付协议。
（5）进口商银行凭同进口商签订的信托收据放单给进口商。
（6）进口商银行向代付行发出代付指示。
（7）代付行执行代付指示付款给出口商银行。

第四章 如果你需要进口

（8）进口商凭单据提货。

（9）进口商销售货物。

（10）进口商货款回笼完成。

（11）进口商归还银行代付本金、利息及其他费用。

（12）进口商银行向代付行归还代付本金、利息及其他费用。

（五）注意问题

（1）进口代付业务必须具有真实的贸易背景，进口货物应为市场适销的商品。

（2）进口代付的期限通常与进口商的销售周期相匹配。

（3）通常 D/A 项下代收银行不予办理进口代付。

（4）代付业务环节多，时效性要求高，企业需要配合银行尽快完成各项代付手续。

（六）案例

某企业于 2007 年 12 月 20 日在银行开立了 665 万美元的不可撤销即期信用证，进口商品为电解铜。单据于 2008 年 1 月 16 日寄至开证行，由于货款回笼周期的需要，该企业向开证银行提出 90 天押汇申请开证。银行由于美元外汇头寸紧张，建议以进口代付的方式安排客户的此笔融资。

企业接受了银行建议，于 2008 年 1 月 20 日签署了信用证进口代付合同并提交了信用证进口代付申请书。2008 年 1 月 22 日开证行以密押电报形式将代付金额、起息日、付款路径、收款人等相关信息通知至代付行，授权代付行利用其资金先行支付了信用证项下应付款项。在代付融资到期日时，按照合同的事先约定，该企业将本金、利息及相关费用的款项归还了开证行，开证行将相应款项偿还代付行。

由于银行对该企业所提供的短期融资安排，满足了该企业资金回款周期的需要，大大缓解了企业资金压力。

四、跨境人民币进口代付

随着跨境人民币结算业务的快速发展，传统进口代付业务产生了以人民币为结算币种的形式，即跨境人民币进口代付业务。该业务模式是指境内金融机构利用境外金融机构或其他代理行的低成本人民币资金,解决企业在跨境贸易人民币结算中的融资需求,因此可以理解为进口代付(参见本书第四章第三节)在跨境人民币结算中的运用。

(一)适用企业

目前使用人民币办理跨境结算的客户,希望以银行融资解决其对外应付款项的需求,可向银行申请办理跨境进口代付。

(二)特点

银行通过运用境外(如中国香港地区)人民币资金的成本优势,实现为境内人民币跨境结算客户提供短期融资支持。通过跨境进口代付业务,合理利用境外资金,满足客户融资需求。

(三)能够解决的问题

传统的外币进口代付,由于 90 天以上需要纳入外债额度管理,因此企业的需求在客观上受到银行外债额度的制约;相比之下,目前在跨境人民币结算的政策下①,通过代付途径解决企业融资需求,则没有外债额度的限制,期限上更加灵活。

(四)业务流程

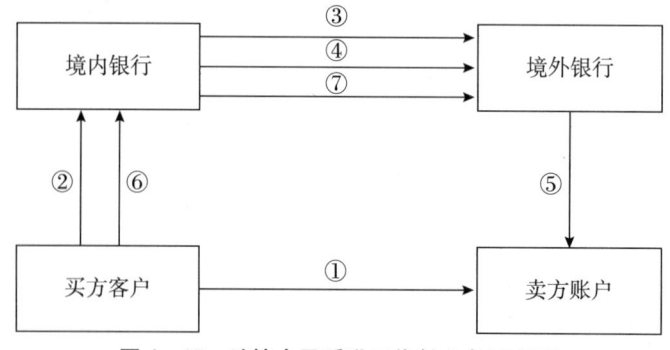

图 4-15 跨境人民币进口代付业务流程图

---

① 《中国人民银行关于跨境人民币业务相关问题的通知》(银发【2011】145 号)第五条指出,跨境人民币结算项下的海外代付在内的人民币对外负债,不纳入现行外债管理。

①境内外买卖双方签订贸易合同，约定以人民币为结算币种。
②在对外付款前，买方客户向境内银行提出代付申请。
③境内银行根据买方申请，匹配一笔境外银行提供的人民币资金。
④境内银行与买方客户确认后，向境外银行发送付款指令，内容包括金额、期限、收款账户等。
⑤境外银行根据境内银行指示，将相应款项发至指定收款账户。
⑥买方在代付到期日前将本息合计金额归还至境内银行。
⑦境内银行按照约定，归还代付行相应的本息。

（五）注意问题

（1）跨境进口代付业务适用于进口商业务。
（2）跨境进口代付业务申请须基于真实的贸易背景。
（3）跨境进口代付的融资币种为人民币。

（六）案例

2011年6月，K客户向A银行申请了跨境贸易人民币结算的首笔进口代付业务，由境外银行为其进行人民币融资，金额为2亿元。当时中国香港地区人民币存款规模超过5 000亿元，在港人民币存款利率不到1%，贷款利率则一般在2%左右，而代付业务报价可到4.5%，相比同期内地市场人民币贷款利率5.85%，非常有吸引力。

企业通过办理此业务，可以获得境内外人民币资金成本的差异带来的好处，节省融资成本达1.35%。

注意：以上案例需要在一定的市场条件下实现。

五、国内信用证代付

国内信用证代付业务，是指国内信用证开证银行（简称"开证行"）接受国内信用证开证申请人（简称"申请人"）的委托，指示另外一家银行（简称"代付行"）对申请人以国内信用证为结算方式的贸易应付款项在国内信用证约定的付款日，代为先行清偿，开证行与申请人签订相关贸易融资合同，约定双方债权债务关系，在约定的代付到期日，申请人将代付本息归还开证行，开证行归还代付行的短期人民币贸易融资业务。

（一）适用企业

以国内信用证为结算方式，需要进行短期贸易融资的国内贸易买方。

（二）特点

（1）开展国内贸易时，需要以国内信用证作为结算方式。

（2）根据中国人民银行 1997 年颁布的《国内信用证结算办法》的有关规定，从目前各家商业银行的操作惯例及控制开证申请人资金用途等方面来看，国内信用证延期付款期限与国内证代付期限之和，原则上一般不超过 6 个月（180 天）。

（三）能够解决的问题

（1）缓解资金紧张。利用银行资金先行支付货款，缓解企业资金压力。

（2）降低融资成本。在他行人民币资金成本较低时，可以有效降低企业融资成本。

（四）业务流程

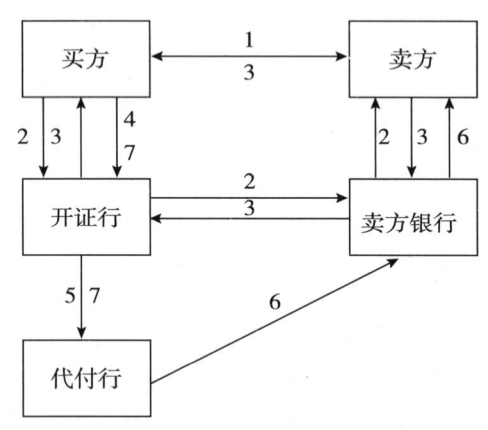

图 4-16　国内信用证代付业务流程图

1. 国内贸易双方签订贸易合同，约定以国内信用证结算方式。
2. 买方通过开证银行（买方银行）向卖方开出国内信用证。

3. 卖方收到国内信用证后，向买方发货并通过卖方银行向开证行交单。

4. 对于即期国内信用证，买方向开证行提出代付申请；对于延期付款信用证，买方先承兑，并于承兑到期日向开证行提出代付申请。

5. 开证行向代付银行发出代付指示。

6. 代付行代付国内信用证款项。

7. 代付到期日，买方归还开证行本息，开证行归还代付行本息。

（五）案例

2011年4月初，北京某煤炭贸易企业A公司通过某股份制P银行开出即期付款国内信用证，用于向山西D公司购买煤炭，并销售给国内某发电集团下属H电厂。

由于国内煤炭市场属于卖方市场，基本上都是现款现货，A公司通过积极争取采用国内信用证方式与上游D公司进行结算，但是D公司只接受即期国内信用证。A公司与下游H电厂结算时，采用的是交货后90天内付款，这给A公司造成极大的资金压力，因此A公司向P银行提出融资申请。

自2011年以来，受境内外经济大环境形势及国家经济宏观调控政策的影响，商业银行信贷规模受限。在此种情况下，P银行融资规模较为紧张，但与此同时其他银行资金成本也较为合适。

为解决客户的融资问题，P银行积极联系同业，成功通过C银行为A公司办理了90天的国内信用证代付业务，解决了A公司的燃眉之急。

国内信用证代付业务，不仅可以有效解决客户的融资需求，在一定市场条件下，还可以为客户降低融资成本，节约财务费用。

六、货押融资

货押融资是指进口商采用信用证或者托收结算方式进口时，银行基于进口商与出口商签订的进出口贸易合同，以未来货权为质押，向进口商提供的开立信用证及进口押汇等贸易融资服务。信用证项下货物到港后，由进口商委托银行指定的第三方监管单位办理通关提货，并将货物送入银行指定的仓库实施监管。

（一）适用企业

企业资产规模一般，进口商品的购销渠道稳定，进口商品为市场畅销的大宗物资或基础原材料。企业需要资金支持，但除货物以外的其他担保有限，无法从银行获得足够的授信额度满足其融资需求。

（二）特点

（1）为企业开辟新的授信渠道，有效解决中小企业融资难问题，同时帮助企业提高供应链整体竞争力。

（2）以进口货物未来货权质押，无须提供其他保证或抵（质）押担保。

（3）利用少量保证金完成大宗采购，杠杆效益显著。

（4）充分利用银行信用，扩大进口规模，且能向出口商提供较有竞争力的付款条件。

（三）办理流程

1. 货物到港前（进口信用证项下办理开证/押汇业务、进口代收业务项下办理 D/P 即期押汇业务）业务流程图

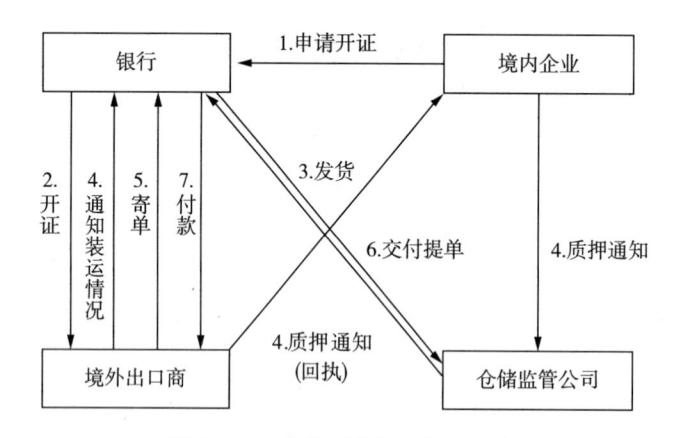

图 4-17　货物到港前业务流程图

图 4-17 所示的是以信用证为结算方式的贸易融资，银行、企业及物流/仓储监管公司已经签订了相关的协议。

第四章 如果你需要进口

（1）企业向银行提交办理业务所需材料。

（2）银行在收取一定保证金，并占用该企业在银行的授信后对外开出信用证。根据货押融资的要求，该信用证项下要求全套空白或者银行抬头的提单以及装货通知等。

（3）境外出口商在收到信用证后，办理发货并准备单据。

（4）境外出口商通知开证行装运情况，开证行联合企业向物流/仓储监管公司出具质押通知，通知该信用证项下单据及货物都已质押给银行。

（5）出口商向开证银行交单。

（6）信用证单据到达开证行后，银行将提单交付指定的仓储监管公司。

（7）开证行依据单据对外进行付款，为企业提供融资。

2. 货物到港后业务流程图

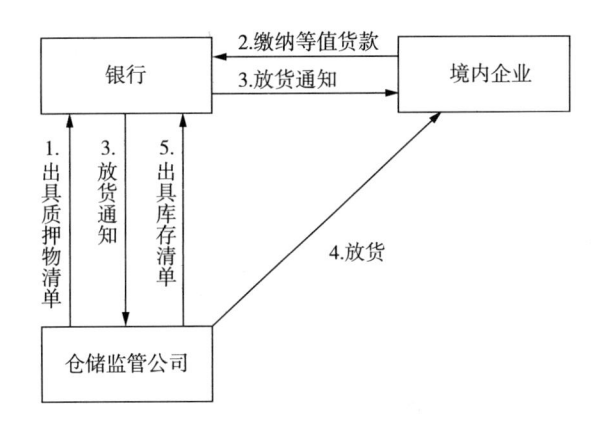

图 4-18 货物到港后业务流程图

货物到达后，由银行指定的仓储监管合作单位代为办理提货、验货、通关、入库等手续。

（1）进口货物入库后，仓储监管公司向银行出具质押物清单。

（2）企业须提货时，缴纳等值货款。

（3）银行在收妥货款后，向仓储监管公司及企业出具放货通知。

（4）仓储监管公司凭放货通知向企业放货。

（5）如果货物没有一次性提完，由仓储监管公司在放货后向银行出具新的库存质押物清单。

1）在货物仓储阶段，如果遇到货物的市场价格出现大幅波动，银行

215

可根据协议要求企业补足保证金。

2）在货物仓储阶段，银行会定期、不定期与仓储监管公司核对库存货物。

（四）成本比较

一家企业主要从事大宗商品的进口贸易，以100%保证金的形式在某银行开立即期信用证，由于周转资金有限，只能每次开立100万美元的信用证，一年的进口额在1 000万美元左右。

该企业向银行申请货押融资额度，由于有进口货物的物权质押，且该商品符合货押融资业务要求。根据实际业务需求，银行给企业核定了800万美元即期信用证押汇（20%保证金）额度。

企业因此增加的成本为：押汇支出利息＋仓储监管公司监管费用。

获得的收益：利用银行信用，开证可以无须占压100%资金，使企业资金周转更加灵活，扩大了业务规模。

（五）注意问题

（1）执行监管的仓储公司一般由银行指定，并不一定是企业在日常业务中所使用的物流公司或者报关公司，所以在开展货押融资业务前，企业应先从银行方面了解其指定仓储公司的范围，并提前与其沟通货物报关、运输等物流环节。

（2）在货押融资业务中，银行对进口商品会有所选择。银行一般会选择原材料类的大宗商品，易于变现、易于储存，同时市场价格波动不大。

（六）案例

一家进口大宗商品的中型外贸企业拥有稳定的购销渠道，采用即期信用证及托收（D/P）方式办理进口结算。但由于该企业自身固定资产有限，财务状况一般，因此银行按通常标准难以为其核定足够的授信额度。没有银行授信额度的支持，虽然进口商品销路不错，收益良好，但迟迟无法扩大进口规模。该企业向银行寻求解决方案。银行向其提供了货押融资业务，该公司将信用证项下未来进口货物质押给银行，银行指定一家仓储公司负责货物的监管，同时按照认定货值按一定的质押率为该企业办理进口

第四章　如果你需要进口

押汇融资，用于对外支付。该企业分批向银行付款赎货用于国内销售，期间由仓储监管公司按银行指示向该公司分批发货。通过使用信用证及托收项下未来货物作为质押，为该企业获得了银行的授信支持，有效解决了公司融资难的问题，满足了其资金融通的需求，使其在较短时间内就扩大了进口规模，获得了较好的收益。

七、票押融资

票押融资是指通过质押银行承兑汇票（以下简称"银承"）获得授信额度，办理开立信用证、进口押汇等授信业务的一项融资业务。

（一）适用企业

企业没有授信额度或者不希望占用授信额度，在国内贸易中以银承结算，同时又需要向境外支付货款的情况，通过银承的质押办理开立信用证、进口押汇等授信业务。

（二）特点

（1）扩展银承应用途径。在一般情况下，持有银承可以到期托收或者提前贴现。票押融资充分利用了银承的信用功能，以押票换授信额度，扩展了银承的应用途径，提高了银承使用效率。

（2）使用灵活。在获得授信额度后，企业可以办理免保证金开立即期、远期信用证或者进口押汇。在还款时，可以到期托收银承归还，也可以随时贴现银承还款。

（3）加快资金流转。由于足额质押银承，不需要再缴纳保证金，减少了企业资金占压，提高了资金利用率。

（三）能够解决的问题

银行授信额度，一直困扰着中小企业融资，对于进口企业，如果要开立信用证付款，银行一般对无授信额度的中小企业要求缴纳保证金才对外开立信用证。如果进口企业在国内贸易中以银承结算，可以将手中持有未到期的银承质押给银行从而获得开证额度。

(四) 业务流程

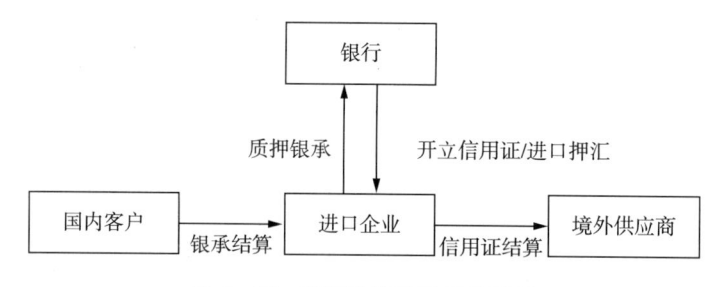

```
                    银行
                  ↑    ↓
            质押银承   开立信用证/进口押汇
                  ↑    ↓
   国内客户 ——银承结算——  进口企业 ——信用证结算—— 境外供应商
```

图 4-19 票押融资关系及流程图

前提为：国内客户与企业之间以银承方式结算，企业与境外供应商之间以信用证方式结算。企业收取国内客户的银承已呈一定规模，同时需要向境外供应商开立信用证支付货款。

(1) 企业向银行申请票押融资，通过质押银承办理免保开证或进口押汇。

(2) 企业向银行提交银承，期限和余额与信用证匹配。

(3) 银行查询并检验银承的真实性。

(4) 银行验票无误后，根据企业的申请核准相应的免保开证额度或者押汇额度。

(5) 银行与企业签订票押融资协议。

(6) 银行根据企业的申请，对外开立信用证。

(7) 信用证到期企业付款。如果开立远期信用证，期限匹配，可以到期托收银承直接归还信用证款项；如果开立即期信用证，企业可以选择押汇，到期日后托收银承还款，或者提前贴现归还款项。

(五) 注意问题

银行对质押的银承在开票行、期限、余额管理等方面有一定要求。企业提供的银承必须经过查询和验证，开票行是全国性商业银行、地方商业银行一般都可以接受。质押的银承余额和期限实行动态管理，余额要大于企业开立信用证余额，期限要求不得小于信用证的期限。如果银承到期托收，解除质押，企业就需要补充新的银承或者缴纳保证金。此外，企业可以巧用银承与信用证的期限，如果两者匹配，到期托收银承后直接支付信用证款项，节省了额外的融资成本。

（六）案例

一家生产电子设备的企业，部分元器件需要进口，生产装配后的电子设备在国内销售，大部分货款以90天银行承兑汇票结算，期限从30天至90天不等，资金周转较慢。企业进口元器件，外商要求开立60天远期信用证方式结算。由于电子设备利润有限，该企业不希望贴现银承来缴纳保证金开立信用证，进而承担额外的成本。经过与银行咨询，可以通过质押手中的银承，免交保证金，获得开证额度。企业仔细分析了银承的期限和信用证的还款期限，将60天以上的银承质押给银行，信用证到期付款时，直接托收到期票据还款，不足部分再贴现余下的银承。当开立下一笔信用证再补足相应的质押票据，如此一来，企业利用手中的银承解决了开证缴纳保证金的问题，减少了资金占压。为了降低成本，企业进一步压缩90天银承，希望到期直接托收票据还款，实现应收和应付的无缝连接，提高资金管理和运用能力。

八、应收账款资金池

在企业采购销售环节中，需要向境外采购同时又向国内或国际销售，财务部门在收取境内外客户的货款和支付境外采购货款时，收支两者之间的账期经常不匹配，这时就需要借助银行提供的一些产品工具，有针对性地开展现金流管理，融通资金保证采购和销售顺畅进行。应收账款资金池是将企业持续产生的应收账款汇聚成资金池，以此质押，作为开展其他需要授信业务的担保条件。例如，应收账款质押开立信用证、保函、办理进口押汇、打包贷款。

（一）适用企业

企业利用国内、国际两个市场采购原材料，产品向国内外销售。手中持有交易稳定、客户集中的应收账款同时有融资需要，如免保证金开立信用证、保函、办理进口押汇、打包贷款等。企业资金链关系如图4-20所示。

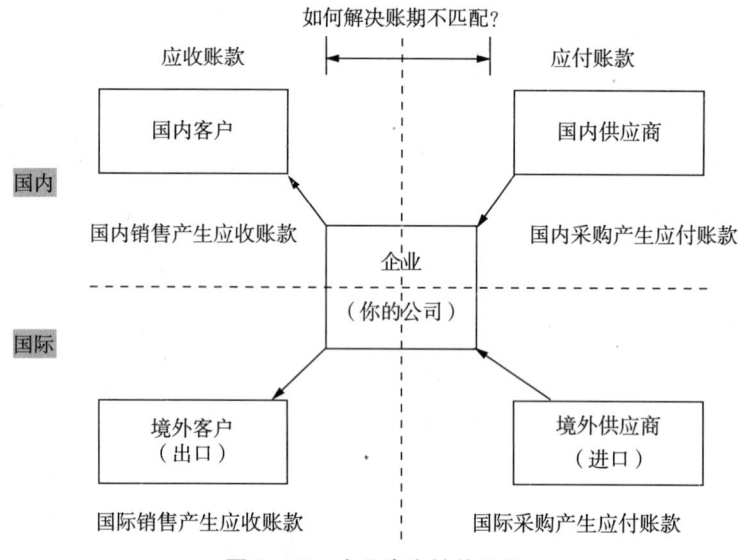

```
                          如何解决账期不匹配？
        应收账款                          应付账款
        ┌─────────┐                    ┌─────────┐
        │ 国内客户 │                    │国内供应商│
        └─────────┘                    └─────────┘
   国内
         国内销售产生应收账款        国内采购产生应付账款
                        ┌─────────┐
                        │  企业   │
                        │(你的公司)│
   国际                 └─────────┘
        ┌─────────┐                    ┌─────────┐
        │ 境外客户 │                    │境外供应商│
        │ (出口)  │                    │ (进口)  │
        └─────────┘                    └─────────┘
         国际销售产生应收账款        国际采购产生应付账款
```

图 4-20 企业资金链关系图

（二）特点

（1）盘活手中优质应收账款，提高资金流动性。通过质押应收账款给银行，不需要保证金或其他担保条件，银行给予企业相应的授信额度，对外开立信用证或保函，将暂时不能流动的现金提前投入使用。

（2）可以使用更多的授信业务。企业可以获得免保证金开立信用证、保函、进口押汇、打包贷款等业务的授信额度。

（3）扩大当期经营成果。通过应收账款资金池，减少额外资金占用，提高当期资金使用效率，获得新业务机会和规模。

（三）能够解决的问题

企业手中持有未到期的境内、外应收账款，收支现金流不匹配，可以通过银行的应收账款资金池业务，盘活资金，将未到期的应收账款质押给银行，进一步办理开立信用证、保函等授信业务。

（四）业务流程

（1）企业将源源不断的应收账款会聚成一定规模的资金池。

第四章 如果你需要进口

```
银行承兑汇票结算    赊销方式结算    赊销方式结算
   国内客户1        国内客户2       境外客户3      ……
                        ↓
              [1. 应收账款资金池]
                        ↓
                     企业
                   （你的公司）
   2. 应收账款质押              4. 以信用证方式支付货款
              3. 开立信用证
       银行 ——————————→ 供应商
```

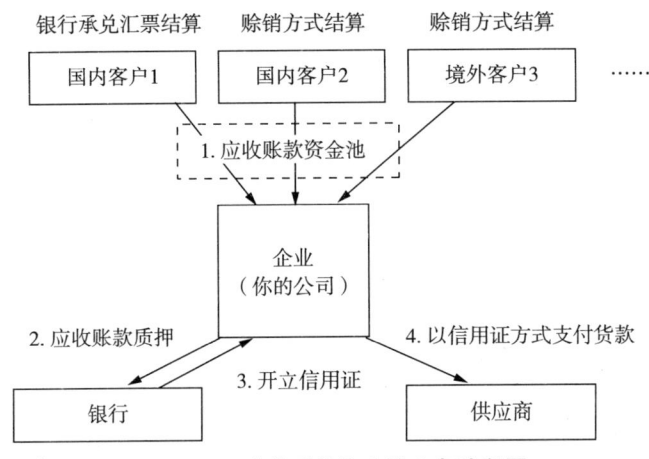

图 4-21 应收账款资金池业务流程图

（2）企业与银行签订应收账款质押协议，明确应收账款的期限、付款责任、独立性和合法性。银行审核应收账款债权无法律障碍后，根据企业具体申请的授信业务，核定授信额度。

（3）企业向银行申请开立信用证、保函、进口押汇、打包贷款等业务（具体流程请参阅本书相关章节）。

（4）企业获得银行开出的信用证支付供应商货款。

（五）注意问题

企业应注意不是所有的应收账款都可以进入资金池，其中期限短、债务人资质好、无不良交易记录的应收账款都会优先选进资金池。银行一般不会将资金池中的应收账款全额等值地核定额度，通常在 80% 以内，因此企业办理开立信用证等业务应充分备足资金池中的应收账款规模，并随时补充以保证资金池余额满足业务需要。

（六）案例

一家医药流通企业市场份额位居前列，主要向当地甲级以上医院销售药品，在某些特定的药品销售中，份额独占鳌头。该企业的药品主要从国内外研发能力强、市场口碑好的著名医药公司采购，进口药品一般采用信用证方式结算。在销售给当地医院时，通常医院药品消费量较多，因此地位较强势，医院要求企业给予账期，一般在半年以内。该医药流通企业面临的问题是：作为医药流通企业，药品资金占用大，对流动性要求高，医院支付药款在发票日后90~180天，而国外著名医药公司要求开立信用证支付进口药品款项。如果缴纳一定保证金开立信用证显然对该公司不利，但是以信用方式开立信用证，银行审批比较严格，相比在有担保条件的情况下通过的可能性小。在该医药流通企业的销售客户结构中，甲级以上医院销售量和数量都比较集中，销售稳定，银行了解到这一情况后，建议企业通过质押不同甲级医院90天以内的应收账款，以此获得开证额度。该医药流通企业借助应收账款资金池，解决了进口药品的资金问题，盘活了手中优质应收账款，提高了资金使用效率，大大减少了占用资金。

九、代客汇款制单

在各种汇款方式中，T/T 电汇（telegraphic transfer）以其安全快捷的特点得到了广泛使用。在办理 T/T 汇款时，汇款人需要向汇出银行提交汇款申请资料，汇出行按照汇款申请书的指示，使用国际上通用的操作系统（如 SWIFT 系统、电报、电传等），通知汇入行，汇入行按照收到的报文信息，为收款人解付入账。

按照我国目前的外汇管理规定，各家银行办理汇出汇款所凭借的汇款申请书有统一的格式。一式五联的汇款申请书中承载了汇款所需要的全部基础信息、申报信息及核销信息。其中汇款人需要完整准确填写的信息包括汇款币种及金额、账号（现汇或者购汇）、汇款人名称及地址、组织机构代码、收款人名称及地址、收款人开户银行信息、收款人账号、收款行之代理行信息、收款人国别、汇款费用的承担、交易附言及编码、合同及发票号、报关单信息等。

T/T 代客汇款制单服务就是银行的专业审单人员依据汇款人提供的基础汇款信息及相关商业单据，利用专业知识，按照国家外汇管理政策的要求，通过银行的模板系统和专用的制单设备，代客户填制汇款申请书。

（一）适用企业

1. 首次办理 T/T 汇款的企业

此类企业可能不熟悉国家外汇管理政策，也不了解汇款申请书的填写

第四章　如果你需要进口

内容及含义，需要银行专业人员给予正确的指导和指示。

2. 日常进口业务量较少的企业

该类企业规模一般较小，集约化经营，很少配备专业的政策解读人员及专业化设备。在这种情况下，银行可凭借自身的专业经验和优势条件，为企业提供高水平的优质服务，实现效率的最大化。

3. 需要银行代为确认收款行信息的企业

对于一些收款人银行信息比较特殊的情况，汇款人在填写汇款基础信息时可能把握不准确，出现诸如将收款行与收款行之代理行信息倒置，收款人账号与收款行在代理行的账号弄混淆等情况。另外，如果收款行比较罕见或处在受外汇管制的国家，企业可与银行先行确认收款银行信息并商榷汇款路径，降低汇款风险及差错率。

4. 供应商收款信息固定、付款周期稳定的企业

在通常情况下，以T/T汇款方式结算的企业，上游供应商比较固定，因此，每次付款信息基本不变。对于此类企业，银行可在接到企业付款指示后，按照历史付汇信息填制汇款申请书。

（二）T/T代客制单的特点

1. 节约成本，效率最高

由银行代客填制单据，企业减少了人员设备的开支。企业仅需与供应商准确核定汇款路径及银行信息，其余两项外汇局要求的申报信息及核销信息，由银行专业审单人员根据企业提供的商业票据代为填制，可以确保汇款申请书准确无误，防止企业因不熟悉外汇政策而误填。

2. 专业设备，降低误差

手工填写的汇款申请书，一方面，企业可能存在笔误或漏填银行信息的情况，一旦出现差错，银行要与客户确认，这将极大地影响企业汇款的时效性；另一方面，如果手工填写不规范，可能造成银行误读的情况，引起不必要的纠纷。如果由银行按照统一的标准代理制单，既可有效保证收款信息的完整性，又可充分实现T/T汇款的便捷性。

3. 预设路径，降低风险

在同一个收款银行，企业可以选择的汇款路径有多种，为了保证汇款成本最低，资金到账速度最快，企业可与银行确定最优的汇款路径，为企业降低资金不能安全到账的风险，并能减少因汇路错误导致资金退回而产

生的额外成本。

(三) 代客制单业务流程

(1) 企业与供应商确认汇款信息。如果对资金到账时限有特别的要求，企业须提前通知银行。

(2) 企业向银行提供准确的汇款币种及金额、扣款账号、收款银行的代理行名称及地址、收款人开户银行在其代理行账号、收款人名称及地址、收款人账号、汇款附言、费用承担情况、进口商品的名称等基础信息，同时，提供汇款所需的商业单据。

(3) 银行根据汇款人提供的资料及商业单据录入所有基础信息、核销信息和申报信息。

(4) 银行将填制完整并打印清楚的一式五联的汇款申请书交予企业，企业依据提供给银行的资料仔细核对所制汇款申请书的信息，如果确认无误，则在汇款申请书所有各联中申请人签章的位置加盖银行预留印鉴。

(5) 企业将盖妥预留印鉴的汇款申请书交予银行，银行凭以对外付款。

(6) 银行将汇款申请书第三联及借记通知返还给汇款人，企业用以记账及核销。

(四) 代客制单业务应注意的问题

(1) 如果汇款人承担国外代理行的费用，则在汇款申请书"国内外费用承担"栏汇款人打钩处加盖财务章或签字。

(2) 如果企业对资金的时效性有较高要求，当日到账，即日使用，而又对收款银行的可靠性存有疑虑时，需要提前与银行进行确认。

(3) 如果供应商并未提供收款银行的代理行信息，则此项可以为空，银行将自行选择汇款路径。如果汇款人办理的是境内外币汇款，最好能够提供收款银行在其所在地中国银行的账户信息，如企业无法取得该项信息，则银行会为汇款人选择境外路径。

第四章 如果你需要进口

中信银行 CHINA CITIC BANK

境外汇款申请书
APPLICATION FOR FUNDS TRANSFERS (DOMESTIC)

致：中信银行
TO: CHINA CITIC BANK

日期 Date

	□ 电汇 T/T □ 票汇 D/D □ 信汇 M/T	发电等级 Priority □ 普通 Normal □ 加急 Urgent
申报号码 BOP Reporting No.	□□□□□□ □□□□ □□	□□□□□□ □□□□
20 银行业务编号 Bank Transac Ref No		收电行/付款行 Receiver/Drawn on
32A 汇款币种及金额 Currency & Interbank Settlement Amount		金额大写 Amount in Words
其中	现汇金额 Amount in FX	账号 Account No./Credit Card No.
	购汇金额 Amount of Purchase	账号 Account No./Credit Card No.
	其他金额 Amount of Others	账号 Account No./Credit Card No.
50% 汇款人名称及地址 Remitter's Name & Address		个人身份证号码 Individual ID NO. □对私 □中国居民个人 Resident Individual □中国非居民个人 Non-Resident Individual
□对公 组织机构代码 Unit Code □□□□□□□—□		
54.5% 收款银行之代理 名称及地址 Correspondent of Beneficiary's Bank Name & Address		
57% 收款人开户银行 名称及地址 Beneficiary's Bank Name & Address	收款人开户银行在其代理行账号 Bene's Bank A/C No.	
59% 收款人名称及地址 Beneficiary's Name & Address	收款人账号 Bene's A/C No.	
70 汇款附言 Remittance Information	只限140个字位 Not Exceeding 140 Characters	70A 国内外费用承担 All Bank's Charges If Any To Be Borne By □汇款人 OUR □收款人 BEN □共同 SHA
收款人常驻国家（地区）名称及代码 Resident Country/Region Name & Code		□□□
请选择：□预付款 Advance Payment □货到付款 Payment Against Delivery □退款 Refund □其他 Others 最迟装运日期		
交易编码 BOP Transac. Code □□□□□□ □□□□□	相应币种及金额 Currency & Amount	交易附言 Transac Remark
是否为进口核销项下付款 □是 □否	合同号	发票号
外汇局批件/备案表号	报关单经营单位代码	□□□□□□□□□
报关单号	报关单币种及总金额	本次核注金额
报关单号	报关单币种及总金额	本次核注金额
银行专用栏 For Bank Use Only	申请人签章 Applicant's Signature	银行签章 Bank's Signature
购汇汇率@ Rate	请按照贵行背面所列条款代办以上汇款并进行申报 Please Effect The Upwards Remittance, Subject To The Conditions Overleaf:	
等值人民币 RMB Equivalent		
手续费 Commission		
电报费 Cable Charges		
合计 Total Charges	申请人姓名 Name of Applicant	核准人签字 Authorized Person
支付费用方式 In Payment of the Remittance	□现金 by Cash □支票 by Check □账户 from Account	电话 Phone No.	日期 Date
核印 Sig Ver.	经办 Maker	复核 Checker

填写前请仔细阅读该各联背面条款及填报说明。
Please read the conditions and instructions overleaf before filling in this application.

第二联 外汇局留存联

图 4-22 境外汇款申请书

· 225 ·

国际贸易金融服务全程通

中信银行 CHINA CITIC BANK

境内汇款申请书
APPLICATION FOR FUNDS TRANSFERS (DOMESTIC)

致：中信银行
TO: CHINA CITIC BANK

□ 电汇 T/T　□ 票汇 D/D　□ 信汇 M/T
发电等级 Priority　□ 普通 Normal　□ 加急 Urgent

日期 Date _____

进口核销专用申报号码 Report No.	□□□□□□ □□□□ □□□□□□ □□□□
20 银行业务编号 Bank Transac Ref. No	收电行/付款行 Receiver/Drawn on
32A 汇款币种及金额 Currency & Interbank Settlement Amount	金额大写 Amount in Words
其中 现汇金额 Amount in FX	账号 Account No./Credit Card No.
购汇金额 Amount of Purchase	账号 Account No./Credit Card No.
其他金额 Amount of Others	账号 Account No./Credit Card No.
50% 汇款人名称及地址 Remitter's Name & Address	个人身份证号码 Individual ID NO.
□对公 组织机构代码 Unit Code □□□□□□□-□	□对私 □中国居民个人 Resident Individual　□中国非居民个人 Non-Resident Individual
54.5% 收款银行之代理 名称及地址 Correspondent of Beneficiary's Bank Name & Address	
57% 收款人开户银行名称及地址 Beneficiary's Bank Name & Address	收款人开户银行在其代理行账号 Bene's Bank A/C No.
59% 收款人名称及地址 Beneficiary's Name & Address	收款人账号 Bene's A/C No.
70 汇款附言 Remittance Information	只限140个字位 Not Exceeding 140 Characters
70A 国内外费用承担 All Bank's Charges If Any Are To Be Borne By □汇款人 OUR □收款人 BEN □共同 SHA	
收款人常驻国家（地区）名称及代码 Resident Country Name & Code	□□□□
本笔付款是否为进口核销项下付款	是□　否□　最迟装运日期
本笔付款请选择： □预付款 Advance Payment □货到付款 Payment Against Delivery □退款 Refund □其他 Others
付汇性质 保税区□ 出口加工区□ 钻石交易所□ 离岸账户□ 深加工□ 其他□
交易编号 BOP Transac. Code □□□□□□ □□□□□□	相应币种及金额 Currency&Amount	合同号 发票号
进口付汇备案表号/批件号	报关单经营单位代码 □□□□□□□□□□
报关单号	报关单币种及总金额	本次核准币种金额
报关单号	报关单币种及总金额	本次核准币种金额
报关单号	报关单币种及总金额	本次核准币种金额

银行专用栏 For Bank Use Only	申请人签章 Applicant's Signature	银行签章 Bank's Signature
购汇汇率@ Rate	请按照贵行背页所列条款代办以上汇款并进行进口核算申报 Please Effect The Upwards Remittance, Subject To The Conditions Overleaf:	
等值人民币 RMB Equivalent		
手续费 Commission		
电报费 Cable Charges		
合计 Total Charges	申请人姓名 Name of Applicant	核准人签字 Authorized Person
交付费用方式 In Payment of the Remittance □现金 by Cash □支票 by Check □账户 from Account	电话 Phone No.	日期 Date
核印 Sig.Ver.	经办 Maker	复核 Checker

填写前请仔细阅读各联背面条款及填报说明
Please read the conditions and instructions overleaf before filling in this application

第二联 外汇局留存联

图 4-23　境内汇款申请书

第四章　如果你需要进口

十、即日审单服务

在企业对外支付环节中,当需要向银行购汇或使用自有外汇汇出汇款(包括电汇和票汇)时,银行需要对企业提供的单据及其他资料进行合规性和真实性审核。审核这些单据和资料往往需要花费一定的时间。但是只要企业在当天下午将单据和资料递给银行,银行就可以承诺当日完成汇款单据和其他资料的合规性和真实性审核,方便企业将有问题的单据即日解决。

另外,银行还可以在企业指定的某一日期甚至特定时间、时刻之前,优先、加速审核和处理提交的单据,及时反馈单据的情况,做到及时、快捷、灵活、合规地处理完成,并扣账汇出汇款,从而保证满足企业在支付时效性方面的特殊要求。

(一) 适用企业

该项服务适用于对资金使用的时效性要求严格、对资金周转的高效性有特殊需求的企业,或遇到临时性紧急情况的企业。

(二) 特点

(1) 在境外汇款前,所有的单据和资料必须进行合规性和真实性审核,否则会给企业带来合规性风险,即日审单服务承诺在一定时限内完成审核工作,能够最大限度地有效提高汇款效率。

(2) 审单过程快捷灵活,可以提高企业资金使用的效率,最大限度地放大运营资金的效用,减少企业闲置资源的浪费,降低企业的机会成本,并可在一定情况下节省财务费用,从而使企业能够获得新业务机会和规模。

(3) 即日审单能够使企业当日知道提交的单据是否合规,银行业务人员根据外管相关政策审核单据,若有问题,业务人员将直接与企业联系,企业可以根据外管政策要求及时解决,补交或更正单据,从而保证款项的及时汇出。

(4) 即日审单服务是一项延伸的免费服务,该服务能够方便企业对汇款前单据审核结果做到心中有数,是银行为对于时效性有要求的企业提供的一项增值服务。

(三）注意问题

（1）对单据和其他相应资料的质量要求较为严格，所以需要企业具备符合要求的业务人员和财务人员。

（2）预付货款汇出时，单据中的合同应具备预付条款或运输货物前支付的含义，合同发票需要原件或复印件加盖公章。另外，应注意企业需要至少在审单前1天，在互联网上的贸易信贷登记管理系统中进行预付货款的合同登记和付款登记，审单当日进行付汇银行的指定操作。

（3）凭进口报关单正本货到付款汇出业务中，若报关单的签发日期为2008年10月1日之后且报关后超过90天的延期付款，企业需至少提前1天联网在贸易信贷登记管理系统中的延期付款模块中进行合同登记和提款登记，审单当日进行付汇银行的指定操作。

（4）相关单据和资料需要在当日下午4点前递送至银行。

（5）企业应注意尽量事先与银行业务人员进行充分沟通。

（6）对于此项服务有经常性要求的企业可以与银行共同探讨和制定出一套适合该企业的审单付款流程，从而提高效率，降低企业和银行双方的合规性风险及操作风险。

十一、汇款单据预审

"汇款单据预审"金融服务是指银行在为企业正式办理境外汇出汇款前，对于企业提交的汇款申请书中的相关汇款信息进行预先审核，利用专业优势，指导企业从优选择汇款路径，尽力降低汇款成本，并能保证汇出资金的及时准确到达。

（一）适用企业

"汇款单据预审"服务主要适于对境外清算知识相对匮乏的企业。

（二）特点

"汇款单据预审"服务由银行专业清算人员提供专业咨询，因此具有以下特点。

第四章 如果你需要进口

1. 为企业提供专业支持

企业无须对外币汇款业务进行深入了解，只需给银行提供付款及收款人的相关信息及要求即可，使企业省时省力。

2. 保证企业汇款及时到账

因为由银行专业清算人员提供帮助和审核，不仅能够确保企业付款信息的正确性，而且能够结合收款人要求，保证资金到账的及时性。

3. 保证企业汇款的安全性

银行对企业汇款信息审核后，可以避免因企业填写差错而产生的境外退汇风险，保证了资金的安全性。

（三）能够解决的问题

银行在提供"汇款单据预审"的增值服务后，不仅使企业在汇款环节省时省力，满足了企业及时到账的要求，而且还使企业汇出款的查询、退汇数量大大减少，从而能够避免企业因再次汇款产生的查询、退汇等相关费用。

（四）业务流程

（1）企业申请办理"汇款单据预审"业务，向银行的客户经理或柜台人员提供汇款的相关资料和企业填写的汇款申请书。

（2）银行客户经理或柜台人员将企业汇款的相关资料和汇款申请书传递（实物或传真）至清算专业人员进行单据预审。

（3）银行清算专业人员对企业提供的相关资料进行预审，并指导客户经理或相关柜员协助企业对境外汇款申请书中填写错误的地方进行修改。

（4）企业将修改后的正式的银行境外汇出汇款申请书提交银行，办理款项汇出，最终汇至收款人。

业务流程如图 4-24 所示：

客户申请提交相关资料和汇款申请书 → 银行专业的汇款单据预审人员 → 银行专业的汇款人员 → 收款行 → 收款人

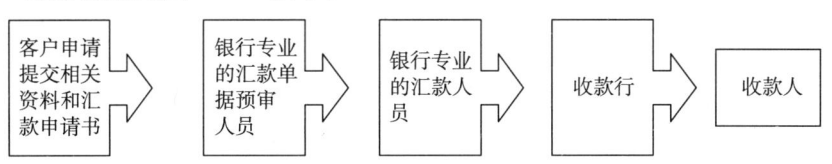

图 4-24 汇款单据预审业务流程图

（五）注意问题

原始汇款信息的准确性由企业负责，如因提供有误而产生的退款或查询费用由企业承担。对于汇款到账时间有特殊要求的，需加以特殊说明，以便银行选择最优的汇款方式。

（六）案例

我国进口企业 A 与美国出口企业 B 发生贸易往来，需要向对方支付货款，对方提供的付款信息如下：

TRANSFER TO：C BANK
　　　　　　467 PEACHTREE STREET ATLANTA, GA 484
　　　　　　USA
SWIFT CODE：ABCDUS33
ROUTING NO.：123456789
FOR CREDIT TO：B
ACCT NO. 4321567

我国 A 企业的财务人员在收到美国 B 企业的汇款信息后产生了几点疑问：

（1）SWIFT CODE：ABCDUS33 是什么意思？该填写在汇款申请书的什么位置？

（2）ROUTING NO.：123456789 是什么意思？该填写在汇款申请书的什么位置？

银行专业的汇款单据预审人员对企业 A 提供的汇款信息预审后对企业 A 的疑点进行了解答。

1. SWIFT CODE：ABCDUS33

SWIFT 是"环球同业银行金融电讯协会"的简称。是用于银行、金融机构之间的资金汇付、头寸调拨、外汇交易结算等业务的通信系统。SWIFT CODE 是银行识别代码，是每一个加入 SWIFT 组织的银行所拥有的本行的地址代码。在这里代码：ABCDUS33 就是美国 C 银行在 SWIFT 组织中所拥有的代码。所以 SWIFT CODE：ABCDUS33 应该和收款银行的名称、地址一起填写在汇款申请书的收款行一栏中。

2. ROUTING NO.：123456789

ROUTING NO. 是美国境内银行在美国联邦储备中央银行清算系统中所注册的 9 位数字的清算号。C BANK 在美联储注册的 9 位清算号为：123456789。所以 ROUTING NO. 123456789 应该填写在汇款申请书的收款行一栏中，千万不能与收款人的账号混淆。

通过银行专业的汇款单据预审人员对 A 企业财务人员就汇款信息中存在的问题进行讲解后，解决了他们的顾虑和疑问，使汇款信息都正确地填入了汇款申请书中的对应项中，并按照美国 B 企业所要求的到账日期，替 A 企业选择了合适的付款日期。最终使这笔贸易款及时准确地到达了收款方，银行的这项增值服务也得到了 A 企业的认可和好评。

十二、清算路径设计

"清算路径设计"服务是依托商业银行专业的外汇清算知识和完善的境外清算代理行体系，为付款企业的境外外币付款选择中转费用最低、清算速度最快的清算路径进行资金支付，从而提高企业资金的流转速度和使用效率，提升企业的国际竞争力。

（一）适用企业

"清算路径设计"金融服务适用于对汇款资金清算效率及安全性要求较高的企业。

（二）特点

"清算路径设计"产品是依托商业银行合理、完善的境外账户行及代理行体系，秉承"高效率、低成本"的资金清算理念，根据企业汇款的币种、金额以及收款人开户银行所在国家和地区特点等因素，选择最快捷、扣费最少的清算路径来进行资金汇划，最终使企业境外付款资金达到"既快又省"的理想状态。具体有以下几个特点：

（1）加快清算资金的汇划速度，减少了资金的在途时间，使资金可在汇款起息当日到达收款人开户银行。

（2）降低资金的运行成本，减少了资金在境外中转环节的非必要扣费，减少一个中转环节能为企业节省 20~30 美元。

（3）有效避免由于汇款人填写汇款路径不当而造成的境外行查询、扣费，甚至退汇的资金清算风险。

（三）能够解决的问题

"清算路径设计"金融服务是银行凭借自身清算专业背景，有效解决企业因对境外清算服务不了解导致的外币资金使用效率不高，资金周转不畅的问题，能够有效提高企业外币资金周转速度，并将资金在国际间的汇划成本降至最低，增强企业的国际竞争力。

（四）案例

2009年7月12日，位于中国的C银行根据A企业要求将1 000 000.00美元通过电汇方式汇往在加拿大D银行开户的B企业。由于加拿大D银行在美国CHIPS清算系统中的代理行有三家美资银行，分别为E银行、F银行和G银行。在以上三家银行中，F银行纽约分行同时为中国C银行的美元清算账户行。因此，C银行应为企业选择其与加拿大D银行共同的美元清算账户行F银行纽约分行来清算支付该笔款项，而F银行纽约分行只须以BOOKTRANSFER的内部转账方式来进行该笔美元清算即可，从而做到只通过一家境外账户行就将款项支付到收款行，最大限度地降低汇款的境外扣费，加快资金汇划速度，提高资金使用效率。

如图4-25所示：

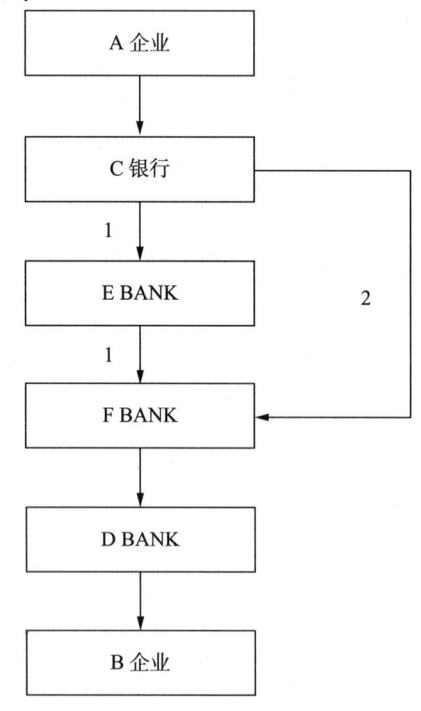

```
         A 企业
           ↓
         C 银行 ──────┐
           │ 1        │
           ↓          │
         E BANK       │ 2
           │ 1        │
           ↓          │
         F BANK ←─────┘
           ↓
         D BANK
           ↓
         B 企业
```

图4-25　清算路径设计业务流程图

如图 4-25 所示，此笔汇款通过"清算路径设计"采用路径 2 的清算方式使得资金得以最简捷的路径到达收款人开户银行，避免了由于采用路径 1 而造成的由于资金通过其他不必要境外代理行清算所带来的额外扣费及时间延迟，从而明显提高了资金使用效率。

十三、本金保证付款

"本金保证付款"是指银行为进口企业提供的一种预先支付锁定的汇款成本，而后通过特殊业务处理，保证进口企业汇款资金全额到达境外出口企业账户的特色金融服务。"本金保证付款"服务不仅使进口企业的国际汇款更加安全、高效，而且更加经济和便利，在锁定汇款成本的前提下，实现汇款本金全额到达收款人账户，有效地促进了收、付双方之间的互信，间接地巩固了企业间的合作关系。

（一）适用企业

"本金保证付款"金融服务适用于进出口贸易中，双方协议约定汇款成本全部由进口企业即汇款方承担，或者出口企业对最终到账货款金额有精确要求的各类企业。

（二）特点

"本金保证付款"服务能够有效规避国际汇兑中间环节所产生的不确定收费，能够保证贸易合同确定的汇款金额足额到账，而无须增加多余的成本支出。该服务主要有以下几个方面的特点。

1. 汇款金额可控

在国际汇兑中，收、付款银行的代理行都会从汇款金额中扣减一部分费用，甚至许多国家的收款银行也可能在贷记收款人账户时收取费用，这是由收、付款银行与代理行之间的协议包括各国家、地区的操作惯例决定的，无任何国际准则能够约束。

"本金保证付款"服务能够满足企业保证汇划资金全额到达收款人账户的需求，企业在履行付款义务时，能够更加自如地控制汇款金额，将保证到账金额的工作交由银行执行。

2. 汇款成本可控

企业在办理境外汇款时，即使在"费用承担"栏勾画我方付费（OUR）也只能保证付款行之代理行在划转过程中不收取费用，而无法保证中间行及国外收款行不扣减费用。"本金保证付款"服务只需预先支付少量费用，即可预先锁定中间银行以及收款银行的划转费用，实现汇款本金全额到达收款人账户。

3. 汇款币种为进出口贸易主要国际结算货币

"本金保证付款"包括美元和欧元两个国际主要结算货币，企业可根据自身需要任意选择。

（三）能够解决的问题

"本金保证付款"使进口企业摆脱了困扰其多年的履约过程中，因境外代理行扣费难以估算而无法掌控货款资金实际到账金额的问题。

即该项服务能够有效规避国际汇兑中间环节产生的各项不可预计的扣费，对到账金额有确切要求的企业帮助极大，使企业彻底摆脱这方面的长期困扰，汇款操作更加自如。

（四）业务流程

"本金保证付款"的办理过程与一般的境外汇款无异，只是在提交申请书时提示银行按"本金保证付款"方式汇款。流程如图 4-26 所示：

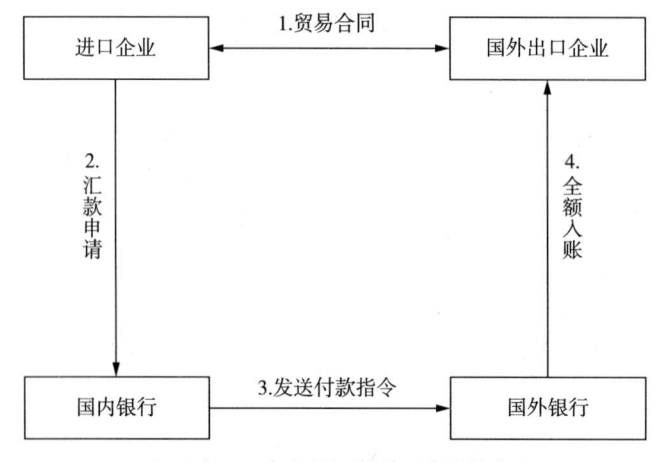

图 4-26 本金保证付款业务流程图

（1）国内进口企业与国外出口企业签订贸易合同，确定结算币种和金额。

（2）支付日，国内进口企业填制境外汇款申请书，金额项填写合同约定的金额，并提示银行按"本金保证付款"方式办理汇款。

（3）银行收取相应费用后，根据企业汇款申请书指示内容发送本金保证付款指令。

（4）国外出口企业的开户行收到以该企业为受益人的汇入指令，按汇款金额全额贷记企业账户。

（五）注意问题

在办理美元本金保证付款时，由于美国本土系统不支持费用方式的选择，因此，汇往美国本土的款项无法办理"本金保证付款"业务。

（六）案例

我国 A 进口企业与日本 B 出口企业签订了贸易合同，金额为 2 596 798.23 美元，双方同意采用 T/T 汇款的形式支付货款。A 企业于 2009 年 7 月 1 日支付日到银行办理付汇业务，A 企业被要求准确履约，即到账金额为合同准确金额，同时 A 企业也不希望自己为保证到账金额而蒙受损失，故银行建议采用"本金保证付款"服务。

在填制汇款申请书时，汇款金额栏填写"2 596 798.23 美元"，同时提示银行按"本金保证付款"办理汇款，银行收取"本金保证付款"服务的手续费，并根据汇款申请书内容发送以 B 企业为受益人的支付信息，使其贸易伙伴 B 企业收到合同约定的 2 596 798.23 美元，达到了汇款资金全额到达收款人账户的目的。

十四、跨境人民币清算

"跨境人民币清算"是指银行为满足客户人民币跨境资金的汇划需求，通过人民币代理清算账户、中国人民银行现代化支付系统、SWIFT 系统、NRA 账户等多种清算渠道，办理的非中国境内的人民币资金汇款。

（一）适用企业

"跨境人民币清算"服务适用于有跨境人民币贸易结算及相关资金跨

境汇划需求的进出口企业。

（二）特点

"跨境人民币清算"与传统的国内人民币汇款不同，需要考虑资金全球汇划下的政策差异、时间差异和需求差异等情况，为客户提供个性化的"跨境人民币清算"服务。与传统人民币汇款相比，具有以下几个方面的优势：

1. 最广阔的资金清算网络

"跨境人民币清算"服务首选跨境人民币代理清算账户渠道，该渠道没有区域限制，只要开有账户，全世界皆可使用。即境外银行在境内代理银行开立人民币同业往来账户作为其清算账户，通过国际通用的 SWIFT 系统发送标准格式报文来实现国际人民币资金清算。

对于中国港、澳地区，也可以选择中国人民银行大额支付系统进行办理。该系统是中国人民银行根据人民币资金清算特点建立的实时支付清算系统，目前除中国境内，境外的清算区域仅包含中国香港和澳门。

2. 最高效的资金清算渠道

银行提供"跨境人民币清算"服务，将根据不同地域的不同业务特点，按照效率优先原则为客户灵活选择清算渠道。无论采取上述的何种汇款渠道，标准化和电子化的支付指令信息都可以在全球范围内实现实时传送。

3. 最合理的资金汇划成本

"跨境人民币清算"服务与国内汇款收费相同，不增加企业汇款成本。

（三）能够解决的问题

"跨境人民币清算"不仅可以帮助企业高效、快速地办理资金汇划，有效规避企业资金的流动性风险，而且作为人民币跨境结算的最有效支付手段，更是企业在人民币跨境贸易中获取收益的重要保障。

（四）业务流程

"跨境人民币清算"服务是银行根据企业资金汇划需求为客户提供的专业化资金汇划服务，其主要流程如图 4-27 所示。

第四章 如果你需要进口

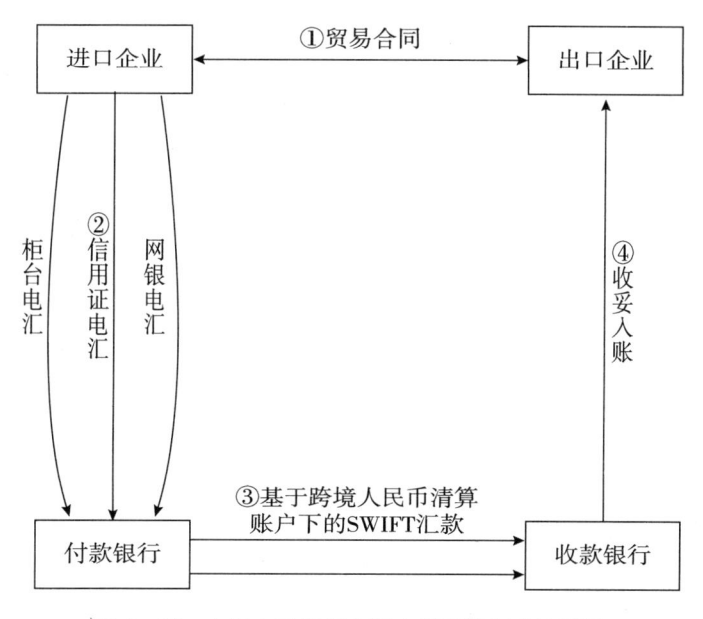

图 4-27 中国人民银行大额支付系统汇款流程图

（1）进口企业与出口企业签订以人民币为结算货币的贸易合同。

（2）进口企业根据合同条款，通过银行（柜台或网银）办理即期货款支付，或办理人民币信用证付款。

（3）银行通过柜台交单的方式获取客户汇款指令后立即进行信息处理，并形成汇款报文通过 SWIFT 系统或中国人民银行大额支付系统进行款项支付，并同时完成资金清算。

（4）收款银行接到汇入信息并确认资金清算后，将款项记入出口企业账户。

（五）注意问题

为了保证"跨境人民币清算"支付效率，建议企业对规定金额以上的大额资金汇款应提前告知，以确保资金的及时、准确汇划。

（六）案例

某内地 A 进口公司与中国香港 B 出口公司签订以人民币为结算货币的贸易合同，金额为 5 000 万元人民币，其中 100 万元合同定金采取合同签订当日即期支付，4 900 万元货款采取开立人民币信用证方式支付，由于 B 公司流动资金比较紧张，因此，希望在让渡部分利益的同时能够尽早收到 A 公司的货款。

　　合同约定签订当日必须将 100 万元定金划入 B 公司在中国香港的一家外资银行（收款银行）账户，因此，汇款银行建议客户选用"跨境人民币清算"服务。合同签订当日，A 公司办理了汇款，汇款银行接收到客户汇款指令，按照标准格式，并通过大额支付系统进行款项的支付，几分钟后香港收款银行确认了资金到账，并通知 B 公司定金已汇入指定账户，两公司第一步合作圆满完成。

　　随后，A 公司委托其结算银行开立了 4 900 万元人民币信用证，并通过收款银行向 B 公司进行了通知。B 公司收到信用证后装运货物，并将单据通过收款银行提交给汇款银行，汇款银行审核单据无误后立即办理款项支付，考虑到 B 公司的收款银行为已经在 A 公司结算银行开立人民币同业往来账户的境外银行，因此，汇款行再次选择"跨境人民币清算"服务通过 SWIFT 平台直接办理了汇款，收款银行收到该笔款项后贷记了 B 公司账户，由此 A 公司与 B 公司该笔贸易圆满完成。

十五、亚洲美元速汇

"亚洲美元速汇"是银行为满足企业在亚洲区域内对汇款清算效率的要求，实现汇款起息日当日即到达亚洲区收款行的特色金融服务产品。

（一）适用企业

"亚洲美元速汇"金融服务适用于对汇款效率要求比较高，收款人开户银行为亚洲地区银行的企业。

（二）特点

"亚洲美元速汇"通过银行优化企业在亚洲区域内的汇款路径，缩短资金流转时间，满足汇款资金当日到达收款人开户银行或收款人账户的需要，有助于企业与亚洲区域内贸易对手间资金的高效汇划。

1. 提高汇划效率

因时差原因，一般美元汇款最快 T + 1 日能到达指定账户。"亚洲美元速汇"产品可实现亚洲地区美元汇款在起息日当日（T日）收款银行，提升资金流转速度。

2. 便于款项跟踪

亚洲美元速汇，可以拉直汇款路径，减少中间环节，有助于款项汇出后的跟踪服务。

3. 银行覆盖面广

该产品收款银行覆盖亚洲43个国家和地区的1319家银行，基本涵盖了包含了亚洲地区的绝大部分银行。

（三）能够解决的问题

"亚洲美元速汇"的推出，通过对代理行资源的整合，拉直了亚洲地区银行汇款路径，真正实现了亚洲区域内当日付款当日到账。解决了企业对于时差影响的担忧，利于收款方及时收到资金，提高了汇款的及时性与安全性。

（四）业务流程

"亚洲美元速汇"的办理过程简便易行，与一般的境外汇款相比，只需在汇款申请书右下角银行栏注明"亚洲美元速汇"字样即可。详见流程图4-28：

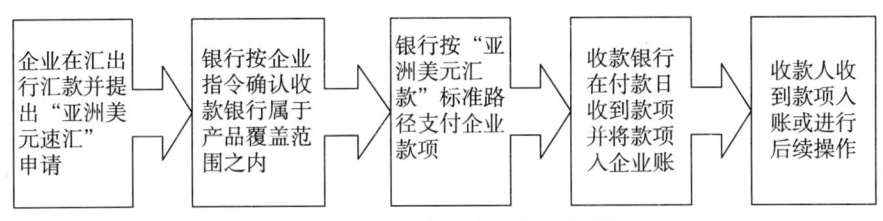

企业在汇出行汇款并提出"亚洲美元速汇"申请 → 银行按企业指令确认收款银行属于产品覆盖范围之内 → 银行按"亚洲美元汇款"标准路径支付企业款项 → 收款银行在付款日收到款项并将款项入企业账 → 收款人收到款项入账或进行后续操作

图4-28 亚洲美元速汇业务流程图

（1）汇款人在汇出行办理汇款时，除填写正常汇款信息外，提出"亚洲美元速汇"申请，经银行确认收款银行为产品适用银行后，在汇款申请书右下角银行栏注明"亚洲美元速汇"字样。

（2）汇出行通过选择合作代理行，发送付款指令。

（3）代理行按汇款指令进行汇款，并于汇款日当地工作时间内转至收款银行。

(4) 收款银行收到款项，解付至收款人。

（五）注意问题

由于收款银行同为亚洲地区银行，须注意业务办理时间要满足双方银行的工作时间要求，并须确保收款银行为产品适用银行名单中的所列银行。

（六）案例

2011年11月20日上午9点整，A公司需要汇款USD10 000 000.00到B公司，B公司的开户银行为土耳其的T银行，A公司要求汇款当日尽早到达B公司账户。由于纽约和北京存在约12小时的时差，此时纽约时间是2011年11月19日晚上9点，工作时间还未开始，地处土耳其的B公司很难当日收到款项。于是银行建议A公司决定使用"亚洲美元速汇"产品，经确认，T银行是该产品适用银行。

银行将付款报文直接发送给合作代理银行，经处理款项及时划转至B公司的开户银行T银行。在A公司付款成功后的1小时后，B公司已查询到此笔汇款已入账。同时，A公司也通过银行的跟踪服务获悉，B公司银行已收妥款项。此笔汇款实现了A公司要求的当日到账，不仅减少了中转时间，节省了费用，还提高了资金的汇划效率。

十六、香港美元直达

近年来，随着内地与香港经贸关系日益密切，内地进出口企业汇往香港的款项日益增多。"香港美元直达"是银行为满足企业当日到账要求的特色金融服务。按照国际惯例，美元付款须在美国本土清算，由于时差的原因，企业通常在第二天才能收到款项。依托于2000年建立的香港美元清算系统，"香港美元直达"金融服务使内地银行通过在香港地区的专设美元账户无须绕道美国，直接为企业办理汇往香港地区的美元付款，实行当日到账。

（一）适用企业

"香港美元直达"金融服务适用于收款人开户银行为香港地区的美元付款业务。

（二）特点

采用"香港美元直达"的汇款，直接在香港地区清算，避免绕道美国的时差问题，以及多次中间扣费，提高了企业在亚洲地区进行美元交易的效率。总的来说，"香港美元直达"有以下3个特点：

（1）资金汇划迅速。因为北京和香港为同一时区，没有时差问题，所以可以保证资金的实时划转。

（2）减少中转环节。无须绕道美国，避免多次中间扣费。

（3）资金安全性高。香港美元清算系统实行终结支付，日终清差资金强制执行，保证收汇安全。

（三）业务流程

"香港美元直达"的办理过程简便易行，与一般的境外汇款相比，只是在汇款单据的送达时间上要求更高。流程如下：

（1）汇款人向银行提出香港美元付款申请，申请书应注明"香港美元汇款"。

（2）银行审核申请是否符合香港美元汇款要求，扣收企业汇款资金及手续费，对外办理支付。

（3）通过银行在香港的美元账户将资金划至收款人账户。

业务流程图4-29所示。

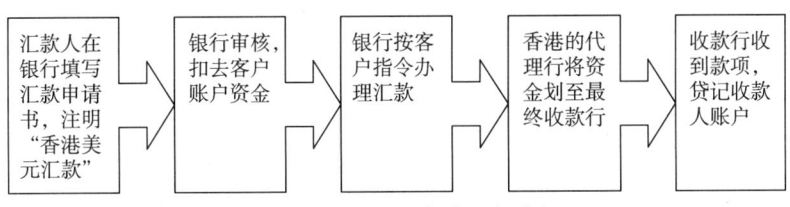

汇款人在银行填写汇款申请书，注明"香港美元汇款" → 银行审核，扣去客户账户资金 → 银行按客户指令办理汇款 → 香港的代理行将资金划至最终收款行 → 收款行收到款项，贷记收款人账户

图4-29 香港美元直达业务流程图

（四）注意问题

（1）由于香港地区清算截止时间较早，为确保资金当日到账，企业须最迟在汇款起息日当日上午10点之前办妥相关手续。

（2）如企业办理汇款的日期恰逢香港假日，则无法当日办理汇款；如遇美国假日则须提前一天向银行预约付款，企业可在办理重要汇款前，致电银行查询假日情况。

（五）案例

2009年7月10日上午9点整，A企业需要汇款USD10 000 000.00到开户银行为香港C银行的B企业，A企业要求当日到达B企业账户。如果按传统的付款路径通过C银行纽约分行中转是不可能做到的。由于纽约和北京存在约12小时的时差，此时纽约时间是2009年7月9日晚上9点，工作日还没开始，B企业根本无法当日收到款项。

而采用"香港美元直达"方式银行通过香港美元清算系统将报文直接发至C银行香港分行，利用该银行完善的企业服务系统，A企业开户银行在报文发出后进行电话跟踪，当日上午11点30分即确认USD10 000 000.00已到达B企业账户。此笔汇款实行了A企业要求的当日到账，不仅没有绕道美国，减少了中转时间，还节省了费用，大大提高了A企业资金的利用效率。A企业对银行的服务表示非常满意。

十七、小币种全球汇

"小币种全球汇"是银行为满足企业在常用货币之外的外币汇款需求提供的特色金融服务，企业只需在银行开立美元、欧元账户或以人民币兑换上述两种货币即可实现全球140种货币的外币汇款。兑换汇率一日一价，当日有效，在提供充足的办理业务时间的同时，又便于企业在汇款前预知成本，时效性、可操作性兼顾。

（一）适用企业

"小币种全球汇"金融服务适用于有原币汇款及到账需求的企业。

（二）特点

"小币种全球汇"使企业在感受到汇、兑一体便利服务的同时，在以下几个方面同样取得了突破和拓展了空间：

（1）因受国家外管政策约束及银行成本控制限制，国内银行一般仅在境外开立十几种外币账户，代理收汇款业务，货币种类也大同小异，"小

第四章　如果你需要进口

币种全球汇"可实现的汇划货币多达 140 种，其中大部分为非自由兑换货币，涵盖了世界上大部分的国家和地区货币，在货币种类的代理服务上，有着质的飞跃。

（2）"小币种全球汇"采用的汇率为日间固定汇率，每日早 9：00 营业开始发布当日的汇率，并在当日营业时间内有效，企业可根据汇款货币先行计算出支付的美元、欧元或换汇的人民币金额。

（3）"小币种全球汇"锁定交易成本，实现成本可控，还能够有效避免因繁复的外汇交易而产生的汇兑风险。

（4）"小币种全球汇"提供了美元、欧元两种货币作为基础支付货币，企业可根据自有美元或欧元账户币种支付，也可对汇率进行对比，以汇率优惠的货币作为支付货币，或换汇该货币支付。

（三）能够解决的问题

"小币种全球汇"为进口企业拓展了国际贸易结算货币的选择空间，突破了国内银行提供的常用货币范围，有助于企业在贸易谈判中更加灵活地制定贸易合同结算条款，选择双方均可接受的结算货币。其中，对于以非自由兑换货币为结算货币的贸易合同，也免去了受益人办理国内结汇手续的麻烦。

（四）业务流程

"小币种全球汇"的办理过程简便易行，与一般的境外汇款相比，只是增加了询价过程。流程如图 4-30 所示：

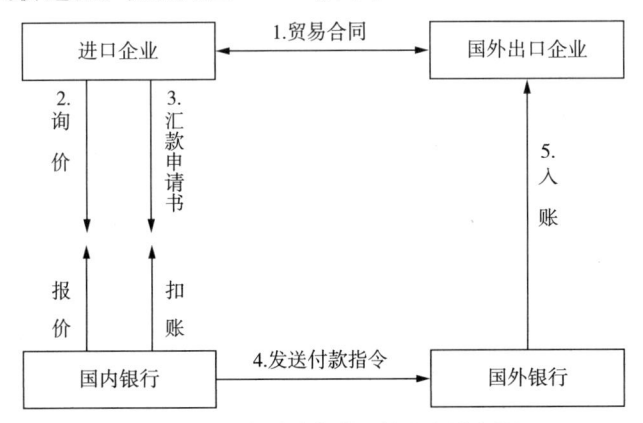

图 4-30　小币种全球汇的业务流程图

（1）国内进口企业与国外出口企业签订以非国际主要货币为结算货币的贸易合同。

（2）支付日，国内进口企业向银行询价，获得美元、欧元兑换合同结算货币的汇率比较后确认以美元或欧元，或以人民币换汇以上两个货币之一进行支付。

（3）国内进口企业填制境外汇款申请书，金额项按汇款原币种填写，银行将根据汇款币种和汇率计算出的美元、欧元或人民币金额扣划企业账户。

（4）银行于收到汇款申请书当日根据企业汇款申请书指示内容发送小币种汇款指令。

（5）国外出口企业的开户行收到以该企业为受益人的汇入指令，币种为合同结算货币，银行据此贷记企业账户。

（五）注意问题

根据产品协议规定，对于汇款金额超过等值 10 万美元（含）以上的小币种付款，因汇率风险较大，双方约定不采用固定汇率办理，如有超过等值 10 万美元的小币种汇款需求，需要企业提前通知银行对该笔汇款单独报价。

（六）案例

我国 A 进口企业与韩国 B 出口企业签订了以韩元为结算货币的贸易合同，金额为 5 000 万韩元。双方因长期合作，互信度较高，故 A 企业采用 T/T 汇款的形式支付货款。但 A 企业在其开户行只有美元和欧元账户，其开户行在境外也没有开立韩元账户，而"小币种全球汇"清算产品使上述问题迎刃而解。A 企业于 2009 年 7 月 1 日在银行柜台询价，获得当日美元兑韩元的汇率为 1：1 234.33，欧元兑韩元的汇率为 1：1 736.14，如按美元支付须付汇 40 507.81 美元，如按欧元支付须付汇 28 799.52 欧元，在比较两种支付货币报价后，A 企业决定选择当日较优惠的欧元为支付货币，A 企业填制汇款申请书，汇款金额栏填写"5 000 万韩元"，银行根据欧元兑换汇率折算后扣划企业欧元账户 28 799.52 欧元，并于当日根据汇款申请书内容发送以 B 企业为受益人的支付信息，使其贸易伙伴 B 企业收到合同结算货币——韩元，金额为 5 000 万韩元，实现了进出口企业之间的原币划转。

第四章　如果你需要进口

十八、环球报文速递业务

环球报文速递业务是为了满足企业的财务管理需求，根据授权，将相关 SWIFT 系统报文信息，以电子邮件形式自动批量发送至其指定邮箱的特色清算服务。该项服务实现了 SWIFT 报文信息的客户端共享，便于企业准确地掌握资金汇划动态，及时进行资金信息监控和归集。

（一）适用企业

环球报文速递业务适用于需要及时、准确掌握 SWIFT 系统报文内容的企业，尤其适用于资金规模大、业务频繁和对资金汇划报文有档案管理需求的大型企业。

（二）特点

环球报文速递业务是依据企业授权，通过在银行报文处理系统中设定相关规则和接收邮箱，采集相关报文信息并自动定时发送，可满足企业及时掌握业务信息的需求。

（1）便于汇款跟踪，企业可及时了解汇出款的出账及汇入款的到账情况，提高资金使用效率。

（2）支持多方通知，企业可指定一个或多个邮箱，既可满足自身业务需要，又可及时向交易对手提供汇款依据，便于事后确认、查询。

（3）内容翔实准确，涵盖报文原文中的所有信息，每日凌晨三点准时发送邮件。

（4）规则灵活定制，可满足企业多种档案归集的需求，根据客户提出的不同关键要素组合为多种报文发送规则。

（三）能够解决的问题

能够满足企业及时取得报文信息的要求，便于业务相关各方第一时间掌握情况，快速进行事后跟踪。同时，提供企业需要的业务基础数据，支持其业务数据统计和档案管理等需求。

（四）业务流程

（1）企业向银行提出申请并填写"业务申请书"，加盖预留印鉴。

（2）银行根据企业指定发送规则和收件邮箱等要素进行系统维护，以便系统自动进行数据归集和发送。

（3）按照企业定制要求将银行系统报文信息以电子邮件方式发送至企业指定的邮箱。

企业填写并提交"中信银行环球报文速递业务申请书"，加盖预留印鉴 → 银行根据企业授权的定制规则和收件邮箱等要素进行系统维护 → 银行系统自动归集企业业务报文信息发送至企业指定的电子邮箱 → 企业确认收到正确的业务报文信息，并进行数据整理和归档工作

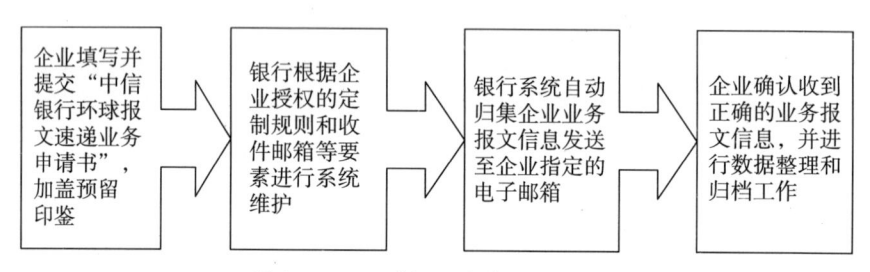

图 4-31　环球报文速递业务流程图

（五）注意问题

为了保证企业信息的安全性，企业应以账号为主要信息筛选要素，对于过于复杂的发送规则，请提前通过客户经理与银行清算人员沟通，确保企业定制信息服务设置成功及发送安全。

（六）案例

甲公司为某跨国公司中国有限公司，每周需要定期向海外数十家供应商支付货款。经过前期沟通，2011 年 6 月 28 日，甲公司正式向中信银行申请"环球报文速递业务"服务并提交了加盖预留印鉴的"中信银行环球报文速递业务申请书"。其中约定的发送规则为：将甲公司全部国际付款报文信息发送至 A 邮箱，同时，将收款人为乙公司，收款账号为 123456 的甲公司付款报文信息发送至 B 邮箱。

6 月 29 日银行完成系统设置，并于 6 月 30 日凌晨 3:00 将发生日期为 6 月 29 日的甲公司汇款报文信息归集、打包，由银行系统邮箱将全部付款报文发送至甲公司，同时，将收款人为乙公司，收款账号为 123456 的甲公司付款报文信息发送至 B 邮箱。6 月 30 日，A、B 邮箱的使用者上班打开

邮箱后，收到报文信息，并根据自身需求进行数据处理和业务后期跟踪。

十九、汇款即时通知

伴随着经济发展，各类企业对银行都提出了更高的要求，而对效率的要求是首要的。"汇款即时通知"是银行为满足企业汇款后及时掌握款项处理进度，提高汇款收付效率而提供的金融服务。汇款银行通过与境外代理行合作，借用电子邮件/传真传送方式，将代理行已汇款或已收款的信息通知所指定电子邮箱/传真，解决了汇款方或收款方不能及时查收款项和确认交易的困扰，在重大和紧急汇款中扮演了不可缺少的角色。

（一）适用企业

"汇款即时通知"金融服务适用于对汇款效率要求比较高，希望及时了解款项处理进度的企业。

（二）特点

"汇款即时通知"满足企业汇款后及时掌握款项处理进度的需要，提高汇款收付效率，对于向收付款各方发出的通知，也力求做到及时准确、手段多样、内容翔实。

1. 即时发出通知

由于时差原因及操作需要，境外汇款自汇出至收款一般需要两天时间，在这段时间里，收付款各方对于款项处理进度及所处环节的查询都很困难。"汇款即时通知"则可以在代理行处理款项的第一时间，发出实时的电子邮件或传真，及时准确，满足企业对确认汇款交易的需求。

2. 支持多方通知

每笔交易在经过代理行处理后，即自动发出通知。通知形式包括电子邮件、传真或两者一起，最多可发出四份，收付款方都可获得。既避免了企业盲目查询，又减少了通知中间环节，节约了人工成本。

3. 通知内容翔实

通知内容涵盖汇款金额、汇款人、收款人、收款银行等信息，基本包括汇款主要信息，使企业对该笔款项了如指掌。特别是对于收付款频繁的企业,及时准确掌握在途资金的信息,避免了多笔款项的混淆。

(三) 能够解决的问题

"汇款即时通知"的推出,解决了企业在汇款后,不能及时了解款项处理进度的难题,避免了因款项延误原因不明引起的纠纷;并可提示收款方及时收款,从而减少了盲目查询的次数。满足了收付款双方跟踪款项的需要,提高了汇款的效率与安全性,让企业办理境外汇款踏实又放心。

(四) 业务流程

"汇款即时通知"的办理过程简便易行,与一般的境外汇款相比,只须在汇款申请书"附言"栏注明邮箱/传真地址即可。流程如图4-32所示:

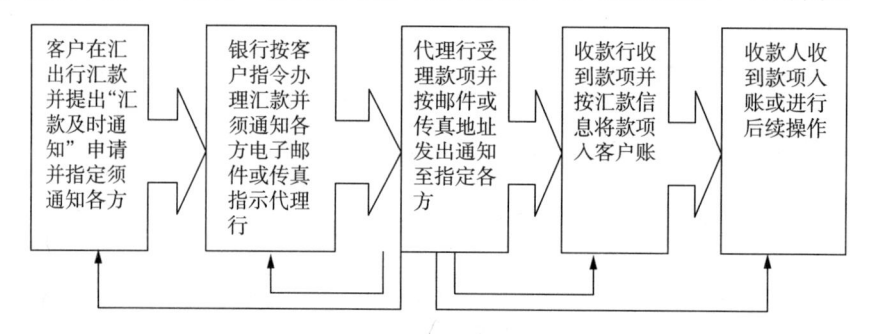

客户在汇出行汇款并提出"汇款及时通知"申请并指定须通知各方 → 银行按客户指令办理汇款并须通知各方电子邮件或传真指示代理行 → 代理行受理款项并按邮件或传真地址发出通知至指定各方 → 收款行收到款项并按汇款信息将款项入客户账 → 收款人收到款项入账或进行后续操作

图4-32 代理行发出电子邮件或传真至指定各方

(1) 汇款人在汇出行办理汇款时,除填写正常汇款信息外,提出"汇款即时通知"申请,并在汇款申请书"附言"栏注明邮箱/传真地址。

(2) 汇出行通过指定代理行发送付款指令,并指示合作银行付款后按企业要求发送电子邮件或传真至指定各方。

(3) 代理行按正常汇款程序进行汇款、办理扣账/转账手续。

(4) 代理行通过系统搜寻电文内容中的电子邮件/传真地址,根据指示发送电子邮件/传真通知。

(五) 注意问题

"汇款即时通知"目前只适用于美元汇款业务。通知内容包括汇款金额、汇款人、收款人、收款银行等信息,为保护汇款资料的安全性,通知中不包含企业的账户号码。通知方式根据企业填写,包括电子邮件、传真或两者一起，最多可发出四份，收付款方都可获得，但如果企业提供的电子邮件/传真号码有误，则不能顺利发出通知。

（六）案例

2009年6月10日，我国A企业向我国台湾地区B企业支付货款，金额为100万美元，并提出"汇款即时通知"申请。A企业在汇款银行填写境外汇款申请书时，除提供基本汇款信息外，还在"附言"栏内提供了收付款双方的E-mail邮箱及收付款银行的传真号码。汇款银行在受理此笔汇款时，指定C银行作为代理行，并在汇款报文中注明须通知各方E-mail邮箱及传真号码。C银行当天将此笔款项划转给台湾地区的收款银行，并按照要求，及时向指定各方发出E-mail邮件及传真，内容包括汇款金额、汇款人、收款人、收款银行等信息，并告知该笔款项处理进度，已经从汇款银行汇出经由该行中转到达收款银行，起息日为6月10日。收款方的财务人员在收到E-mail邮件通知后，立即向收款行查询，并得到确认，收款行已经在收到C银行通知后及时将款项转入企业账户。

二十、特别退款安排

"特别退款安排"是银行为满足进口企业因各种原因被国外银行退回的境外款项，不退至原账户而是保留在银行，在企业修改正确相关信息后再次汇出的特色增值服务。此项服务摒弃了将资金退回企业原账户的传统做法，能够有效避免企业再次汇出需要支付的付款成本，缩短企业的资金在途时间，大大简化了汇款手续。

（一）适用企业

"特别退款安排"金融服务适用于需要将退款再次付出境外的进口类企业。

（二）特点

"特别退款安排"使企业享受在最短时间内再次汇款的服务，同时，在以下几个方面提供了更具时效性，更到位的服务。

1. 简化手续

按照传统做法，一旦汇出款被退回，企业须再次或多次重复办理汇款手续（如申报、买汇等），重新申请将款项再次汇出。"特别退款安排"大大简化了相关手续，当银行通知企业汇款被退回后，企业仅须将修改或更正信息通过书面确认的方式交至银行，即可再次办理境外汇款。

2. 大大降低汇款成本

因"特别退款安排"省去了款项多次划转的步骤，减少了划转过程中产生的部分中间费用，为企业降低了成本。

3. 减少中间环节

款项被退回后，暂不退回原企业账户，而是根据企业要求确定是否再次汇出；如无须汇出，则退回企业账户。"特别退款安排"减少了中间环节的操作，以最少最有效的步骤，为企业提供更快更好的服务。

4. 节省资金在途时间

"特别退款安排"节省了操作时间，避免退款资金在银行和企业之间反复划转，也加快了银行对退回款的处理速度。

（三）能够解决的问题

"特别退款安排"为企业提供了将退回款项在最短时间内，以最简化的程序再次汇出的服务，解决了传统形式中多次划转款项造成的增加资金在途时间和操作手续复杂的问题，同时降低了企业二次汇出的汇款成本。

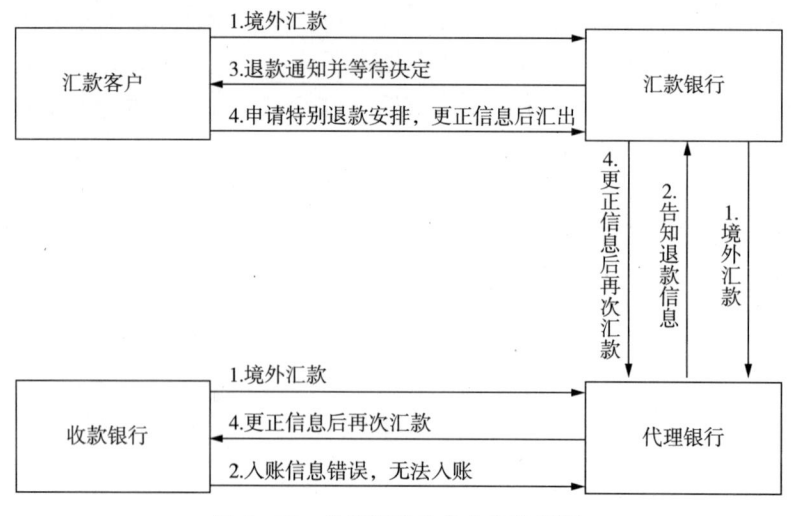

图4-33 特别退款安排业务流程图

第四章　如果你需要进口

（四）业务流程

（1）企业办理正常境外汇出汇款。

（2）银行收到境外代理行退款通知。

（3）银行向企业发出退款通知并等待企业决定是否再次汇出，银行将退汇款保留5个工作日。

（4）企业收到通知后，根据退款原因，由企业决定是否退回原汇款账户或经修改后再次付款。

1）如企业决定不再付出，则银行将退回款项贷记企业原账户。

2）如企业决定再次付出，银行根据企业提供的书面更改信息再次将退回资金经代理行付出。

（五）注意问题

在一般情况下，国外银行退回的金额因中间行扣减了相关费用会少于原汇款金额，如企业希望再次补足金额后按原汇款金额汇出，则不适用"特别退款安排"。

（六）案例

企业A通过银行办理一笔境外汇款到英国某家银行，但因汇款人提供的收款人账号有误，收款行无法解付，将此款退至银行汇款时途经的国外代理行。代理行以密押报文的形式将该退款信息告知银行，银行工作人员与企业A联系后，确认是否退回原汇款账户或修改信息后再次付款。企业A申请使用"特别退款安排"，修改信息后再次付出。银行将款项保留5个工作日等待客户更正信息的书面确认。第3日，接到企业A的书面更正，银行立即办理资金再次付出。

二十一、远期结售汇

远期结汇详见第三章第六节。

远期售汇

若有美元升值预期，购汇企业可办理远期售汇业务锁定美元购汇成本。

2011年9月13日，美元兑人民币的即期售汇价为6.4071，6个月的远期售汇价为6.3821，对应的起息日（即交割日）为2012年3月13日。某企业预计6个月后将有1 000万美元付汇需求，该企业可向银行提交远期售汇申请书（交易金额为1 000万美元、交易日为2011年9月13日、交割日为2012年3月13日，远期汇率为6.3821），与银行达成该笔远期售汇交易。

则6个月后（2012年3月13日），该企业办理1 000万美元购汇时所需人民币：

远期售汇：10 000 000×6.3821 = RMB 63 821 000.00

与交易日即期购汇相比，企业可节约RMB250 000元。办理远期结售汇锁定远期汇率即锁定了人民币购汇成本，规避了日后因汇率波动带来的市场风险。

二十二、外币三合一融资

面对繁多的银行金融工具，企业希望在自身的资源不占用您的信用额度的条件下，既获得了融资的便利又得到相应的收益的产品组合。外币三合一融资产品通过将即期人民币购汇转化为人民币质押、进口押汇（外币贷款）与远期售汇相结合的零风险产品组合，可以帮助企业在零风险，且符合目前政策的条件下，获得组合购汇产品带来的额外收益。

（一）受理原则

（1）业务符合国家外汇管理局及中国人民银行的相关规定。
（2）业务办理基础应为即期售汇业务。
（3）申请办理企业应符合银行进口押汇（外币贷款）业务申请资格，原则上应开立相应外汇及/或人民币账户。

（二）特点

外币三合一融资产品，利用人民币定期存款利息收入，以及由于人民币升值所带来的汇率收益来抵补进口押汇（外币贷款）利息支出，当两者收益之和大于外币利息支出时，企业可选择外币三合一融资产品。与普通

第四章 如果你需要进口

的外币即期售汇相比，企业通过此项增值业务可以无风险的节约更多购汇成本。

（三）业务流程

签署相关书面协议	办理人民币质押、押汇（贷款）	办理远期售汇交易	到期交割、偿还贷款本息
客户与银行签订相关协议："国际贸易融资合同"（或"外币借款合同"）、"远期结售汇/人民币与外币掉期主协议"、"权利质押合同"	交易日，客户向银行询价，银行为客户办理人民币质押、外币押汇（外币贷款）	企业向银行提交远期售汇申请书，办理远期售汇交易	到期日，银行为客户办理人民币解质押手续，按照锁定的远期售汇价格办理远期售汇交割，偿还融资本息

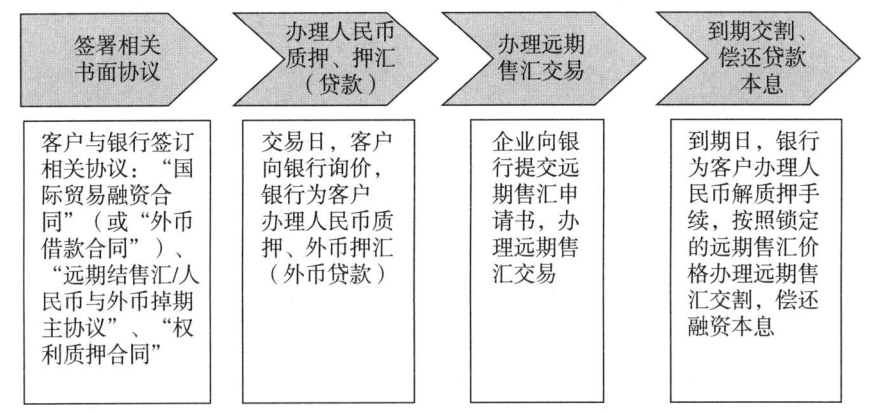

图 4-34 外币三合一融资业务流程图

（1）签订书面协议：就进口押汇（外币贷款）部分签订"国际贸易融资合同"（或"外币借款合同"）；就远期售汇部分签订"远期结售汇/人民币与外币吊期主协议"；交易当日落实人民币质押手续后，企业须与银行签订"权利质押合同"。

（2）企业提出业务需求后，交易询价。

（3）落实质押：企业落实人民币质押手续，银行为企业开立人民币定期存款单，转换为权利证实书办理质押，双方签订"权利质押合同"。人民币质押金额原则上不低于进口押汇（外币贷款）本息合计乘以远期售汇汇率后的金额；质押期限与进口押汇（外币贷款）期限相同（或质押期限不短于融资期限）。

（4）远期售汇交易：企业向银行提交"远期售汇申请书"，确定远期售汇的各项交易要素，锁定远期购汇汇率，交易金额为进口押汇（外币贷款）金额本息合计。

（5）办理进口押汇（外币贷款）：质押手续落实后，企业向银行提交"进口应付货款项下融资通知单"、"进口押汇申请书"（或"提款申请"），同时提交相关合同、发票或其他银行要求的证明材料，获得融资款项对外支付或用于其他合规用途。

(6) 进口押汇（外币贷款）到期日，办理人民币解质押手续，按照已锁定的远期售汇价格与银行办理远期售汇交割。远期售汇交割日与进口押汇（外币贷款）到期日、人民币质押到期日原则上应保持一致。

（四）注意问题

远期售汇交割日与进口押汇（外币贷款）到期日、人民币质押到期日原则上应保持一致。办理"外币三合一融资"产品业务时，如果上述到期日为所涉及交易货币节假日，则须通过将交割日期顺延或其他方式进行相应调整。

（五）案例

某公司于2011年12月1日要支付一笔金额为1 000万美元的贸易货款，当日即期汇率为6.3700，若该公司采用即期购汇付款，则须支出6 370万元。若该公司采用半年期三合一产品来满足付汇需求，则该公司业务办理流程如下图所示：

将原本用于即期购汇的人民币资金存成半年期定期存款，通过质押方式向银行申请一笔半年期进口押汇（外币贷款）并对外支付，同时向银行申请办理交割日和外币融资到期日一致的远期售汇。到期后，银行将公司定期存款解质押后大部分用于交割远期售汇，所得外币资金偿还银行进口押汇（外币贷款）本息，剩余人民币资金即为企业收益。

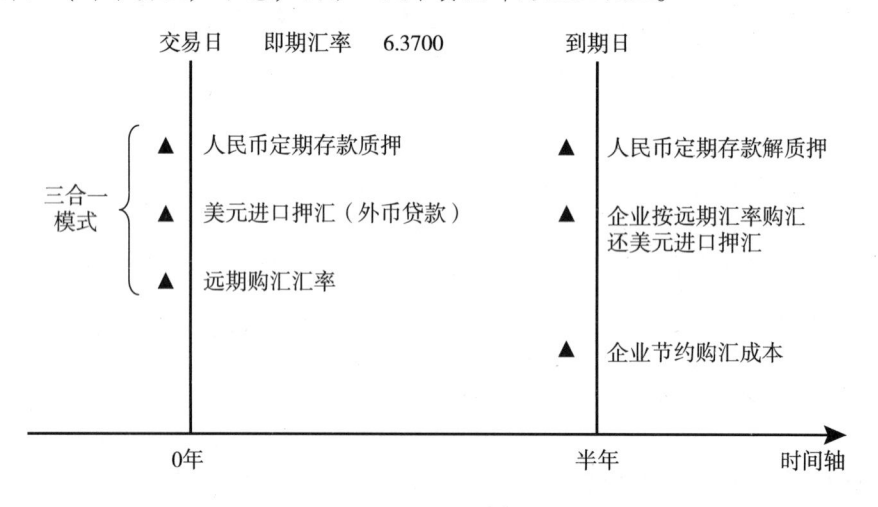

```
              交易日    即期汇率  6.3700        到期日

        ┌─   ▲  人民币定期存款质押        ▲  人民币定期存款解质押
  三合一 │
  模式   ┤    ▲  美元进口押汇（外币贷款）   ▲  企业按远期汇率购汇
        │                                   还美元进口押汇
        └─   ▲  远期购汇汇率

                                           ▲  企业节约购汇成本

              0年                          半年              时间轴
```

第四章　如果你需要进口

二十三、跨境人民币三合一

在符合境内监管要求的前提下，跨境人民币三合一结构性融资方案，是通过借助境内金融市场与境外金融市场利率和汇率的差异，以及境外市场丰富的外币资金，企业与境外交易对手（主要为境外关联公司）联动，以人民币质押＋远期人民币信用证（或 D/A）＋境外融资＋境外 NDF 产品（无本金交割）的结构性融资组合，满足正常贸易往来结算的同时，实现无风险的理财需求。

（一）适用企业

适用于贸易背景项下的一般进出口或境外关联公司的进出口企业，以进口企业为主。

（二）产品特点

（1）境内企业合并境外关联公司报表后才能体现综合收益。

（2）如境内企业采用信用证进行结算，信用证的付款期限超过 90 天不占用境内银行的短期外债指标，但一般不超过 180 天。

（3）融资目的突出，业务时效性要求高：在一般情况下，开证当天信用证项下承兑，境外叙做外币融资放款＋NDF（无本金交割）。

（4）目前，一般为境内银行与境外系统内银行（分行或兄弟行）联合提供产品服务。

（5）境外关联公司较多位于离岸人民币活跃的我国香港市场。

（三）解决问题

通过跨境人民币信用证的结算方式，充分利用跨境人民币业务的政策便利性，有效延长了付款账期，同时无风险获得额外收益，较原有直接购汇对外支付的结算方式更节省资金成本。

（四）业务流程

流程说明如下：

（1）境内企业在境内银行存入 100% 保证金，向境内银行申请开立跨

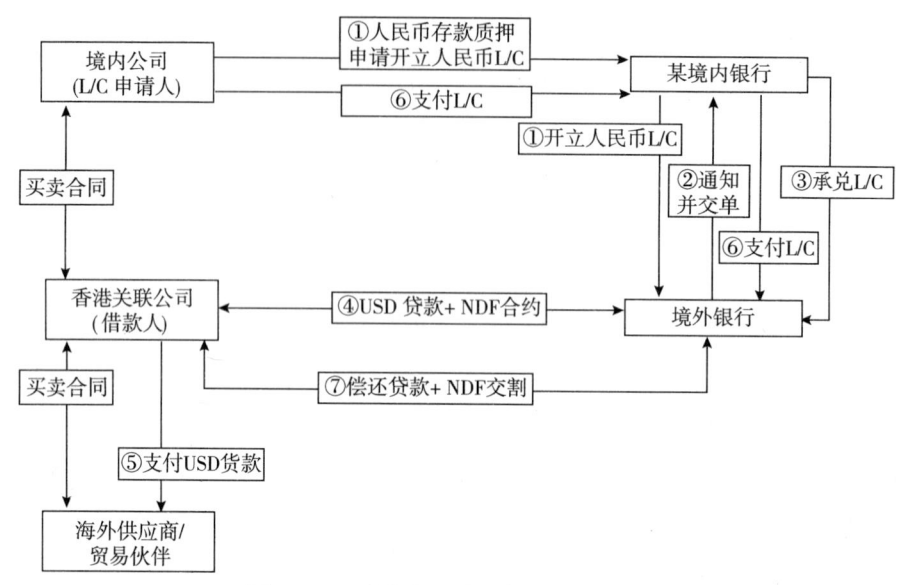

图 4-35　跨境人民币三合一业务流程图

境人民币远期信用证。信用证付款期限通常为半年。

（2）境外银行收到信用证后，通知我国香港关联公司办理交单议付业务。

（3）开证行收到证下单据后，审单无误后对外承兑，确认付款到期日。

（4）境外银行收到承兑电后，为我国香港关联公司办理该笔证下到单的外币（通常是美元）融资业务，融资期与境内银行承兑付款到期日一致（半年），同时叙做一笔期限相等的 NDF 产品，以确定半年后的人民币/外币（通常是美元）的交割价格。

（5）境外关联公司使用所获得的外币融资向海外供应商支付货款。

（6）半年后，开证行证下付人民币至境外银行。

（7）境外银行即期购售美元，归还外币融资款项。同时完成 NDF 交割。差额与即期购售价格互补，从而实现半年前确定的购售价格。

（五）注意事项

1. 须有真实贸易背景；
2. 境外关联公司（借款主体）在海外银行须开立结算账户，并已经获

第四章 如果你需要进口

得授信额度,同时海外银行融资资金充裕且价格合理。

(六) 案例

某进口企业在某境内银行存入100%保证金(半年定期,存款利率3.35%),申请开立等值1 000万美元的跨境人民币信用证(开证手续费1.5‰),期限半年。当天,中国香港公司交单,境内银行审单无误后,向境外银行承兑人民币信用证并确定半年后的付款到期日。香港关联公司在境外银行申请办理该笔证下融资,融资期限半年,融资利率约3.46%(报价为半年期LIBOR+300BP,LIBOR当天报价约为0.459 28%)。同时,叙做一笔售汇方向NDF,期限半年,价格为USD/RMB=6.285 0,当日境内美元即期售汇价格6.403 1。

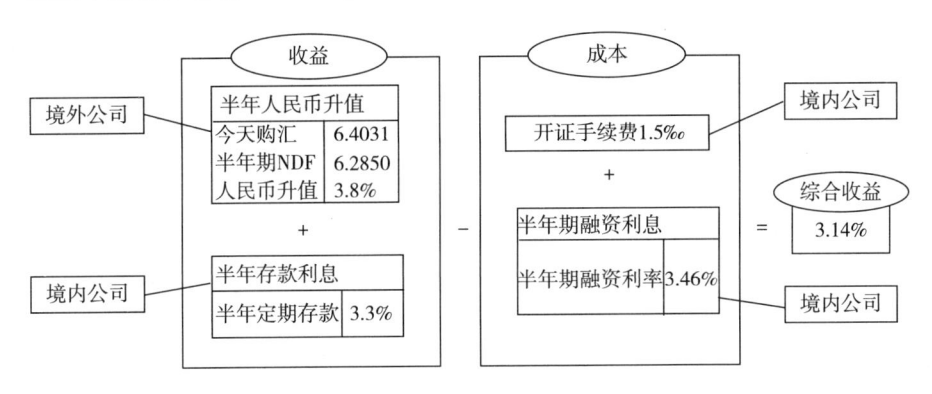

```
                收益                            成本
         ┌──────────────────┐          ┌──────────────────┐
境外公司  │ 半年人民币升值    │          │ 开证手续费1.5‰   │  境内公司
         │ 今天购汇  6.4031 │          └──────────────────┘
         │ 半年期NDF 6.2850 │                  +                综合收益
         │ 人民币升值 3.8%  │          ┌──────────────────┐    3.14%
         │        +         │    -     │ 半年期融资利息    │  =
         │ 半年存款利息      │          │ 半年期融资利率3.46%│  境内公司
境内公司  │ 半年定期存款 3.3%│          └──────────────────┘
         └──────────────────┘
```

在上述业务中,企业收入体现为,存款和远期售汇交易收益:
(1)定期一年存款收益率(年化):3.3%
(2)人民币升值汇差收益率(年化):3.6%
即收益方向收益率为上述两者之和=6.9%
客户支出体现为,融资利息支出和开证手续费:
(1)开证手续费(年化):3‰
(2)境外融资利息支出(年化):3.46%
即支出方向成本率为上述两者之和=3.76%
综合收益率=收益率-成本率=3.14%
综合比较为:
境内企业即期购汇对外支付需要准备人民币资金:
USD10 000 000×6.4031==CNY64 031 000.00

·257·

使用跨境人民币结算后境内企业对外支付需要准备人民币：
（USD10 000 000.00 + USD173 000.00）×6.2850 = CNY63 937 305.00
节省资金支出：CNY93 695.00，同时额外实现收益 CNY1 003 815.00
注意：以上案例需要在一定的市场条件下实现。
国际业务网上银行详见第三章第六节。

第四节　进口报关阶段银行能做什么

进出口企业在进出口货物通过海关时，需要向海关缴纳进出口关税、进口增值税、进口消费税、监管手续费等一系列税费。以进口为例，进口企业一般在缴纳完进口关税及增值税后，货物方能通过海关进入国内进行销售。可以说，任何一家进口企业的进口流程中都不能缺少缴纳关税这一步骤。传统操作模式为企业从海关取回缴款凭证到银行柜台办理缴款，然后将付款回执返回给海关，海关放货。传统模式下需要企业财务人员奔波于海关、企业、银行之间，耗费大量的人力、物力。网上付税和网上付税担保业务将海关、电子口岸和银行平台系统直联，为客户提供简便的一站式服务，简化企业的报关流程的同时节省了企业的成本。

关贸 e 点通——网上付税业务

（一）适用企业

适用企业包括：进出口企业、代理报关企业、加工贸易企业、货主单位等。其中，货主单位是指委托其他企业代理进出口，由其自身缴纳通关税费的企业。

（二）特点

（1）在线支付高效、便捷，大大简化了通关手续，降低通关成本。
（2）监控资金流向与掌握支付主动权，规避报关行诈骗、挤占挪用税款资金及内部操作风险。

第四章 如果你需要进口

（3）CECA 权威认证机构认证，保证资金交易安全。

（4）7 天×24 小时全天候服务，不受地域限制，可随时随地进行税费支付。

（5）提供税费支付实时查询，增强税费收缴透明度。

（6）系统直观、易懂，操作简单、易上手。

（三）能够解决的问题

关贸 e 点通可以解决传统柜台缴税模式下缴税企业奔波于海关、企业、银行之间，费时费力的情况，不受时空限制，随时随地、安全便捷地进行海关税费支付，随时监控资金及货物动向。

（四）业务流程

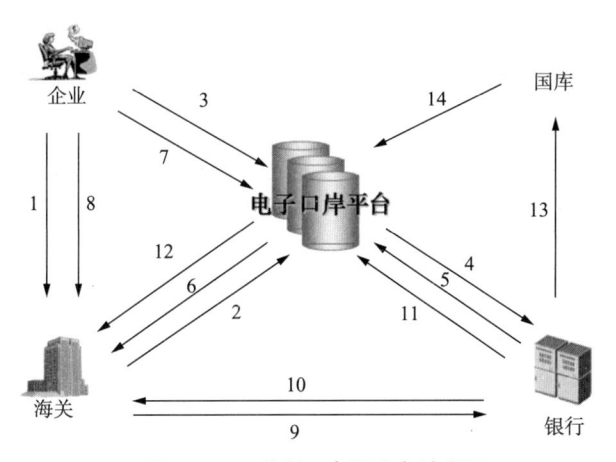

图 4-36 关贸 e 点通业务流程图

（1）企业将通关货物具体信息在海关系统进行电子申报。业务流程如图 4-36 所示。

（2）海关根据企业申报电子信息在电子口岸平台发布税费通知。

（3）企业在电子口岸平台查询相关货物税费通知，无误后提交税费支付预扣款指令。

（4）电子口岸自动向银行发送税费预扣款指令。

（5）银行系统自动将预扣款划入银行中间账户冻结，成功后向电子口岸返回相应信息。

(6) 电子口岸收到银行预扣款成功信息后，自动向海关返回预扣款成功回执。

(7) 企业在电子口岸查询预扣款结果。

(8) 企业查询到预扣款成功后，办理货物实地通关。

(9) 货物实地通关后，海关向银行发送税费实扣款指令。

(10) 银行收到实扣款指令后，派专人到海关取回纸质缴款凭证。

(11) 银行将纸质缴款凭证信息与银行系统电子信息核对无误后，将相符信息返回给电子口岸。

(12) 电子口岸收到相符信息后，向海关发出缴款凭证核销指令。

(13) 银行在纸质缴款凭证信息与银行系统电子信息核对无误后，将税费自银行中间账户划转国库。

(14) 国库收到税费后，向电子口岸发出税费入库回执。

（五）一般网上付税业务及网上付税担保业务区别

一般网上付税业务属于结算业务，是指银行为企业提供实时扣缴进出口通关税费的服务，较传统银行柜台付税方式有效地缩短了通关时间。一般网上付税业务不具有排他性，即在同一海关可以使用不同银行的一般网上付税业务支付海关税费。

网上付税担保业务属于授信业务，是在一般网上付税业务基础上，由银行向优质进出口企业通关口岸直属海关开立保函，使企业享受"先通关后缴纳税费"的增值服务，从而提高企业资金使用效率，担保时间一般为15天。网上付税担保业务具有一定的排他性，即在同一海关只能使用一家银行的网上付税担保业务支付海关税费，但在不同的海关可以使用不同银行的网上付税担保业务。

（六）案例

某国内化工企业在青岛、宁波、南京、广州、深圳、无锡、天津等口岸进口化工品，由于口岸较多，只能委托当地报关行进行报关，化工企业先将钱款打入报关行，再由报关行代缴关税，不仅手续烦琐、耗费人力物力，而且曾多次出现报关行挪用资金问题。在使用关贸e点通——一般网上付税业务后，由于可以不受时空限制，能够方便、快捷在线支付并监控资金流向，不仅大大缓解了该化工企业财务人员的工作压力，而且从根源上杜绝了报关行挪用资金的风险。

第五节 提货阶段银行能做什么

在进口商提货阶段，商业银行可以利用自身资信帮助企业尽早提货，或者凭港口货物的货权对企业提供资金支持，帮助企业抢占市场先机。常见的产品包括提货担保、提单背书、关税保函等。

一、提货担保

（一）提货担保

进口商开出信用证后，时常因近洋海运航程较近，进口商往往会先接到船公司或其代理人发出的到货通知单，而此时货运提单尚未寄达开证行，进口商可凭到货通知书向开证行申请办理提货担保函（Letter of Guarantee for the Release of Goods）。进口商可凭银行出具的提货担保函向船公司或其代理人先行提货，待正本提单收到后再向船公司或其代理人换回提货担保函。

（二）适用企业

在信用证要求提交全套提单的情况下，出现货已到港，但信用证下单据未到开证行，为及时提货，避免压港，防止一切不必要的经济损失（如滞港费损失等），开证申请人即进口商可向开证行申请向船公司或其代理人出具提货担保函以便及时提货。

（三）提货担保业务特点

（1）一般在近洋运输时申请出具。

（2）属于银行（开证行）担保的一种，对于船公司因未凭正本提单先行放货而可能遭受的损失，由银行负责赔偿，是开证行给予申请人的一种融通，使进口商可以先行提货，加快了货物销售的进程。开证行收到正本提单后，开证申请人须将提货担保函换回并交回开证银行。

（3）开出提货担保函后，进口商便可以在尚未收到单据时提取货物。信用证到单后，无论单据是否存在不符点，均不得拒付。

（4）提货担保业务的手续费一般为来单金额的一定比例。

（四）提货担保业务流程

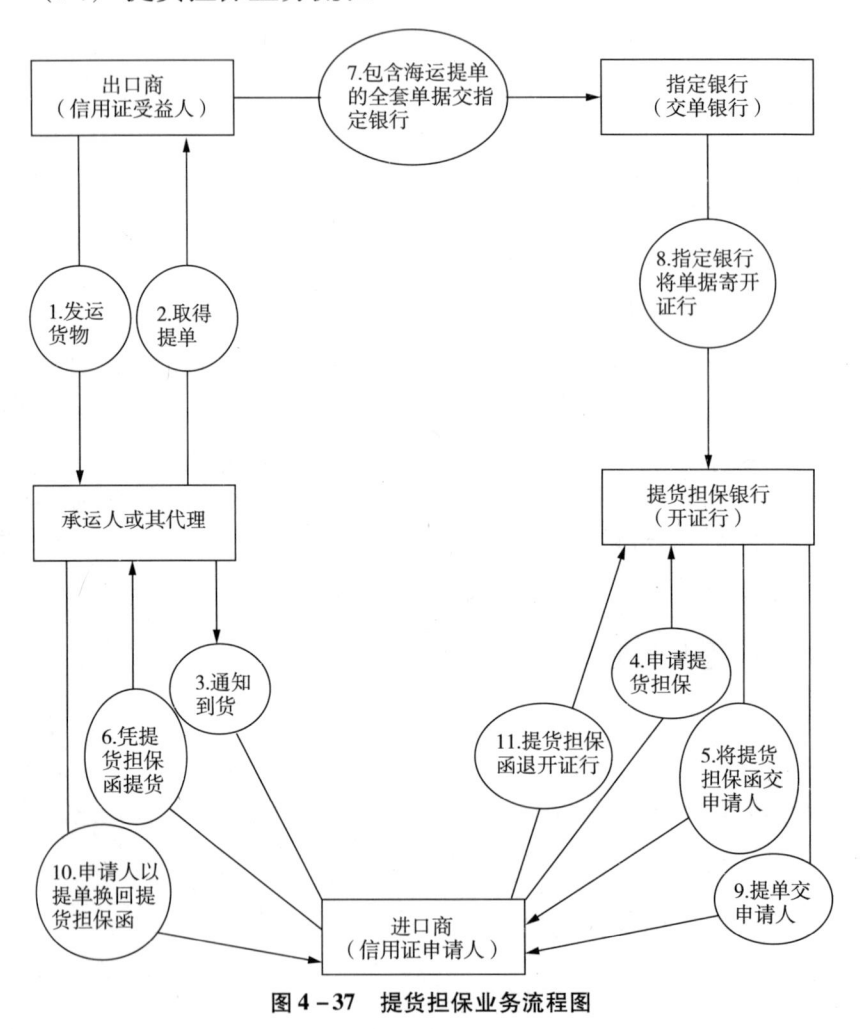

图 4-37 提货担保业务流程图

（1）受益人（出口商）收到信用证后安排发货。

（2）受益人从承运人或其代理处取得提单。

第四章　如果你需要进口

（3）承运人或其代理通知信用证申请人（进口商）货物到港。

（4）申请人收到信用证项下到货通知书，向开证行提交提货担保申请、到货通知书、发票及提单副本。在申请书上应正确填写货物名称、合同号、单据金额、提单号、信用证号及发货人等内容，声明放弃该笔单据的拒付权利，保证在收到正本单据10天内负责向外运/外代/船方换回银行出具的提货担保函，并及时退回银行。（提货担保申请格式见附件1）

（5）开证行签发提货担保函，并交给申请人办理提货手续。（对于需要提供担保的申请人，银行要求其出具足额的担保或保证金等）

（6）申请人凭提货担保函提货。

（7）受益人按信用证要求缮制并取得单据，将全套单据交至议付行/交单行。

（8）议付行/交单行审单后将全套单据递交到开证行。

（9）申请人付款，开证行将含提单的全套单据交与申请人。

（10）申请人凭正本提单换回提货担保函。

（11）开证申请人将提货担保函交回开证行归档。

（五）提货担保应注意的问题

进口商向银行申请办理提货担保函提货，则丧失了拒付的权利。因此除非完全确定接受全部货物并无条件付款，进口商最好不要轻易办理银行提货担保。货物既已先到，进口商可尽量先到码头查看货物大致情况，确有需要时，再去办理银行提货担保。

提货担保申请

×××银行：

我公司所列进口货物业已抵港，但尚未收到正本提单，为及时提货，避免压港，防止一切不必要的经济损失，特请贵行向外运/外代/船方出具提货担保函。为此，我公司愿承担并赔偿由于贵行出具该保函而引起的直接或间接的责任和经济损失。一凭此保函提货，无论以后所收到的正本单据是否符合信用证要求，我公司保证不做任何拒付，并保证在单到后5天内付款或承兑。

我公司保证在收到正本单据10天内负责向外运/外代/船方换回贵行出具的提货担保函，并及时退回贵行，如在规定时间内未能退回，贵行可对我公司停止开具此类保函，并有权要求我公司承担因此引起的一切法律责任。

在此保函项下所发生的一切银行费用及有关损失费，贵行有权直接扣划我公司在贵行的账户 NO.：_____（账号）_____上的资金以抵偿银行所发生的费用以及承担的损失。

此保函项下：

货物名称：

合同号：

金额：

数量：

船名：

提单号：

信用证号：

发货人：

附件：单据副本、到货通知单

我公司保证向贵行提交的申请开立保函的文件均是真实、准确、合法、有效的。

公司盖章

年　月　日

二、提单背书

（一）提单背书

海运提单是承运人签发给托运人的货物收据，是代表货物所有权的凭证，具有可流通转让的性能，海运提单经过背书和交付实现转让。

当提单是指示抬头时，抬头人通过在提单背面签名完成提单的背书。在可流通的指示抬头提单中，有三种抬头人的表示方法，进口商提货前，提单均需要先经过背书：

（1）以开证行或其指示方为抬头（Unto order of Issuing Bank）。此种提单经开证行背书后转让给信用证申请人（ABC Co.），凭以向船公司提货，背书形式如下：

Please deliver to the order of

ABC Co.

Name of Issuing Bank

Signature

（2）以信用证申请人或其指示方为抬头人（Unto order of Applicant）。此种提单经信用证申请人背书才能提货，银行不能掌握物权。申请人（ABC Co.）以 Applicant 身份作成空白背书，背书形式如下：

第四章　如果你需要进口

ABC Co.
Singature

（3）以托运人或其指示方为抬头人（Unto order of Shipper/To order）。此种提单经托运人背书。出口商（XYZ Co.）以 Shipper 身份做成空白背书，背书形式如下：

XYZ Co.
Singature

在以开证行或其指示方为抬头的情况下，进口商在提货前，须向开证行申请由开证行进行提单背书。

（二）适用企业

（1）近洋运输中经常出现货已到港，但信用证下单据未到开证行的情况。因此，往往在开证时规定2/3提单正本交单议付，剩下的1/3提单正本直接寄给进口商以确保能及时提货。但出口商往往会担心自己钱货两空。因此，要求信用证的提单作成开证行抬头。

航空运单不是物权凭证，不能背书转让。但在实际业务中一些航空公司接受信用证申请人持经过开证行背书的抬头为开证行的空运单提货。

（2）开证行为了控制货权要求提交全套抬头为开证行指示或开证行自己的提单。该种情况一般与开证行给予开证申请人的授信额度的条件有关。

（3）可能存在的其他情况。

（三）特点

提单背书的特点如下：

第一，提单通过背书，使提单作为物权凭证的流通性得以体现。但提单的流通性与汇票的流通性不同，汇票的正当执票人享有优于其前手背书人的权利，而提单的受让人则不享有这样的权利。因此它被认为是一种准可转让票据，转让提单使货物所有权发生转移。

第二，提单经开证行背书后则不能拒付（该提单所对应的全套单据拒付：指开证行确定单据表面存在不符点，拒绝承付的行为），即使单据存有不符点。

提单代表了货权，提单的转移，也就是货物权利的转移。提单经过开证行背书即完成了货物权利的转移，因此开证行也就丧失了拒付的权利。

第三，相对于提货担保（内容请见相关章节），开证行提单背书业务的手续费较低，一般只收取固定的手续费。

（四）能够解决的问题

近洋运输货物到港时间早于开证行收到全套单据的时间或在其他需求情况下，采取开证行抬头的提单，并经开证行背书的形式，让受益人更有安全感，从而接受1/3正本提单直寄申请人的条件，同时也满足了进口商及时提货的需要。另外，在满足了某些情况下（如授信条件限制），银行掌握货权的需要，使进口商获得了融资支持。

（五）业务流程

（1）受益人（出口商）收到信用证后安排发货。

提单背书流程如图4-38所示：

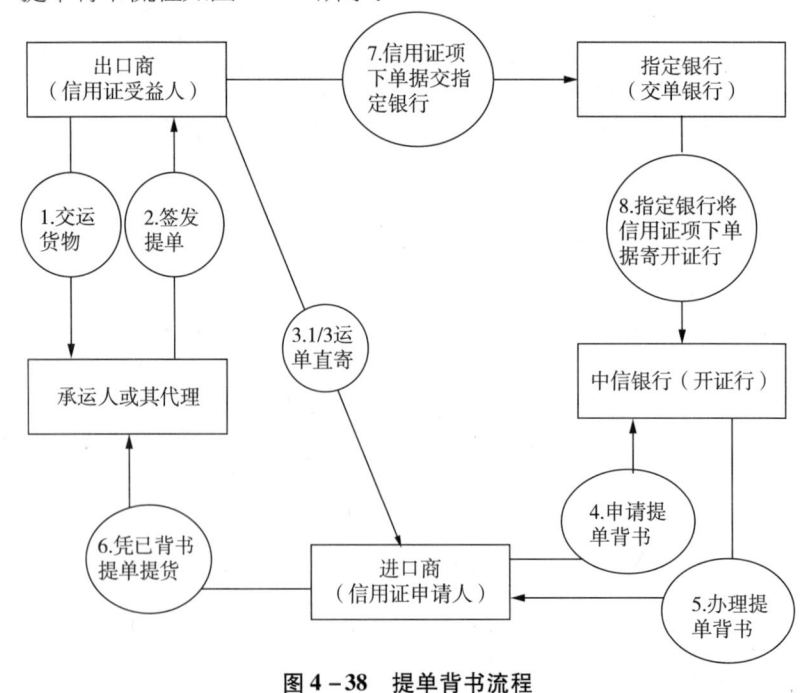

图 4-38 提单背书流程

第四章　如果你需要进口

（2）受益人从承运人或其代理处取得按照信用证要求开出的收货人为开证行的提单。

（3）受益人按照信用证要求将1/3提单直接寄给申请人（进口商）。

（4）申请人向开证行提供提单背书申请书、发票及提单副本。在申请书上应正确填写货物名称、合同号、单据金额、提单号、信用证号及发货人等内容，并表明放弃该笔单据的拒付权利。

（5）开证行审核单据与信用证是否相符及相关贸易背景等后，在提单背面背书，并交给申请人办理提货手续（对于需要提供担保的客户，申请人须出具足额的担保）。

（6）申请人凭开证行背书后的提单提货。

（7）受益人按信用证要求缮制并取得单据，将全套单据交至议付行/交单行。

（8）议付行/交单行审单后将全套单据递交到开证行。

（六）应注意的问题

已办理提单背书的单据不得拒付。提单背书申请书上一般均要求列明"提单一经背书，无论所收到的正本单据是否与信用证相一致，申请人不能做任何拒付，并保证到期付款"等相关条款。故进口商在申请办理提单背书时要充分考虑到这个问题。在单据已到达开证行的情况下，进口商应仔细审查单据后再作出申请；在全套正本单据尚未到达开证行的情况下，如果担心货物存在问题，可尽量先到码头了解货物情况，再决定是否办理提单背书业务。

（七）案例

A企业于2008年8月25日向C银行申请开立信用证，提单抬头为to order of Issuing Bank，并规定从日本进口商品。信用证中规定1/3正本海运提单直寄进口商，另2/3海运提单在信用证项下交单。2008年10月13日A企业收到直寄的1/3提单，并获悉货已到港。该企业于2008年10月14日持1/3海运提单到C银行申请提单背书。C银行于当日办妥提单背书并将已背书的1/3海运提单交该企业。A企业马上凭提单提取了货物，避免了商品滞港可能产生的费用等损失，并及时安排了接下来的产品生产及销售。2008年10月21日C银行收到信用证项下全套单据并通知A企业，A

企业于到期日办理了正常付款。

三、关税保函

关税保函是担保银行应进口商的申请而向海关出具的、保证进口商履行缴纳关税义务的书面文件。

（一）适用范围

（1）国家相关进口商品免税政策未明了前的相关商品货物进口。

（2）加工贸易企业进口料件。

（3）海关对某些货物实行先放后征的情况。

适用此情况的举例如下：

《中华人民共和国海关总署第 124 号令》[①] 第六章第七十七条规定：进出口货物的税款担保一般应为保证金、银行或非银行金融机构的保函。有下列情形之一，纳税义务人要求海关先放行货物的，应当按照海关初步确定的应缴税款向海关提供足额税款担保：

（一）海关尚未确定商品归类、完税价格、原产地等征税要件的；

（二）正在海关办理减免税审批手续的；

（三）申请延期缴纳税款的；

（四）暂时进出境的；

（五）进境修理和出境加工的，按保税货物实施管理的除外；

（六）因残损、品质不良或者规格不符，纳税义务人申报进口或者出口无代价抵偿货物时，原进口货物尚未退运出境或者尚未放弃交由海关处理的，或者原出口货物尚未退运进境的；

（七）其他按照有关规定需要提供税款担保的。

（二）特点

（1）减少了因缴纳关税保证金造成的资金占压，提高了资金周转效

---

① 中华人民共和国海关总署令第 124 号《中华人民共和国海关进出口货物征税管理办法》已经在 2004 年 12 月 15 日署务会议审议通过，现予以公布，自 2005 年 3 月 1 日起施行。1986 年 9 月 30 日发布的《海关征税管理办法》同时废止。

第四章 如果你需要进口

率,获得了资金收益。

(2) 在"先放后税"的情况下,加快进口货物通关速度。

(3) 避免货物滞留关境的成本。

(三) 关税保函的其他应用说明

在国际承包工程或国际展览、展销等活动中,施工器械、设备等物品临时进入他国关境,应向该国海关缴纳一笔关税作为押金,在工程或展览完毕时将器械、展品等物品运出该国时,海关将这笔税金退还。在通常情况下,承包商或参展商要求银行向对方海关出具关税保函代替押金。在此活动中关税保函应用的特点是:对临时进入他国关境的物品,通过关税保函,减少了办理退税手续的烦琐,释放了对资金的占压。

(四) 案例

某公司为我国某国家重点项目提供相关进口设备。由于上述进口设备相关免税手续尚未完全办理完毕,为了使进口设备到达海关后可以及时通关,避免货物的积压,该公司向银行申请,要求出具以某海关为受益人的关税保函。该保函用于担保该公司在进口设备先行通关后再办理相关的免税手续,并在保函中说明如在规定时间内出现上述进口设备先放后税通关手续尚未办理完毕,并且该公司未交纳相关税费的情况下,该海关可向银行提出索赔。在提交上述保函后,该公司代理进口的上述设备得以迅速通关。在本案例中,由银行开立的关税保函为上述公司提供了很多便利:一方面,在"先放后税"的情况下,加快了进口设备的通关速度,保证了工期,避免了在进口代理合同下的违约,并为该公司办理相关免税手续争取了时间;另一方面,为该公司减少了因缴纳税金造成的资金占压,提高了资金周转效率。

第五章
哪种结算方式和融资方式适合你

　　货物的交易是企业最常见的经营活动,采购和销售的贷款支付对企业的营运资金管理有着重要的影响。本章就各种结算和融资方式进行成本和风险的分析和比较,企业结合自身在供应链中的市场地位和议价能力,因地制宜地灵活运用结算和融资工具,提高营运资金管理能力。

货物的交易是企业最常见的经营活动，采购和销售的货款支付对企业的营运资金管理有着重要的影响。营运资金管理主要是流动性管理，包括：应收账款管理、应付账款管理、存货管理、现金头寸管理和短期融资。其中应付和应收账款管理最重要的是采购和销售中使用的支付条件和信用条件，在短期融资主要用在资金较为紧张时，企业通过银行提供的短期融资工具解决流动性问题。有效的营运资金管理可以降低资金使用成本，提高资金使用效率和增加资金收益，保障企业现金流持续稳定。本书围绕企业的贸易流程各环节中结算和融资方式的使用范围、条件、业务流程等作了详尽的介绍。本章就各种结算和融资方式进行成本和风险的分析和比较，企业可结合在国际贸易活动中所处的市场地位和业务需求，因地制宜地灵活运用结算和融资工具，提高营运资金管理能力。

第一节　国际贸易结算方式比较

　　在国际贸易中，当进出口双方相互信任时，简化结算手续、降低结算费用、提高资金使用效率和扩大贸易额是进出口商的共同目标；但有时买卖双方也会存在信用疑虑，进口商不希望自己的钱捐献给出口商，出口商也不愿把货物当做礼物送给进口商，这时保证货物和资金的安全顺利转移成为双方首要考虑的问题。因此，在实际业务中，应针对不同的贸易对象

第五章　哪种结算方式和融资方式适合你

和交易特点,选择合适的结算方式。

一、国际结算方式的分类

根据结算流程和结算过程中是否有银行信用参与,国际结算方式分为汇款、托收和信用证。汇款分为票汇、信汇和电汇,由于电汇的时效性强、费用低廉,目前实际的业务主要采用电汇方式。在电汇结算方式下,银行作为提供汇款服务的中介,没有银行信用参与,所有的汇款操作是根据客户的指令来完成的。根据货物和资金交割顺序,电汇可以分为预付货款(cash in advanced)和赊销(Open account)。托收分为光票托收和跟单托收,国际贸易多为跟单托收结算。在托收结算方式下,银行根据出口商的指示负责传递单据,没有涉及银行信用,仍旧是商业信用。按交单方式,托收分为付款交单(D/P, Document against payment)和承兑交单(D/A, Document against acceptance)。信用证结算方式属于银行信用,是银行有条件的付款承诺,通常分为即期付款信用证(Sight Payment L/C)、延期付款信用证(Deferred Payment L/C)、承兑信用证(Acceptance L/C)和议付信用证(Negotiable L/C)。

二、国际结算方式的新发展趋势

当前,全球贸易每年以18%的平均速度增长,贸易环境随着贸易量的大幅增长发生的一些变化,如交易的高效率需求、信用环境的改善等方面对国际结算产生了重要影响。根据 SWIFT 组织统计,在过去的 30 多年里,80%的国际贸易是通过信用证方式结算,而今天这个比率已经下降至不足20%。2000 年~2007 年,信用证和托收的报文量一直维持在 4.3 亿~4.8 亿笔,呈现出稳定态势。从全球来看,80%的贸易采用赊销结算,赊销已经成为国际贸易的主要结算方式。但是,从区域划分来看,亚太地区使用信用证和托收的比率达到 44%,[1] 相比欧洲、美国和其他国家地区,亚太地区的企业更倾向使用信用证方式结算。

---

[1] Connei Leung, Adoption of SWIFTNet Trade Services Utility to Meet Supply Chain Challenges, 2008–2009.

表 5-1　各区域间信用证和托收报文量

地区	美国		欧洲/中东/非洲		亚太	
	2006	2007	2006	2007	2006	2007
美国	102 171	102 675	43 379	39 353	256 454	231 604
欧洲/中东/非洲	67 643	66 990	664 332	653 000	1 156 403	1 132 300
亚太	189 478	187 131	439 123	417 560	2 275 866	2 266 982

来源：SWIFT。

贸易国的经济格局、买卖双方的市场地位和商品的供求关系都会影响到国际贸易支付方式的选择。进出口双方在支付条件上的需求完全不同，风险和成本立场相对立，因此，在签订合同前，就结算方式本身，进口商和出口商需要首先考虑支付风险和成本，清楚哪种结算方式最适合自己。

三、结算方式的比较和选择

买卖双方在选择结算方式时，就结算方式本身特点需要考虑的因素有：信用风险、结算成本、融资便利和手续繁简。当然双方的市场地位、商品的供求关系、行业习惯等对选择结算方式也有很大的影响。

预收货款、信用证、托收和赊销对出口商来说风险依次增大，与其相反，对于进口商而言风险依次降低。预收货款对于出口商而言，权益最有保障，没有货款风险，成本也最低，但是可能会失去市场机会。对进口商来说，采用预付货款出现钱、货两空的风险机会增加，是风险最高的一种支付方式。赊销对于进口商来说，利用出口商给予的信用，不占用自有资金，等再次销售后，收到下家货款后再支付出口商货款，实现资金最大效用，相当于出口商给予了进口商资金融通。但是，出口商则面临着资金压力，收款没有保障，时间成本和资金成本也相对较高，仅凭进口商的信用，出现坏账风险可能性大。赊销对出口商而言是风险较高的支付方式，但可以增加市场竞争力，赢得市场份额。信用证对出口商的安全收汇有保障，但是银行手续费较高。在买方市场的条件下，进口商不愿接受信用证方式结算，希望使用赊销方式结算。

第五章 哪种结算方式和融资方式适合你

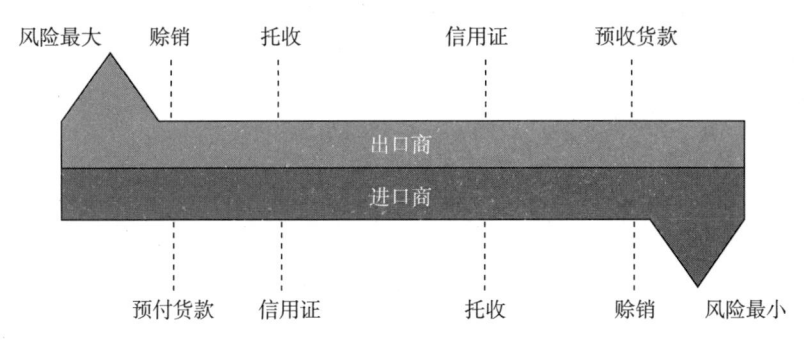

图 5-1 主要结算方式风险比较

结算成本与信用增级呈正相关。有银行信用参与的结算方式，结算成本比纯商业信用的结算方式高。企业考虑结算成本时，不仅要看到银行扣收手续费、邮电费、电报费、汇兑损益，还要看到资金的机会成本。赊销相当于出口商给予进口资金融通。假设一笔货款账期在 90 天内，就意味着，出口商损失了至少 90 天的同期存款利息，与之相反，进口商除了提前得到货物而且还获得了至少是货款资金同期存款利息收益。如果进口商资金使用效率很高，利用这笔资金再进行其他采购或者投资，收益也可能会更多。

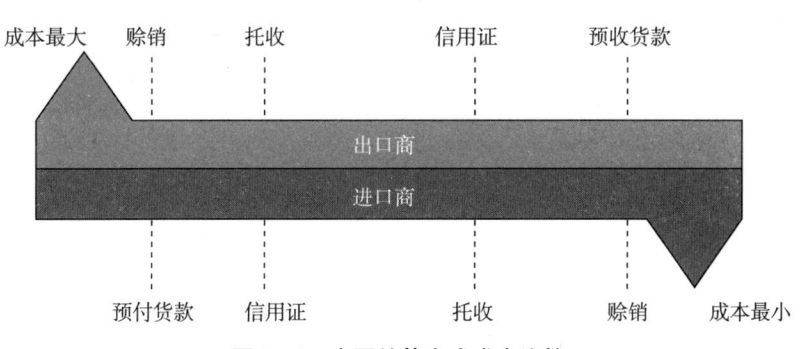

图 5-2 主要结算方式成本比较

1. 预付货款
（1）信用性质
商业信用。
（2）适用情况
商品紧俏，出口商占据主动地位。
双方初次合作。
大型成套设备进出口或项目启动资金。

· 275 ·

定制产品。

出口商结合上述情况以及自身业务需求，一般可以要求买方全部或部分以预付方式结算货款。

(3) 支付风险

预付货款对于出口商而言，安全收款有保障。由于进口商货物还没有收妥先预付了资金，出现钱、货两空的风险机会增加。在具体业务中，进口商可以视情况要求出口商开出同金额的预付款保函来规避风险。

(4) 成本

进口商一般以电汇（T/T）方式支付预付货款，银行的手续费[①]通常以一定费率收取并有最高封顶，相比信用证和托收费用低很多。进口商由于预付了资金，货物还没有收妥，存在资金机会成本。

(5) 手续繁简

预付货款手续办理简单，时效性高。

2. 托收

(1) 信用性质

商业信用。

(2) 支付风险

D/P（付款交单）方式下进口商只有付款后才可以拿走单据去提货，出口商收汇风险相对可控；D/A（承兑交单）方式下，进口商承兑后提货，如果货物价格出现大幅下跌，到期不支付货款的可能性增加，出口商收汇风险加大。

(3) 成本

托收方式的手续费通常按一定比率收取。由于涉及银行处理单据，因此费率会比电汇高一些，但比信用证结算要低。在 D/P 方式下，付款交单实现了货物和资金的及时交割，不存在占用出口商资金的情况；而在 D/A 方式下，进口商承兑后提货，若干天后才支付货款，存在占用出口商资金的问题，对于出口商而言，损失了机会收益。

(4) 手续繁简

托收是由出口商向银行提交收款单据，委托银行通过其代理行向进口

[①] 银行的手续费包括汇出行和汇出行以外的手续费，在通常情况下，汇款人承担汇出行的费用，收款人承担汇出行以外的银行费用，除非双方另有约定。本节中所指的银行手续费是指汇出行手续费。

商收取货款，银行遵循 URC522 处理业务，办理流程和手续相对较复杂，同时单据的递送需要花一定时间，不如电汇时效性强。

3. 信用证

（1）信用性质

银行信用。

（2）支付风险

信用证是开证银行有条件的付款承诺，对于出口商而言，较电汇和托收两种结算方式收汇更有保障。对于进口商而言，如能在签订贸易合同时，合理地规定信用证的条款和条件，则可以有效地规避货物质量和收货延误等风险。

（3）成本

进口商开证时，开证行收取一定比例的开证手续费，费率通常比电汇和托收高。出口商在收证时，通知行会收取来证通知费；在交单时，银行收取审单费用，因此双方付出的结算手续费都比较高。如进口商采用缴纳保证金开证，保证金占用会损失一定的机会收益。如果进口商采用远期信用证结算，出口商发货后不能立即取得货款，会损失机会收益。

（4）手续繁简

进口商申请开立信用证，需要获得银行给予的授信额度或者缴纳保证金，银行需要办理相应的报批手续。信用证项下来单后，银行和进口商需要对单据进行审核，以确定是否付款，并办理承兑或付款手续，整个流程较电汇和托收要复杂许多。

4. 赊销

（1）信用性质

商业信用。

（2）支付风险

出口商面临着资金敞口风险，收款没有保障，仅凭进口商的信用，出现坏账的可能性大，因此赊销对出口商而言是风险最高的支付方式。出口商签订合同前，如决定采用赊销方式结算，则需要做好风险管理，主要关注进口国的国家风险和进口商的信用风险。出口商可以借助专业资信调查机构了解进口商的资信情况，或者投保出口信用险规避国家风险或者直接采用出口保理的方式确保应收账款的安全收回。

（3）成本

赊销对于出口商来说，延迟收取货款，资金占用机会成本和管理成本较高。而对于进口商而言则利用货款的延迟支付机会，等货物再次销售后，收到下家货款后再支付给出口商，实现资金的最大效用。

（4）手续繁简

赊销手续较为简便。

四、结算方式组合

汇款、托收、信用证和保函等结算方式各有自身特点，进口商和出口商的风险立场相对立，双方博弈结果就是达到各自可以承受的风险和成本控制范围。为了降低结算成本、提高资金使用效率和交易的安全顺利进行，可以通过对结算方式的灵活组合，找到进出口双方承担风险相当，成本相对平衡的解决方案。

（一）组合结算方式思路

以风险和成本在自己的承受范围内，同时与对方的风险对等的原则，可以采取以下思路组合：

1. 根据结算方式的信用性质将商业信用和银行信用相结合。
2. 根据结算方式的时效性与交易进度相结合。
3. 根据获得融资的便利性。

（二）几种组合结算方式举例

结算方式组合有很多种，企业可以根据自身的需求和各种结算方式的特点灵活应用，承担合适的结算成本和风险，使交易顺利完成。

1. 信用证与电汇

合同规定以 T/T 方式预付一定比例的货款，余款采用信用证方式支付。在出口商收到预付货款后生产备货，等收到进口商银行开出信用证后装运发货。这种结算组合方式，对出口商较为有利。

2. 电汇与托收

在进出口双方合作时间不长，进口商不愿全额开立信用证的情况下，采用合同金额的部分比例以预付货款结算，余额以 D/P 结算的组合方式，满足进出口双方风险和成本匹配的要求，降低了出口商收汇风险，同时减少了进口商开立信用证较高的结算成本。

第五章　哪种结算方式和融资方式适合你

3. 电汇与备用信用证/保函

（1）预付货款与预付款保函组合

成套设备、大型机械设备等出口贸易涉及交易金额较大，生产周期长，通常采用预付货款与预付款保函组合方式结算货款。进口商一般会预先支付给出口商一笔款作为出口商履行合同义务的启动资金，为了保证出口商能够按照合同规定的用途合理使用预付款，进口商要求出口商提交银行开立的预付款保函作为保证。如果出口商不按期交货、拒退预付款时，进口商可凭银行保函中规定的单据到保函开出行提出付款要求，得到保函担保金额内的付款。

（2）备用信用证/付款保函与赊销组合

在买方市场的情况下，出口商为了扩大贸易额，以赊销方式结算货款同时要求进口商提供银行开立的备用信用证或者付款保函，保证进口商在提货后合同规定时间内履行付款义务，若进口商违约不付款，出口商可以向银行提出索赔，获得保函担保金额内的付款。

第二节　贸易融资产品比较

贸易融资本质上是在企业拥有真实的贸易背景后，银行向企业发放的本币或外币贷款。按照应收账款和应付账款可以将贸易融资产品划分为：贸易应收账款融资产品和贸易应付账款融资产品。在应收账款和应付账款尚未形成之前，银行还可以根据企业提供的抵（质）押物或在控制货权、未来货权及资金流向的条件下为企业设计相应的贸易融资产品。

一、贸易应收账款融资产品

企业在向国际市场销售产品时往往产生应收账款，应收账款不仅占用企业资金，还使企业承担汇率风险，甚至是无法收回货款的风险。对此出口企业可以向银行申请融资提前收汇。银行贸易应收账款融资产品包括：出口信用证押汇、出口托收押汇、汇入汇款融资、保险后出口押汇、福费廷、出口保理等。以下笔者对这些融资产品进行比较，以期出口企业在实际业务中可以选择最适合的融资产品。

(一) 融资成本的比较[①]

企业选择向银行融资，考虑的主要问题之一是融资的财务成本。企业在银行办理融资，银行要收取融资利息，利息的实质是企业对银行资金占用的补偿和对银行承担本金损失风险的补偿。因此，企业的融资成本主要取决于融资业务的风险、融资期限和企业的信誉。

按照是否有第三方金融机构介入，可将贸易融资产品划分为"无第三方金融机构介入的贸易融资产品"和"存在第三方金融机构介入的贸易融资产品"。通常选择后一类融资产品时需要支付较高的财务费用，这是因为除了向银行支付融资费用外，还须向第三方金融机构支付额外费用，以下笔者对这两类贸易融资产品的融资费用进行比较。

1. 无第三方金融机构介入的贸易融资产品

出口托收押汇、汇入汇款融资这两种融资产品是无第三方金融机构介入的贸易融资产品，在应收账款形成后银行承担相应风险为企业融资，其融资利率的构成是：LIBOR + 点差。这两种产品的不同之处是，办理出口托收押汇时，出口企业将单据所代表的货物及收款权益质押给银行，银行的融资风险因此降低；汇入汇款融资是出口企业将在赊销下形成的应收款项权益转让给银行并由银行提供相应的融资，银行融资时既无法掌握货权且需要独立承担较大风险。因此，银行承担的汇入汇款融资风险大于出口托收押汇的风险，通常汇入汇款融资的融资费用（点差）也要高于出口托收押汇的费用。

2. 存在第三方金融机构介入的贸易融资产品

出口信用证押汇的融资利率构成同样可表示为：LIBOR + 点差，但是与出口托收押汇不同的是，在申请人提交了与信用证条件和条款相符的单据后，开证行是信用证项下第一付款人，融资银行承担的融资风险实际上是开证行的信用风险。一般的国际大银行十分注重自身的信誉，融资银行办理出口信用证押汇时承担的风险较小，相应地融资申请人（出口商）承担的融资费用要低于出口托收押汇的费用。

保险后出口押汇是出口企业已向保险公司投保了出口信用险，并将保险赔款权益转让给银行后，银行为企业提供的融资，其银行融资费用构成

[①] 本节在讨论融资成本时不包括相应结算产品的手续费。

是：LIBOR＋点差。办理保险后出口押汇后，一旦发生投保范围内的风险导致货款不能收回时，押汇银行将取代企业获得保险赔偿权益，银行需要承担的风险由信用险覆盖，所以银行的融资费用也相应较低，大致相当于出口信用证押汇。出口企业在办理融资前需要投保，并缴纳保费，所以如果把银行融资费用和保费共同看做是办理融资的财务成本的话，保险后出口押汇的融资费用仍然是比较高的。

出口保理[1]是出口保理商（融资银行）和进口保理商共同向出口企业提供的集资信调查、贸易融资、销售分户账管理、应收账款催收及坏账担保于一体的综合性金融服务。出口保理的融资费用构成同样为：LIBOR＋点差，在双保理模式下，由进口保理商从出口企业那里买断以买方为债务人的应收账款，出口保理商提供融资时需要承担的风险很小，融资利率也较低。但是出口企业除需要支付融资费用外，还须向进口保理商支付高额的佣金，因此，出口保理融资费用通常较高。

福费廷又称为包买票据，是指银行（或包买商）从出口商那里无追索权地买断出口企业在出口业务中合法取得的由开证行承兑的远期汇票或确定的远期债权或进口商所在地银行担保或保付的远期汇票或远期本票的贸易融资产品。福费廷融资费用构成是：LIBOR＋点差。融资银行对出口企业进行福费廷融资时承担的风险主要取决于进口国风险及开证行/保兑行/保付行的资信状况。福费廷业务无追索权而且融资期限一般也较长，所以融资银行承担的风险大于其他融资产品，因此其融资费用也通常高于出口信用证押汇业务。

（二）对优化财务报表功能的比较

对于福费廷、无追索权出口保理，出口企业在融资后，应收账款将从企业的财务报表中剔除，实现企业财务报表的优化；其他的融资产品对财务报表的影响是，在资产方货币资金增加，在负债方短期借款或长期借款增加，不能起到优化财务报表的作用。因此，急需优化财务报表的企业可以考虑选择福费廷、出口保理这两种融资产品。

（三）融资期限的比较

贸易融资产品的融资期限是与融资产品功能和应收账款的账期密切相

---

[1] 这里指出口双保理。

关的,应收账款的账期又与产品销售周期相联系。

通常除大型成套设备、船舶、飞机等金额较大的产品销售需要较长的回款期外,其他产品的销售产生的应收账款的账期一般不会很长,所以相应的出口信用证押汇、出口托收押汇、汇入汇款融资、保险后出口押汇和出口保理都是执行短期融资功能的产品。因此银行一般将出口信用证押汇、出口托收押汇、汇入汇款融资、保险后出口押汇和出口保理的融资期限限定在90天或180天以内,一般最长不超过1年。

二、贸易应付账款融资产品

企业在从国际市场进口产品时往往产生应付账款。如果企业在国内销售进口产品时产生的应收账款的账期长于对外支付的应付账款的账期,则进口企业将面临资金缺口,此时企业可以通过向银行融资来解决资金周转问题。一般贸易应付账款融资产品包括:进口信用证押汇、进口代收押汇、汇出汇款融资等。

(一)融资成本的比较

进口信用证押汇、进口代收押汇、汇出汇款融资的费用构成都是:LIBOR+点差,这三种融资产品银行承担的都是进口企业的信用风险,因此这三种产品的融资费用基本相当。

(二)融资期限的比较

进口信用证押汇、进口代收押汇、汇出汇款融资三种融资产品也是短期贸易融资产品,因此银行规定的押汇期限一般不超过90天或180天,最长不超过1年。

三、其他贸易融资产品

为全面满足进出口企业的融资需求,在应收账款和应付账款尚未形成之前,银行还可以根据企业提供的抵(质)押物或在控制货权、未来货权及资金流向的条件为企业设计相应的贸易融资产品。这些产品主要有打包贷款、货押融资、票押融资等,以下笔者对这类产品进行比较。

第五章　哪种结算方式和融资方式适合你

（一）融资成本比较

打包贷款的实质是在真实的出口贸易背景下，即有预期资金流入下，银行向出口企业提供的一笔短期流动资金贷款。打包贷款的币种可以是人民币，也可以是外币，相应的费用就是当期的人民币贷款利率或外币贷款利率。

货押融资是指进口商采用信用证或者托收结算方式进口时，银行基于进口商与出口商签订的进出口贸易合同，以未来货权为质押，向进口商提供的开立信用证及进口押汇等贸易融资服务，其费用构成是：LIBOR＋点差，此外，企业还须支付仓储监管公司监管费用，所以货押融资的融资费用较高。货押融资为那些购销渠道稳定、担保能力有限而急需融资的企业打开了融资渠道。

票押融资是指企业通过向融资银行质押银行承兑汇票获得开立信用证、进口押汇等融资额度的一项融资产品。票押融资的融资费用相对较为复杂，如果是开立即期信用证，到期可以提前贴现银承支付进口货款，承担贴现费用；如果办理进口押汇到期托收银承，承担押汇利息；如果开立远期信用证，可以直接到期托收银承支付进口货款，没有额外的融资费用。

（二）融资期限的比较

打包贷款是出口企业在货物出运前，组织出口商品生产和流通的过程中出现的临时性资金短缺，银行向其提供的贷款，是一种装船前的短期贸易融资，货物一旦装船出运，企业可以通过办理该笔业务的出口押汇资金归还打包贷款或以出口收汇归还打包贷款。打包贷款用途决定了其融资期限必然是短期的。货押融资和票押融资也是解决企业短期资金需求的融资产品，这三种产品的融资期限一般不超过 90 天或 180 天，最长不超过 1 年。

四、贸易融资产品的组合

企业在实际业务中的情况和需求是多种多样的，单一的贸易融资产品往往不能满足企业的需要，对此企业可以选择向银行申请将贸易融资产品和其他产品进行组合的方式来达到融资、结算和规避风险的目的。由于产品的组合是千变万化的，笔者在此以举例的方式提供产品组合的思路。

（一）贸易融资产品和贸易融资产品组合

如果出口企业在备货时资金周转困难需要银行提供装运前融资，同时在货物发货后希望银行无追索权地买断自己的应收账款，那该企业可以向银行申请打包贷款和福费廷的融资组合。

（二）贸易融资产品和汇率产品组合

在外汇市场和利率市场出现套利空间的情况下，进口企业可以将即期人民币购汇付款转化为人民币质押、外币押汇、远期结售汇的产品组合，该组合可以为企业带来收益或节约财务成本。

例如，某进口企业须对外即期付汇 1 000 万美元，当时外汇市场和利率市场的情况是：

即期购汇汇率：6.840 5

远期购汇汇率：6.837 3

美元进口押汇利率：LIBOR + 100BP（当日 1 年期 LIBOR 为 1.09%）

人民币定期存款利率：2.25%

期限：1 年

据此我们可以测算该进口企业选择组合产品节约的财务费用约 12 万元。

附录一　国际贸易中英文常用词汇表

英文名称	中文翻译
A	
A/C，(Account)	账户
A/S，(At Sight)	见票
Acceptance	接受、承兑（票据等）
Advising Bank	通知行（指受开证行之托将信用证通知给出口人的银行）
Air Waybill	航空运单
B	
B/L，(Bill of Lading)	提单
B/R，(Bills Receivable)	应收票据
Balance of Trade	国际贸易差额
Bdi (Both dates inclusive)	含前后两天
Beneficiary	受益人
Bill of Exchange	汇票
Bonded Goods	保税货物
Bonded Warehouse	保税仓库
Bonds/Guarantees	担保/保函
By collection	经托收
By negotiation	经议付
C	
CAD (Cash Against Documents)	交单付现
CBD (Cash Before Delivery)	交货前付款

续表

英文名称	中文翻译
Certificate of Inspection	检验证书
Certificate of Manufacture	生产证明
Certificate of Origin	原产地证书
CFR, COST AND FREIGHT (named port of destination)	成本加运费 (……指定目的港)
Charter Party	租船合同
CHIPS (Clearing House Interbank Payment System)	纽约清算所银行同业支付系统
Cash In Advance	现金预付
CIF, COST, INSURANCE AND FREIGHT (named port of destination)	成本加保险费加运费 (……指定目的港)
CIP, CARRIAGE AND INSURANCE PAID TO (named place of destination)	运费和保险费付至 (……指定目的地)
Clean Bill of Lading	清洁提单
Clean Draft	光票
Collections	托收
Commercial Invoice	商业发票
Confirmed Letter of Credit	保兑信用证
Consignee	收货人
Consignment	装运的货物
Consignor	发货人
Consular Invoice	领事发票
Correspondent Bank	代理行
Country Risk	国家风险
CPT, CARRIAGE PAID TO (named place of destination)	运费付至 (……指定目的地)

附录一 国际贸易中英文常用词汇表

续表

英文名称	中文翻译
Credit Risk Insurance	信用风险保险
CWO (Cash With Order)	订货付现
D	
D/P (Documents against Payment)	付款交单
Deferred Payment L/C	延期付款信用证
Demand Draft	即期汇票
Discrepancy	不符点
Documentary Draft	跟单汇票
D/A (Documents against Acceptance)	承兑交单
Draft	汇票
Drawee	付款人,受票人
Drawer	出票人
E	
EDI (Electronic Data Interchange)	电子数据交换
Exchange Rate	汇率
Export Finance	出口融资
Export Licence	出口许可证
EXW, EX WORKS (named place)	工厂交货(……指定地)
F	
Factoring	保理
Foreign Exchange	国际汇兑、外汇
Forfaiting	福费廷
Forward Exchange Contract	远期外汇合约
Free Trade Zone	保税区
G	
Gross Weight	货物的毛重

续表

英文名称	中文翻译
H	
HIBOR (Hong Kong Interbank Offer Rate)	香港银行间同业拆放利率
I	
IC&C (Invoice Cost and Charges)	发票价格和费用
Insurance Premium	保险费
Insured Amount	保险金额
L	
L/C (Letter of Credit)	信用证
LI (Letter of Indemnity)	赔偿保证书
LIBOR (London Interbank Offered Rate)	伦敦银行间同业拆放利率
O	
O/A (Open Account)	赊销
Ocean Bill of Lading	海运提单
On Board Bill of Lading	已装船提单
On Consignment	以寄售方式
P	
Packing List	装箱单
R	
Remitting Bank	汇款银行
S	
SHIBOR (Shanghai Interbank Offered Rate)	上海银行间同业拆放利率
Standby Letter of Credit	备用信用证
Swaps	掉期
SWIFT (Society for Worldwide Interbank Financial Telecommunication)	环球同业银行金融电讯协会

附录一　国际贸易中英文常用词汇表

续表

英文名称	中文翻译
T	
Tenor（of a Draft）	（汇票）期限
Trade Finance	贸易融资
T/T（TelegraphicTransfer）	电汇
U	
UPC600（Uniform Customs and Practice for Documentary Credits）	国际商会跟单信用证统一惯例
URC（Uniform Rules for Collections）	托收统一规则
URDG（Uniform Rules For Demand Guarantees）	见索即付保函统一规则
V	
VAT（Value Added Tax）	增值税
W	
With Recourse	保留追索权
Without Recourse	无追索权
Without Reserve	毫无保留地

附录二　国际贸易相关法规和惯例

国内法律法规

1. 《中华人民共和国商业银行法》（2003）
2. 《中华人民共和国合同法》（1999）
3. 《中华人民共和国担保法》（1995）
4. 《中华人民共和国票据法》（2004）
5. 《中华人民共和国对外贸易法》（1994）
6. 《中华人民共和国外汇管理条例》（2008）
7. 《跨境贸易人民币结算试点管理办法》（2009）

国际惯例

1. UCP600：《跟单信用证统一惯例》国际商会第 600 号出版物（2007）
   （Uniform Customs and Practice for Documentary Credits）
2. ISP98：《国际备用证惯例》国际商会第 590 号出版物（1998）
   （International Standby Practices98）
3. ISBP：《关于审核跟单信用证项下单据的国际标准银行实务》国际商会第 681 号出版物（2007）
   （International Standard Banking Practice for the Examination of Documents Under Documentary Credits）
4. URC522：《托收统一惯例》国际商会第 522 号出版物（1995）
   （Uniform Rules for Collection）
5. URR725：《跟单信用证项下银行间偿付统一规则》国际商会第 725 号出版物（2008）
   （The Uniform Rules for bank-to-bank Reimbursement Under Documentary Credits）
6. URDG758：《见索即付保函统一规则》（草案）国际商会第 758 号出版物
   （Uniform Rules for Demand Guarantees 758）
7. INCOTERMS 2000《2000 年国际贸易术语解释通则》国际商会第 560 号出版物（2000）
8. GRIF《国际保理业务通用规则》国际保理商联合会（2007）
   （General Rules for International Factoring）

参考文献

1. 苏宗祥，徐捷．国际结算．北京：中国金融出版社，2009．
2. 张燕玲，王仲和．国际结算业务指南．北京：中华工商联合出版社，1996．
3. 程军，贾浩．UCP600 实物精解．北京：中国民主法制出版社，2007．
4. 王传丽．国际贸易法．中国政法大学出版社，2003（2）：596 – 597．
5. 刘菊堂．浅析海关与企业的合作伙伴关系．青岛远洋船员学院学报，2004（4）：51 – 53．
6. 中国出口信用保险公司．出口信用保险——操作流程与案例．中国海关出版社，2008．
7. 曹荣湘．国家风险与主权评级：全球资本市场的评估与准入．经济社会体制比较（双月刊），2003（5）：91 – 98．
8. 中国商务部：国别贸易投资环境报告 2009．
9. 苏文．国际贸易中的市场风险．经济师，2004（5）：84．
10. 彭炎．建立操作风险长效管理机制．首席财务官，2008（7）：88 – 89．
11. 吴建功．对外贸易风险识别问题探讨．商业时代，2008（5）：33 – 34．
12. 金秋．中小企业融资风险特征及其成因分析．浙江金融，2007（5）：35．
13. 黎孝先．国际贸易实务．北京：对外经济贸易大学出版社，2000．
14. 王文星．操作风险管理制度 完善金融风险监控体系．福建金融，2006（4）：12 – 15．
15. 董展眉．对完善我国贸易救济组织体系的思考．企业活力——改革探索，2008（9）：25．
16. 查忠民，金赛波．福费廷实务操作与风险管理．北京：法律出版社，2005．
17. 苏宗祥．国际结算．北京：中国金融出版社，1997．
18. 霍东建，刘红玉，吕永强．国际贸易结算方式组合．合作经济与科技，2008（3）：19．
19. 商务部网站：www.mofcom.gov.cn
20. 海关总署：www.customs.gov.cn
21. 中国人民银行：www.pbc.gov.cn
22. 国家外汇管理局网址：www.safe.gov.cn
23. 国际保理商协会（Factors chain International）：www.factors-chain.com
24. 中国信保商账追收网：www.sino-credit.com
25. 中国出口信用保险公司：www.sinosure.com.cn
26. 中国律师网：www.acla.org.cn
27. 会计师网：www.kjshi.cn
28. 中国信保商账追收网：www.sino-credit.com
29. 中国出口信用保险公司：www.sinosure.com.cn

书目介绍

乐 贸 系 列

书名	作者	定价	书号	出版时间

📖 外贸操作实务子系列

书名	作者	定价	书号	出版时间
1. 外贸高手客户成交技巧	毅 冰	35.00 元	978-7-80165-841-8	2012 年 1 月第 1 版
2. 外贸纠纷处理实务——案例与技巧	熊志坚	35.00 元	978-7-80165-789-3	2011 年 1 月第 1 版
3. 报检七日通	徐荣才 朱瑾瑜	22.00 元	978-7-80165-715-2	2010 年 8 月第 1 版
4. 实用外贸技巧助你轻松拿订单	王陶（波锅涅）	25.00 元	978-7-80165-724-4	2010 年 4 月第 1 版
5. 外贸业务经理人手册（第 2 版）	陈文培	39.00 元	978-7-80165-671-1	2010 年 1 月第 1 版
6. 外贸会计实务精要	疏 影	28.00 元	978-7-80165-633-9	2009 年 5 月第 1 版
7. 外贸实用工具手册	本书编委会	32.00 元	978-7-80165-558-5	2009 年 1 月第 1 版
8. 外贸实务经验分享 33 例	沱沱网中文站	28.00 元	978-7-80165-560-8	2009 年 1 月第 1 版
9. 外贸实务案例精华 80 篇	刘德标 吴珊红	29.80 元	978-7-80165-561-5	2009 年 1 月第 1 版
10. 快乐外贸七讲	朱芷萱	22.00 元	978-7-80165-373-4	2009 年 1 月第 1 版
11. 危机生存——十位经理人谈金融危机下的经营之道	本书编委会	22.00 元	978-7-80165-586-8	2009 年 1 月第 1 版
12. 外贸七日通（最新修订版）	黄海涛（深海鱿鱼）	22.00 元	978-7-80165-397-0	2008 年 8 月第 3 版
13. 金牌外贸业务员找客户——17 种方法·案例·评析	陈念祥 张思羽	35.00 元	978-7-80165-543-1	2008 年 8 月第 2 版
14. 出口营销实战（最新修订版）	黄泰山	38.00 元	978-7-80165-306-2	2008 年 5 月第 2 版
15. 出口营销策略（《出口营销实战》升级版）	黄泰山 冯斌	35.00 元	978-7-80165-459-5	2008 年 5 月第 1 版
16. 进口实务操作指南——步骤·实例·经验技巧	中国进口网	55.00 元	978-7-80165-493-9	2008 年 5 月第 1 版

📖 出口风险管理子系列

书名	作者	定价	书号	出版时间
1. 轻松应对出口法律风险	韩宝庆	39.80 元	978-7-80165-822-7	2011 年 9 月第 1 版
2. 出口风险管理实务（第二版）	冯 斌	48.00 元	978-7-80165-725-1	2010 年 4 月第 2 版
3. 50 种出口风险防范	王新华 陈丹凤	35.00 元	978-7-80165-647-6	2009 年 8 月第 1 版

书名	作者	定价	书号	出版时间

📖 外贸单证操作子系列

书名	作者	定价	书号	出版时间
1. 跟单信用证一本通	何源	35.00 元	978-7-80165-849-4	2012 年 1 月第 1 版
2. 信用证审单有问有答 280 例	李一平 徐珺	37.00 元	978-7-80165-761-9	2010 年 8 月第 1 版
3. 外贸单证经理的成长日记	曹顺祥	38.00 元	978-7-80165-716-9	2010 年 3 月第 1 版
4. 外贸单证解惑 280 例	龚玉和 齐朝阳	38.00 元	978-7-80165-638-4	2009 年 7 月第 1 版
5. 信用证 6 小时教程	黄海涛（深海鱿鱼）	25.00 元	978-7-80165-624-7	2009 年 4 月第 2 版
6. 跟单高手教你做跟单	汪德	32.00 元	978-7-80165-623-0	2009 年 4 月第 1 版
7. 外贸单证处理技巧（第 3 版）	屈韬	42.00 元	978-7-80165-516-5	2008 年 5 月第 1 版
8. 进出口单证实务案例评析	袁永友 柏望生	33.00 元	978-7-80165-371-8	2006 年 8 月第 1 版

📖 福步外贸高手子系列

书名	作者	定价	书号	出版时间
1. 小小开发信 订单滚滚来——外贸开发信写作技巧及实用案例分析	薄如骝	26.00 元	978-7-80165-551-6	2008 年 8 月第 1 版
2. 外贸技巧与邮件实战	刘云	28.00 元	978-7-80165-536-3	2008 年 7 月第 1 版

📖 国际物流操作子系列

书名	作者	定价	书号	出版时间
1. 货代高手教你做货代——优秀货代笔记	何银星	25.00 元	978-7-80165-696-4	2010 年 1 月第 1 版
2. 国际物流操作风险防范——技巧·案例分析	孙家庆	32.00 元	978-7-80165-577-6	2009 年 4 月第 1 版
3. 集装箱运输与海关监管	赵宏	23.00 元	978-7-80165-559-2	2009 年 1 月第 1 版

📖 通关实务子系列

书名	作者	定价	书号	出版时间
1. 如何通过原产地证尽享关税优惠	南京出入境检验检疫局	50.00 元	978-7-80165-614-8	2009 年 4 月第 3 版
2. 海关进出口商品归类基础与训练	温朝柱	36.00 元	978-7-80165-496-0	2009 年 1 月第 1 版
3. 最新报关单填制实用辅导	盛新阳 彭飞	38.00 元	978-7-80165-497-7	2008 年 10 月第 1 版
4. 最新商品归类技巧	赵宏	38.00 元	978-7-80165-520-2	2008 年 9 月第 1 版
5. 报关实务一本通	苏州工业园区海关	28.00 元	978-7-80165-518-9	2008 年 6 月第 1 版

书名	作者	定价	书号	出版时间

彻底搞懂子系列

书名	作者	定价	书号	出版时间
1. 彻底搞懂信用证（第二版）	王腾　曹红波	35.00元	978-7-80165-840-1	2011年11月第2版
2. 彻底搞懂中国自由贸易区优惠	刘德标　祖月	34.00元	978-7-80165-762-6	2010年8月第1版
3. 彻底搞懂贸易术语	陈岩	33.00元	978-7-80165-719-0	2010年2月第1版
4. 彻底搞懂海运航线	唐丽敏	25.00元	978-7-80165-644-5	2009年7月第1版
5. 彻底搞懂提单	张敏　赵通	29.80元	978-7-80165-602-5	2009年6月第1版
6. 彻底搞懂关税	孙金彦	29.00元	978-7-80165-618-6	2009年6月第1版

外贸英语实战子系列

书名	作者	定价	书号	出版时间
1. 外贸高手的口语秘籍	李凤	35.00元	978-7-80165-838-8	2012年2月第1版
2. 外贸英语函电实战	梁金水	25.00元	978-7-80165-705-3	2010年1月第1版
3. 外贸英语口语一本通	刘新法	29.00元	978-7-80165-537-0	2008年8月第1版
4. 英汉物流词汇精析——结合实务操作	应海新	68.00元	978-7-80165-517-2	2008年5月第1版

外贸谈判子系列

书名	作者	定价	书号	出版时间
1. 外贸英语谈判实战	王慧　吴旻　张海军　蒋晓杰　仲颖	32.00元	978-7-80165-767-1	2010年9月第1版
2. 外贸谈判策略与技巧	赵立民	26.00元	978-7-80165-645-2	2009年7月第1版

国际商务往来子系列

书名	作者	定价	书号	出版时间
国际商务礼仪大讲堂	李嘉珊	26.00元	978-7-80165-640-7	2009年12月第1版

贸易展会子系列

书名	作者	定价	书号	出版时间
外贸参展全攻略——如何有效参加B2B贸易商展（第二版）	钟景松	33.00元	978-7-80165-779-4	2010年10月第2版

区域市场开发子系列

书名	作者	定价	书号	出版时间
中东市场开发实战	刘军　沈一强	28.00元	978-7-80165-650-6	2009年9月第1版

国际结算子系列

书名	作者	定价	书号	出版时间
1. 国际结算函电实务	周红军　阎之大	40.00元	978-7-80165-732-9	2010年5月第1版

书名	作者	定价	书号	出版时间
2. 出口商如何保障安全收汇 ——L/C、D/P、D/A、O/A 精讲	庄乐梅	85.00 元	978-7-80165-491-5	2008 年 5 月第 1 版

📖 国际贸易金融工具子系列

书名	作者	定价	书号	出版时间
1. 出口信用保险 ——操作流程与案例	中国出口信用保险公司	35.00 元	978-7-80165-522-6	2008 年 5 月第 1 版
2. 福费廷	周红军	26.00 元	978-7-80165-451-9	2008 年 1 月第 1 版

📖 加工贸易操作子系列

书名	作者	定价	书号	出版时间
1. 加工贸易实务操作与技巧	熊 斌	35.00 元	978-7-80165-809-8	2011 年 4 月第 1 版
2. 加工贸易企业关务作业统筹	熊 斌	29.80 元	978-7-80165-423-6	2009 年 3 月第 1 版

📖 乐税子系列

书名	作者	定价	书号	出版时间
1. 外汇核销指南	陈文培等	22.00 元	978-7-80165-824-1	2011 年 8 月第 1 版
2. 外贸企业出口退税操作手册	中国出口退税咨询网	42.00 元	978-7-80165-818-0	2011 年 5 月第 1 版
3. 生产企业免抵退税实务 ——经验、技巧分享	徐玉树	35.00 元	978-7-80165-780-0	2011 年 1 月第 1 版
4. 生产企业免抵退税从入门到精通	中国出口退税咨询网	98.00 元	978-7-80165-695-7	2010 年 1 月第 1 版
5. 出口涉税会计实务精要 (《外贸会计实务精要》第 2 版)	龙博客工作室	32.00 元	978-7-80165-660-5	2009 年 9 月第 2 版

📖 专业报告子系列

书名	作者	定价	书号	出版时间
1. 国际工程风险管理	张 燎	1980.00 元	978-7-80165-708-4	2010 年 1 月第 1 版
2. 涉外型企业海关事务风险管理报告	《涉外型企业海关事务风险管理报告》研究小组	1980.00 元	978-7-80165-666-7	2009 年 10 月第 1 版

📖 外贸企业管理子系列

书名	作者	定价	书号	出版时间
小企业做大外贸的四项修炼	胡伟锋	26.00 元	978-7-80165-673-5	2010 年 1 月第 1 版

📖 国际贸易金融子系列

书名	作者	定价	书号	出版时间
1. 国际贸易金融服务全程通（第二版）	郭党怀 张丽君 张贝	43.00 元	978-7-80165-864-7	2012 年 1 月第 2 版
2. 国际结算与贸易融资实务	李华根	42.00 元	978-7-80165-847-0	2011 年 12 月第 1 版

| 书名 | 作者 | 定价 | 书号 | 出版时间 |

"实用型"报关与国际货运专业教材

	书名	作者	定价	书号	出版时间
1.	现代关税实务(第2版)	李 齐	35.00元	978-7-80165-862-3	2012年1月第2版
2.	国际贸易单证实务(第2版)	丁行政	45.00元	978-7-80165-855-5	2012年1月第2版
3.	报关实务(第3版)	杨鹏强	45.00元	978-7-80165-825-8	2011年9月第3版
4.	海关概论(第2版)	王意家	36.00元	978-7-80165-805-0	2011年4月第2版
5.	电子口岸实务	杨鹏强 林青	30.00元	978-7-80165-771-8	2010年9月第1版
6.	国际集装箱班轮运输实务	林益松 郑海棠	43.00元	978-7-80165-770-1	2010年9月第1版
7.	报检实务	孔德民	30.50元	978-7-80165-717-6	2010年5月第1版
8.	国际货运代理操作实务	杨鹏强	45.00元	978-7-80165-709-1	2010年1月第1版
9.	航空货运代理实务	杨鹏强	37.00元	978-7-80165-707-7	2010年1月第1版
10.	进出口商品归类实务	林 青	39.50元	978-7-80165-667-4	2009年12月第1版
11.	进出口商品归类实务——实训题参考答案	林 青	12.00元	978-7-80165-692-6	2009年12月第1版

待出:

供应链管理实务

"精讲型"国际贸易核心课程教材

	书名	作者	定价	书号	出版时间
1.	国际贸易实务精讲(第5版)	田运银	45.00元	978-7-80165-863-0	2012年2月第5版
2.	国际贸易单证精讲(第3版)	田运银	45.00元	978-7-80165-852-4	2012年1月第3版
3.	国际商务谈判实务精讲	王 慧 唐力忻	26.00元	978-7-80165-826-5	2011年9月第1版
4.	国际贸易操作实训精讲	田运银 胡少甫 史 理 朱东红	49.80元	978-7-80165-823-4	2011年8月第1版
5.	国际会展实务精讲	王重和	38.00元	978-7-80165-807-4	2011年5月第1版
6.	国际贸易实务疑难解答	田运银	20.00元	978-7-80165-718-3	2010年9月第1版
7.	集装箱运输系统与操作实务精讲	田聿新 杨永志 汤 玮	38.00元	978-7-80165-642-1	2009年7月第1版
8.	国际货运代理实务精讲	杨占林	39.00元	978-7-80165-636-0	2009年6月第1版
9.	海关法教程(第2版)	刘达芳	40.00元	978-7-80165-605-6	2009年3月第2版

待出:

1. 国际贸易规则与惯例实务精讲

书名	作者	定价	书号	出版时间

2. 国际营销实务精讲
3. 国际结算实务精讲
4. 报关实务精讲
5. 外贸业务员英语实务精讲
6. 国际投资实务精讲
7. 国际技术贸易实务精讲

电子商务大讲堂·外贸培训专用

1. 外贸操作实务　　　　　本书编委会　　30.00 元　978-7-80165-621-6　2009 年 5 月第 1 版
2. 网上外贸
    ——如何高效获取订单　本书编委会　　30.00 元　978-7-80165-620-9　2009 年 5 月第 1 版
3. 出口营销指南　　　　　本书编委会　　30.00 元　978-7-80165-619-3　2009 年 5 月第 1 版
4. 外贸实战与技巧　　　　本书编委会　　30.00 元　978-7-80165-622-3　2009 年 5 月第 1 版

　　以上图书均可在当当网、卓越网及各地新华书店等处购买。若有其他购书意向，请与本社发行部联系，联系电话：(010)65194226。